VOL. 56

Dados Internacionais de Catalogação na Publicação (CIP)
(Câmara Brasileira do Livro, SP, Brasil)

Parkes, Colin Murray
 Luto: estudos sobre a perda na vida adulta / Colin Murray Parkes
[tradução: Maria Helena Pereira Franco]. - 3. ed. - São Paulo:
Summus, 1998. (Novas buscas em psicoterapia; v.56)

Título original: Bereavement.
Bibliografia.
ISBN 978-85-323-0689-5

1. Luto - Aspectos psicológicos 2. Morte - Aspectos
psicológicos 3. Perda I. Título.

98- 3697   CDD-155.937

Índice para catálogo sistemático:
1. Luto: Aspectos psicológicos   155.937

www.summus.com.br

Compre em lugar de fotocopiar.
Cada real que você dá por um livro recompensa seus autores
e os convida a produzir mais sobre o tema;
incentiva seus editores a encomendar, traduzir e publicar
outras obras sobre o assunto;
e paga aos livreiros por estocar e levar até você livros
para a sua informação e o seu entretenimento.
Cada real que você dá pela fotocópia não autorizada de um livro
financia o crime
e ajuda a matar a produção intelectual de seu país.

Luto

Estudos sobre a perda na vida adulta

COLIN MURRAY PARKES

summus
editorial

Do original em língua inglesa
BEREAVEMENT
Copyright © 1996 by Colin Murray Parkes
3ª edição publicada por Routledge

29 West 35th, Nova York, NY, 10001
Direitos desta tradução adquiridos por Summus Editorial

Tradução: **Maria Helena Pereira Franco**
Capa: **Marina Mattos**

Summus Editorial

Departamento editorial
Rua Itapicuru, 613 – 7º andar
05006-000 – São Paulo – SP
Fone: (11) 3872-3322
http://www.summus.com.br
e-mail: summus@summus.com.br

Atendimento ao consumidor
Summus Editorial
Fone: (11) 3865-9890

Vendas por atacado
Fone: (11) 3873-8638
e-mail: vendas@summus.com.br

Impresso no Brasil

LUTO

Quantos de nós não se sentem perdidos quando deparam com um amigo ou parente enlutado? Este livro nos ajuda a entender as raízes do pesar, o dano secundário que o luto pode causar e os passos que precisam ser dados para garantir que aqueles que sofrem possam emergir desse sofrimento não incólumes, mas pouco danificados.

O luto: estudos sobre o pesar na vida adulta é reconhecido como o livro de maior importância em seu campo. Amplamente usado no treinamento de médicos, enfermeiras, psicólogos, assistentes sociais, religiosos, advogados, agentes funerários e aqueles cujo trabalho os coloca em contato com pessoas enlutadas, tem como objetivo principal oferecer um entendimento abrangente sobre o luto e seu processo, permitindo a esses profissionais prestar uma ajuda mais efetiva.

O conteúdo deste livro é acessível àqueles que não têm conhecimento especializado em psicologia, embora exista uma seção com dados científicos e técnicos, no Anexo, para uso dos profissionais. Por este motivo, pode ser recomendado às pessoas enlutadas que buscam entender as emoções e os sintomas poderosos e quase sempre assustadores que experienciam.

Nesta edição, o autor ampliou o trabalho e incluiu vários tipos de luto por morte ou por outros tipos de perda, e também para inserir suas pesquisas recentes a respeito das raízes dos problemas psiquiátricos que podem estar relacionados ao luto. Reviu trabalhos recentes realizados por outros pesquisadores que têm contribuído para nossa compreensão desse campo em desenvolvimento.

AGRADECIMENTOS

As pesquisas nas quais este livro se baseia foram realizadas com o apoio do Mental Health Research Fund, atual Mental Health Trust (Fundo para Pesquisas em Saúde Mental), Department of Health and Social Security (Departamento de Saúde e Seguro Social), US National Institute of Mental Health-Grant (1RO1MH-12042) (Instituto Nacional dos Estados Unidos para Saúde Mental); Tavistock Institute of Human Relations (Instituto Tavistock de Relações Humanas) e do London Hospital Medical College (Hospital da Faculdade de Medicina de Londres).

Os agradecimentos vão também para a equipe dos hospitais Bethlem Royal e Maudsley, Tavistock Institute and Clinic (Clínica e Instituto Tavistock), Laboratory of Community Psychiatry da Harvard Medical School (Laboratório de Psiquiatria Comunitária da Escola de Medicina da Universidade de Harvard), St. Christopher's Hospice, em Sydenham, e especialmente ao falecido John Bowlby, cujo apoio, orientação e críticas construtivas tornaram possível a realização deste trabalho.

Entre aqueles que também deram sua contribuição especial, incluem-se Richard Brown, Gerald Caplan, Marlene Hindley, Margaret Napier e Robert Weiss. A falecida Olive Ainsworth reviu os rascunhos; Janice Uphill datilografou meus manuscritos ilegíveis, e Rosamund Robson prestou assistência editorial.

Acima de tudo, os agradecimentos são devidos às muitas pessoas enlutadas que concordaram em conversar com um estranho, durante um período de grande sofrimento, na esperança de que sua experiência pudesse ser útil para outras pessoas.

SUMÁRIO

Apresentação à edição brasileira 9
Introdução à terceira edição 13

1 O custo do compromisso 17
2 O coração partido 31
3 Alarme 49
4 A procura 62
5 O alívio 81
6 Raiva e culpa 103
7 Obtendo uma nova identidade 113
8 Luto atípico 133
9 Determinantes do luto ɪ: relação, gênero e idade 144
10 Determinantes do luto ɪɪ: tipo de morte 157
11 Determinantes do luto ɪɪɪ: vulnerabilidade pessoal 168
12 Ajudando o enlutado ɪ: princípios gerais 192
13 Ajudando o enlutado ɪɪ: tipos de ajuda 212
14 Reações a outros tipos de perda 232

Apêndice 246
Lista de figuras 272
Lista de tabelas 273
Referências bibliográficas 274
Organizações especializadas em apoio e trabalho com o luto 290

APRESENTAÇÃO À EDIÇÃO BRASILEIRA

Pela primeira vez temos no Brasil, em português, um livro do dr. Colin Murray Parkes, psiquiatra britânico que desde a década de 1950 vem se dedicando a pesquisar as questões do luto, em diversos âmbitos. No início de seus trabalhos, como médico, ele teve oportunidade de trabalhar com John Bowlby, no Tavistock Institute, o que deu à sua atuação o referencial teórico que a norteia. Como ele mesmo se declarou, quando esteve na PUC/SP, em 1º abril de 1994, "Sou um bowlbiano".

Assim sendo, o luto é entendido por ele como uma importante transição psicossocial, com impacto em todas as áreas de influência humana. Vem de uma tradição junto aos *hospices* ingleses, notadamente o St. Christopher's, ao sul de Londres, onde ainda atua como consultor. Os *hospices* são instituições voltadas para o atendimento aos pacientes fora de possibilidades terapêuticas, e seus familiares, e têm por objetivo lhes oferecer os cuidados necessários para lhes garantir qualidade de vida no período que antecede a morte e assistência durante o período de luto, antes ou depois da morte.

Recentemente, o dr. Parkes vem trabalhando em um âmbito transcultural, participando de estudos multicêntricos, o que confere à temática do luto a amplitude que lhe é própria. Em junho de 1996, recebeu o prêmio de Pesquisa, conferido durante a realização do Congresso Mundial de Luto, em Washington D.C., Estados Unidos. Recebeu a Ordem do Império Britânico, pelos serviços prestados aos enlutados de seu país.

Este livro representa uma aproximação extremamente atualizada a todas as questões presentes na experiência de perda por morte, além de abranger, de maneira mais resumida, outros tipos de perda, como aquelas advindas da amputação de um membro ou extirpação de um órgão, ou de uma mudança forçada de residência. As citações e a revisão de literatura permitem ao leitor mergulhar, contando com a mão segura de Colin M. Parkes, nos diferentes caminhos, às vezes tortuosos, às vezes nítidos, da experiência de ter um vínculo emocional rompido por morte e as conseqüências dessa experiência, em âmbito somático, social, emocional, cultural.

Como se vê, estudar o luto requer uma visão que não seja restrita ao psiquismo, como também traz a necessidade de considerá-lo uma experiência humana com raízes em diversas áreas do conhecimento. John Bowlby contribui com os fundamentos da etologia para explicar o comportamento de apego, presente no processo de formação e rompimento de vínculos. Colin M. Parkes ampliou esse conhecimento, ao considerar o impacto da cultura no processo de elaboração da perda e ao entender, a partir do ponto de vista da psiquiatria, as relações entre desenvolvimento psíquico, trauma, doença mental e luto.

Como área de pesquisa e intervenção, o luto é ainda pouco desenvolvido no Brasil, o que não ocorre em outros países do mundo, principalmente nos do Hemisfério Norte e naqueles de língua inglesa. Seria resultante da experiência direta das duas guerras mundiais? O fato é que o luto pode ser uma reação normal, até mesmo esperada, diante do rompimento de uma relação significativa — que pode ser por morte, divórcio, aposentadoria, mudanças forçadas — e que têm impacto sobre o indivíduo e a família, muitas vezes a longo prazo, até mesmo trigeracional. Esse impacto necessita ser adequadamente avaliado, para que sejam identificadas as medidas de intervenção que serão propostas. Estas podem tomar diferentes feições, desde o fortalecimento da rede de apoio social até processos psicoterapêuticos a longo prazo. Também nas diferentes fases do ciclo vital, o impacto do luto se faz sentir diferentemente e isto se aplica tanto ao desenvolvimento do indivíduo, com as transições necessárias, como da família, que também passa por constantes processos de transição nos quais as mudanças podem adquirir o caráter de uma perda. Alguns assim considerados mitos acerca do luto são apresentados e questionados, com base em evidências trazidas tanto de pesquisas como de experiência clínica.

É esta amplitude e este aprofundamento que o livro de Colin M. Parkes nos oferece. Uma extensa visão das pesquisas realizadas, desde as mais clássicas, contextualizadas historicamente, até as mais atuais, em resposta aos prementes problemas surgidos em um mundo em constante transformação, nos é dada, acompanhada por uma posição de crítica feita com a autoridade que a experiência confere ao autor. Questões metodológicas são discutidas, a par com a importância social da pesquisa de um dado tema. Questões clínicas são abordadas com profundidade e, ao mesmo tempo, sutileza, levando o leitor a refletir sobre as habilidades necessárias para o psicoterapeuta que se propõe a atender pessoas enlutadas. A visão cultural não é esquecida, à medida que faz parte indissociável do complexo emaranhado que compõe o luto, de maneira que os diferentes significados, práticas e rituais relacionados à experiência da perda são também tratados neste livro.

A oportunidade especial que temos agora de ler esta obra nos remete à necessidade de estudar mais o luto, a partir de renomados pesquisadores e clínicos, aqui representados pelo dr. Colin M. Parkes. Este livro trata mais especificamente do luto do adulto, viúvos, viúvas, pais que perderam filhos. Ou do adulto de hoje que sofreu essa perda na infância, o que lhe traz conseqüências duradouras. Como o tema focal é o luto do adulto, as perdas vividas pela criança são tratadas a partir, então, desse impacto a longo prazo.

Ter traduzido este livro foi para mim uma experiência enriquecedora, pela qual sou muita grata a Colin M. Parkes, por ter-me escolhido para ser sua tradutora, e à Editora Summus, por ter acreditado na importância da obra e tê-la trazido às mãos dos incontáveis leitores brasileiros que há muito esperavam por uma leitura do gênero. Ter estudado com o dr. Parkes e acompanhado seu trabalho no St. Christopher's Hospice, em Londres, foi uma experiência transformadora para minha vida, tanto pessoal quanto profissional. Assim como as pessoas enlutadas, durante a experiência do luto e após sua resolução, desenvolvem uma nova identidade, pude vivenciar profundamente a transformação obtida com o estudo desse tema e a possibilidade de iniciar, no Brasil, tantos pesquisadores e psicólogos nos meandros do luto. Desde o início dos trabalhos por mim coordenados no Laboratório de Estudos e Intervenções sobre o Luto - LELu, na PUC/SP, muitas situações foram vividas pelos seus membros, todas, certamente, enriquecedoras: pudemos atender pessoas vítimas de catástrofes aéreas, tantos pais feridos profundamente em sua crença no futuro, após terem perdido um filho, crianças assustadas diante da mudança causada pela morte de um dos pais, sem contar as condições cognitivas que permitissem a compreensão ampla do que estavam vivendo, profissionais que enfrentam a morte em seu cotidiano, como médicos, enfermeiras, psicólogos, assistentes sociais. De certa forma, a presença de Colin M. Parkes estava conosco,

11

por meio do conhecimento que íamos buscar em seus livros, ou na oportunidade de encontrá-lo em congressos internacionais ou mesmo graças aos modernos recursos da Internet, que nos permitiu um contato constante e prolongado. Era, mesmo assim, um acesso restrito. Por esses motivos, apresentá-lo ao público brasileiro soma-se às experiências marcantes que o conhecimento obtido junto ao autor me proporcionou. Certamente o leitor agora poderá usufruir conosco da seriedade desta obra, juntamente com as reflexões que a leitura permite, seja ele um profissional ou uma pessoa enlutada. Desejo que esse leitor possa aprender com este livro tanto quanto aprendi ao vivo com o dr. Parkes e que este seja apenas o início de um diálogo mais freqüente com ele, agora em língua portuguesa.

Maria Helena Pereira Franco Bromberg
Laboratório de Estudos e Intervenções sobre o Luto — LELu
PUC/SP

INTRODUÇÃO À TERCEIRA EDIÇÃO

Desde a publicação da segunda edição deste livro, tem-se verificado um considerável aumento no interesse científico pelo luto. A Psych/Lit registra 440 publicações sobre o assunto nos últimos cinco anos e meio, e muitas delas refletem o fato de os psicólogos terem-se interessado ativamente pelo tema. É claro que o número de artigos não é necessariamente uma indicação de que nosso conhecimento tenha aumentado em ritmo semelhante, mas, sem dúvida, houve progressos importantes.

Uma vez que o progresso do conhecimento psicológico depende, em grande parte, do desenvolvimento de instrumentos confiáveis para medir os fenômenos psicológicos, é animador verificar que várias medidas de "luto" estão em uso. Temos o "Texas Inventory of Grief" (Inventário Texas sobre Luto) desenvolvido por Faschingbauer (Faschingbauer *et al.*, 1977, 1981 e 1987) e o "Grief Experience Inventory" (Inventário da experiência de luto) desenvolvido por Sanders (Sanders *et al.* 1991). Ambos têm sido muito usados para avaliar os distúrbios psicológicos que acompanham o luto. Nenhum deles se restringe a questões especificamente relacionadas ao luto, mas a "Impact of Events Scale" (Escala de Impacto de Eventos) de Horowitz (Horowitz *et al.*, 1979), que foi desenvolvida para medir dois componentes independentes da reação ao estresse (pensamentos invasivos e evitação), contém em sua escala de "intrusão" uma medida que chega bem próximo de medir o luto. O problema é que há diferenças importantes entre as lembranças indesejadas e invasivas que aterrorizam as pessoas que testemunharam um acontecimento terrível, e as lembranças felizes que preocupam muitos dos enlutados. A escala de Horowitz não faz distinção entre elas.

Lembranças assustadoras são um dos pontos-chave do Estresse Pós-Traumático (Post-Traumatic Stress Disorder- PTSD*). Desde seu reconhecimento como uma entidade nosológica, na terceira edição do *Diagnostic Statistical Manual (DSM-3)*, da Associação Psiquiátrica Americana (1978), tem levado muitos pesquisadores a se interessar pelo tema. O estresse pós-traumático é parte das reações ao luto traumático, como foi descrito em edições anteriores deste livro. Como nossos conhecimentos sobre o assunto aumentaram, justifica-se que o Capítulo 10 seja aqui dedicado a ele.

Muitos trabalhos importantes surgiram nos últimos anos. Talvez o mais notável entre eles seja o de Jacob (1993) sobre "Luto Patológico". Jacob tem lutado muito pela inclusão do "luto patológico" em uma futura edição de DSM, e também tem chamado a atenção para a freqüente associação entre luto e distúrbios de ansiedade e pânico, assim como tem realizado pesquisas a respeito das conseqüências endócrinas do luto. Outros trabalhos importantes são os dois livros de Margaret e Wolfgang Stroebe, *Bereavement and health* (Luto e saúde*)* e *Handbook of bereavement* (Manual do luto), (Stroebe *et al.*, 1987 e 1993). Esses pesquisadores agora se mudaram de sua base original em Tübingen, na Alemanha, para se juntar a Schut e seus colegas no Departamento de Psicologia da Saúde, na Universidade de Utrecht, na Holanda. Eles desenvolveram um modelo de luto que denominaram de "Processo Dual" e, neste livro, repetidamente faço referência a esse importante trabalho.

Outras fontes de informação, que são úteis para aqueles que trabalham com pessoas enlutadas e precisam estar atualizadas a respeito do que vem sendo feito em pesquisas e serviços, são os periódicos *Omega, Death Studies, Mortality* e *Bereavement Care*. Há também, a cada dois anos, o Congresso Internacional sobre Luto nas Sociedades Contemporâneas, no qual os pesquisadores mais representativos e os profissionais atuantes no campo se encontram e apresentam os resultados recentes de seu trabalho.

A AIDS fez surgir uma população de pessoas que sofre com perdas múltiplas, bem como uma ameaça à própria existência. Por pressão social, muitas dessas pessoas escondem a situação em que vivem e su-

---

1. PTSD será a sigla utilizada neste livro para designar o Distúrbio de Estresse Pós-Traumático ou, reduzidamente, o Estresse Pós-Traumático. Com este uso, objetiva-se facilitar a leitura em publicações estrangeiras, que também usaram essa padronização. (N. do T.)

primem seus sentimentos de pesar e medo. Para ajudar as pessoas que sofrem com esse "luto desautorizado" (Doka, 1989), foram desenvolvidos novos métodos de aconselhamento e apoio. A AIDS também levou os pesquisadores a se interessar pelo funcionamento do Sistema Imunológico, que é afetado pelo estresse decorrente do luto e, também, de outras causas.

Nos últimos anos, minhas pesquisas têm-se concentrado nos problemas que levam as pessoas enlutadas a procurar ajuda psiquiátrica. Este foi o ponto inicial de meu trabalho, 36 anos atrás, mas somente na última década pude voltar a esse tema. Duas vertentes emergiram com importância especial. A primeira diz respeito ao luto traumático, ao qual fiz referência anteriormente. A outra está relacionada à vulnerabilidade que faz com que algumas pessoas se "desmontem" após experiências de luto que outras enfrentariam com facilidade. O trabalho com o qual estou envolvido atualmente examina as raízes dessa vulnerabilidade na relação entre a criança em desenvolvimento e seus pais e nos faz lembrar que o luto é a expressão dos vínculos que as pessoas estabelecem umas com as outras e que, em última análise, nossos vínculos têm suas raízes na infância.

Outro aspecto desenvolvido em minhas pesquisas foi a formulação da teoria das "Transições Psicossociais" para explicar as mudanças em nosso mundo interno que necessariamente seguem o luto e outras mudanças importantes na vida, e são abordadas no Capítulo 7.

Muitos pesquisadores têm chamado a atenção sobre os perigos da simplificação excessiva de assuntos complexos. Aqui se inclui o conceito de "fases do luto", que tem sido amplamente mal-interpretado e tratado como se fosse uma seqüência fixa pela qual toda pessoa enlutada precisa passar para se recuperar da perda. Da mesma forma, os conceitos de "pesar antecipatório" e "elaboração do luto" têm sido distorcidos. Críticos como Wotman e Silver (1989) transformaram essas distorções, dando-lhes a forma de um ataque aos supostos "Mitos de Enfrentamento de Perdas", ignorando o fato de poucas autoridades atuantes neste campo acreditarem nos "mitos", como apresentados por eles.

Outra área de controvérsia está ligada aos riscos de uma atitude de medicalizar as crises normais da vida e tratar o luto como uma doença. Minhas próprias tentativas (no Capítulo 1) para examinar a relação entre luto e doença mental fizeram com que algumas pessoas acreditassem que sou favorável a este ponto de vista. Na verdade, não é o que penso, pois vejo como parte do papel do médico tranqüilizar a pessoa sobre a normalidade do luto. Em um mundo que espera que os médicos aliviem todo o sofrimento da humanidade, não é absurdo que as pessoas hoje procurem um médico quando estão enlutadas, em lugar de um religioso. Não se trata de os médicos estarem assumindo todos os problemas, mas, sim, de as pessoas estarem procurando procedimentos médicos que sejam mágicos. Assim sendo, os médicos podem ser acusados de colusão com seus pacientes, quando lhes prescrevem medicação para situações de luto normal ou quando fracassam em explicar a natureza dos efeitos do luto no corpo.

A seção "Determinantes do Luto" foi substituída por outros três capítulos. Isso se justifica pela grande quantidade de trabalhos que foi publicada a esse respeito. Enquanto a maioria dos trabalhos iniciais sobre luto estava restrita aos estudos sobre a reação de viúvas, atualmente dispõe-se de conhecimentos detalhados sobre muitos outros tipos de perda. São tantos os trabalhos atuais, que corri o risco de ver este livro se transformar em um compêndio. Por este motivo, decidi continuar com o foco sobre as áreas que domino plenamente e tocar apenas de passagem em tópicos como os efeitos do luto em crianças ou os muitos tipos de perda que não estão relacionados à morte. Da mesma forma, não tentei rever a grande literatura sobre aspectos interculturais do luto, que é objeto de outro livro (Parkes, Laungani e Young, 1996).

O capítulo "Ajudando o enlutado" também foi ampliado para que eu pudesse apresentar a enorme quantidade de pesquisas e de instituições disponíveis para enlutados. Seria surpreendente se todas as organizações que oferecem serviços para pessoas enlutadas estivessem no mesmo patamar de qualidade e fossem igualmente efetivas. Por esse motivo, algumas avaliações que fizemos apresentaram resultados negativos, o que é natural. Isso pode ser explicado pela existência de avaliações não adequadas ou mesmo porque os serviços não eram bons. No entanto, o número de serviços considerados eficientes é impressionante, e agora surge a necessidade de se realizar mais pesquisas para identificar quais são as mais adequadas para as diferentes necessidades das pessoas enlutadas.

Talvez o aspecto mais forte de minha revisão da literatura atual tenha sido o reconhecimento de que, apesar do muito que acrescentei à primeira e à segunda edição de *Luto: estudos sobre o pesar na vida adulta*, muito pouco do que se entendia originalmente sobre luto e suas conseqüências teve de ser mudado.

Colin Murray Parkes
Dezembro de 1995

1
O CUSTO DO COMPROMISSO

*Ó árdua mudanca, agora partiste / Agora partiste e jamais deves voltar!**

Milton, "Lycidas"

A psicanálise, ou "a cura pela fala", como inicialmente designada, foi desenvolvida por Breuer, em 1881, quando começou a atender Anna O., uma moça inteligente, de 21 anos. Anna O. era puritana, criada em uma família igualmente puritana, tinha uma vida monótona, colorida apenas pelo mundo de fantasia que criara para si. Embora fosse voluntariosa e obstinada, Anna era uma pessoa simpática, sentia-se orgulhosa em poder ajudar as pessoas doentes e se devotava apaixonadamente ao pai.

Sua doença mental teve uma sucessão de sintomas histéricos que incluíam dores de cabeça, "desligamentos", paralisia e anestesia nos membros, que tiveram início durante a fase terminal de seu pai. Breuer ia vê-la diariamente, cuidava dela e a encorajava a falar sobre suas fantasias. Estas eram sempre tristes e geralmente envolviam uma moça sentada à beira do leito de um doente. Após a morte do pai, os sintomas pioraram e as histórias relatadas tornaram-se mais trágicas. Breuer descobriu que cada sintoma estava relacionado a um acontecimento

---

*But O the heavy change, now thow art gone / Now thow are gone, and never must return!

A tradução deste verso e dos poemas das pp. 103, 133, 144, 157, 192 e 232 é de George Schlesinger.

perturbador específico e tendia a melhorar quando Anna O. chegava a entender o evento associado a ele.

Foi o tratamento pela fala de Breuer que teve como conseqüência a arte da psicanálise e todas as formas de psicoterapia em uso atualmente. A observação crucial feita por Breuer foi a respeito da ligação entre eventos traumáticos e sintomas.

Quando se aproximava o aniversário do início da doença do pai, Anna O. começara a reviver, em seus "desligamentos", os acontecimentos daquele ano. Esses episódios eram precipitados por qualquer lembrança do ano anterior e sua precisão era confirmada pelas anotações feitas pela mãe, em seu diário. Foi nessa época que muitos dos sintomas mais graves e persistentes desapareceram completamente, depois que ela descreveu aqueles eventos que, segundo Breuer concluiu, tinham causado os sintomas. Com o uso da hipnose, Breuer estimulava essas lembranças para que Anna O. pudesse revivê-las.

Sigmund Freud, que conhecia bem Breuer, interessou-se muito por esse caso e também começou a usar a técnica da cura pela fala. Breuer, por outro lado, não levou à frente sua descoberta. Havia devotado tanto tempo e atenção àquela moça encantadora, que seu próprio casamento estava afetado. De acordo com Ernest Jones (1953), assim que Breuer percebeu a extensão de seu compromisso com a paciente, interrompeu de forma abrupta o tratamento. Anna O., que àquela altura estava fortemente ligada a Breuer, foi muito atingida e desenvolveu uma série de sintomas dramáticos, dentre eles um parto histérico. O que lhe ocorreu a seguir não foi tão tranqüilo quanto Breuer quis fazer parecer. Ela continuou a apresentar os "desligamentos" por muitos anos e chegou a ser internada em uma instituição para doentes mentais. Lá, segundo se conta, ela teria deixado apaixonado o psiquiatra responsável pelo caso. Anna nunca se casou, continuou profundamente religiosa, foi a primeira assistente social da Alemanha, fundou um jornal e várias instituições.

O relato do caso de Anna O. foi feito em conjunto por Freud e Breuer, em 1893, num artigo chamado "Os mecanismos físicos do fenômeno histérico", juntamente com uma série de casos tratados com a mesma técnica. Embora Breuer tivesse perdido interesse pela técnica, Freud continuou com ela, com entusiasmo. Ele estabeleceu regras para o relacionamento entre médico e paciente e acreditava que a melhora dependia, em grande parte, do cumprimento dessas regras. Por fim, abandonou a hipnose porque interferia nesse relacionamento, e porque achou o método da "associação livre" igualmente eficaz para resgatar lembranças de eventos traumáticos.

18

Freud não demorou a descobrir, no entanto, que resgatar lembranças recentes, como havia sido feito no caso de Anna O., não necessariamente aliviava sintomas. Com isso, ele encorajava seus pacientes para que se recordassem de períodos ainda mais antigos da vida e afirmava que conseguia levá-los a lembrar-se de fatos primitivos da infância, o que acreditava serem os determinantes críticos das doenças mentais. Em 1898, cinco anos após a publicação do artigo mencionado, Freud estava convencido da importância das experiências sexuais na infância e, a partir disso, ficou menos interessado nas experiências recentes de seus pacientes. No entanto, nunca deixou de acreditar que grandes traumas psíquicos, ocorridos tanto na infância quanto na vida adulta, podem ser responsáveis por distúrbios neuróticos. Ele apresentou provas disso a uma comissão designada pelas autoridades militares austríacas, após a Primeira Guerra Mundial, com o objetivo de investigar o tratamento cruel que os médicos davam às pessoas que tinham neurose de guerra.

Não é minha intenção discutir em profundidade os méritos relativos das diferentes teorias sobre a causa das neuroses. Abordei a contribuição de Freud pela sua grande influência, e também porque acredito ser mais do que uma coincidência que a descoberta de Breuer tivesse resultado da investigação de um caso de doença mental surgida na época da perda do pai. Não há dúvida de que os sintomas desenvolvidos por Anna O. resultaram de uma combinação de causas, algumas relacionadas à ameaça e, finalmente, à morte do pai, outras à sua própria personalidade e às primeiras experiências na vida. A doença e a morte do pai podem ser consideradas como circunstâncias precipitadoras, sem as quais, provavelmente, a doença não se teria desenvolvido, não ao menos da maneira que aconteceu. Dessa forma, ao examinar a relação entre um evento precipitador recente e os sintomas que se seguiram a ele, Breuer deu sua contribuição para nossa compreensão da psicopatologia.

Outras poucas tentativas foram feitas e chegaram apenas até esse mesmo ponto, talvez porque seja difícil estabelecer a conexão entre um acontecimento e um sintoma em especial. Mesmo assim, acredito que sempre que houver uma situação altamente estressante (e a perda de um parente próximo é em geral um fator de muito estresse), esta abordagem justifica plenamente os resultados.

Luto por morte é um acontecimento importante e óbvio, que dificilmente será considerado com superficialidade. Perdas menos óbvias, assim como aquelas que tenham ocorrido algum tempo antes do aparecimento de uma doença, podem vir a ser subestimadas. Mesmo se não o forem, é mais difícil demonstrar uma relação causal entre elas e a doença. E mesmo que uma relação causal seja aceita, a natureza exata dessa conexão precisa ser entendida.

Se, ao estudarmos o caso definitivo, no qual não existam dúvidas sobre a causa, pudermos aprender mais sobre a cadeia de causas e conseqüências exatas, eventualmente poderemos compreender outros tipos de casos a partir das conseqüências e voltando às origens, às causas.

Etiologia é o fantasma da psiquiatria. Há poucas doenças mentais cujas causas são claramente definidas. Algumas doenças orgânicas causadas por drogas ou alterações químicas no sangue estão começando a ser entendidas. Mas a maioria das doenças mentais não resulta de alterações cerebrais ou sanguíneas. Os psiquiatras, com freqüência, divergem sobre a causa de um distúrbio neurótico ou psicótico. Mesmo quando concordamos, temos de admitir que nossa concordância depende de compartilharmos as mesmas teorias sobre o que causa um distúrbio. Essas teorias podem variar de escola para escola e poucas delas poderiam ser submetidas a uma avaliação por critérios científicos. Podem ser consideradas como hipóteses de trabalho úteis. Até que possamos obter uma compreensão melhor das ligações entre causas psicológicas e sintomas psicológicos, continuaremos trabalhando sob a fraca luz de um crepúsculo profissional.

ESTRESSE TRAUMÁTICO

Exceção à regra é encontrada no campo do estresse pós-traumático. Este teve destaque nos últimos anos graças ao reconhecimento de um complexo de sintomas que tendem a aparecer quando a pessoa sofre ameaças sérias à sua vida ou testemunha cenas especialmente aterrorizantes. O Estresse Pós-Traumático ou, em inglês, *Post-Traumatic Stress Disorder — PTSD*, é considerado responsável por muitas das doenças mentais encontradas nos veteranos da Guerra do Vietnã, o que levou os psiquiatras a aceitá-la como um diagnóstico clínico. As marcas características do PTSD são as lembranças aterrorizadoras do acontecimento traumático, lembranças essas tão vívidas que a pessoa tem a impressão de estar passando pelo trauma repetidamente. Ocorrem durante o dia, e, à noite, se assemelham a pesadelos. São tão dolorosas que a pessoa faz de tudo para evitar qualquer coisa que possa provocá-las, mas sente como se estivesse esperando pela próxima tragédia, sobressalta-se por qualquer motivo e está sempre em estado de alerta.

As diferenças entre PTSD e o pesar por luto, visto como reação psicológica a um evento traumático importante, são claras. Apesar de

Freud ter insistido a respeito da importância do luto, em 1917, este, até bem recentemente, tem sido pouco estudado por psiquiatras. O luto é, afinal, uma resposta normal para um estresse que, embora raro na vida de cada um de nós, será vivido pela maioria, mais cedo ou mais tarde, sem que seja considerado uma doença mental. Mas o que é uma doença mental?

LUTO E DOENÇA MENTAL

Para muitas pessoas, doença mental é o mesmo que loucura, um tipo de debilidade mental que leva as pessoas a desmoronar, perder o controle sobre seu comportamento e tornarem-se incapazes de agir racionalmente. Somente os psiquiatras são habilitados para tratar desses estados graves e aqueles que buscam esse tipo de ajuda são vistos como suspeitos, pois a doença mental é considerada incurável.

Uma vez que o luto não é esse tipo de doença mental, certamente não é possível considerá-lo como qualquer outra doença mental e seria injusto permitir que os leigos vissem os enlutados como "doidos", e submetê-los ao estigma social que resulta desse preconceito. Além disso, se as pessoas começam a se ver como doentes, passam a se comportar como se assim fossem, tornam-se menos esperançosas, e tiram vantagem das desculpas que têm para se isolar, como é aceito quando alguém está doente.

À medida que as pessoas consideram a doença mental sob esta luz, estes argumentos adquirem muito poder e estaríamos errados se estigmatizássemos os enlutados como doentes mentais. No entanto, se a imagem pública da doença mental tem pouca relação com as realidades da prática psiquiátrica, e embora alguns pacientes psiquiátricos estejam nessa condição, sem possibilidade de cura, a grande maioria não se encaixa no quadro apresentado acima. Não é vantagem para eles que sejam estigmatizados ou encorajados a pensar a seu respeito como fracos ou sem perspectiva de cura. Ao recusar a definição de luto como uma doença mental, podemos estar perpetuando uma visão da doença mental que não causa danos à maioria das pessoas que busca ajuda de psiquiatras ou outros profissionais da área de saúde mental.

Não é aceitável a afirmação que, como o luto vai ser vivido pela maioria de nós, mais cedo ou mais tarde, então não é uma doença. Há muitas doenças que a maioria tem ou teve: catapora, sarampo, até mesmo resfriado. Se um hematoma ou um braço quebrado, como conseqüência de dano físico, já passam para o âmbito das patologias, por que não considerar o luto da mesma forma, como conseqüência de um trauma psicológico?

Os médicos, porém, não tratam do luto, você poderá dizer. Na verdade, eles tratam sim. Há indicadores de que muitas pessoas vão ao seu médico depois de uma experiência de luto, e muitas de suas queixas, como mostrarei neste livro, são expressões do luto. O fato de haver aqueles que não vão em busca de ajuda não significa que eles estejam bem; as pessoas podem ter muitas queixas físicas sem pedir ajuda e há numerosas situações de menor importância, como verrugas, hematomas, queimaduras, que não necessitam de assistência profissional.

As doenças caracterizam-se pelo desconforto e pela alteração de função que causam. O luto pode não causar dor física, mas causa desconforto e geralmente altera as funções. Por isso, pessoas recém-enlutadas são tratadas pela sociedade como se estivessem enlutadas. O empregador admite que faltem ao trabalho, elas ficam em casa e os parentes as visitam e conversam em voz baixa. Por algum tempo, outras pessoas assumem a responsabilidade de tomar decisões e fazer coisas em lugar dos enlutados. Quando o luto é grave, os enlutados podem ficar incapacitados por semanas e os parentes se preocupam com eles; mais tarde, dirão: "Não sei como consegui passar por isso".

Visto globalmente, o luto assemelha-se a uma ferida física mais do que qualquer outra doença. A perda pode ser referida como "um choque". Assim como no caso do machucado físico, o "ferimento" aos poucos se cura. Ocasionalmente, porém, podem ocorrer complicações, a cura é mais lenta ou um outro ferimento se abre naquele que estava quase curado. Nesses casos, surgem as condições anormais, que podem ser ainda mais complicadas com o aparecimento de outros tipos de doenças. Muitas vezes, parece que o resultado será fatal.

Desde que foi publicada a primeira edição deste livro, em 1972, o influente *Diagnostic Statistical Manual* -DSM — da Associação Americana de Psiquiatria (1994) incluiu "luto" no grupo de "outras condições que podem ser foco de atenção clínica". Desta maneira, permite que seja considerado sem se comprometer com um diagnóstico.

De muitas formas, o luto pode ser considerado uma doença. Mas pode também trazer força. Assim como ossos quebrados podem se tornar mais fortes do que os não quebrados, a experiência de enlutamento pode fortalecer e trazer maturidade àqueles que até então estiveram protegidos de desgraças. A dor do luto é tanto parte da vida quanto a alegria de viver; é, talvez, o preço que pagamos pelo amor, o preço do compromisso. Ignorar este fato ou fingir que não é bem assim é cegarse emocionalmente, de maneira a ficar despreparado para as perdas que irão inevitavelmente ocorrer em nossa vida, e também para ajudar os outros a enfrentar suas próprias perdas.

Sei de apenas dois distúrbios psiquiátricos funcionais cuja causa é conhecida, tem características claras e curso geralmente previsível. Refiro-me à PTSD e ao luto. No entanto, PTSD é uma descoberta recente e o luto tem sido tão negligenciado por psiquiatras que, até recentemente, nem sequer era mencionado nos índices dos melhores e mais conhecidos livros-texto de psiquiatria. O sistema diagnóstico em uso na psiquiatria desenvolveu-se sem fazer referência a esta condição.

Quando falta conhecimento a respeito da etiologia e da patologia de uma doença, a prática padrão em medicina é a de classificá-la pelos sintomas. Aconteceu assim na psiquiatria. Em geral, é o sintoma principal o que determina o diagnóstico e por que os pacientes psiquiátricos geralmente se queixam de distúrbios emocionais, os diagnósticos contêm os nomes das emoções envolvidas. Dessa forma, temos estados ansiosos, fobias, reações depressivas, psicoses depressivas, e assim por diante. Esse sistema funcionaria melhor se não houvesse pacientes que mostrassem um aspecto uma vez, e outro, outra vez. Isso levou a combinações estranhas, como ansiedade fóbica, depressão ansiosa, distúrbio esquizoafetivo ou, como um último recurso, o distúrbio de personalidade. Quando se pergunta a um psiquiatra como ele classificaria a reação de luto, a maioria diz "depressão reativa" e, com certeza, a reação é um traço freqüente. Ainda mais importante é um tipo especial de ansiedade, a ansiedade de separação, que é discutida extensamente no Capítulo 4. De fato, penso que é justo dizer que a saudade, a busca do outro, que estão presentes na ansiedade de separação, são características essenciais da dor do luto. Se, portanto, o luto tivesse de se encaixar forçosamente em um diagnóstico psiquiátrico tradicional, seria, provavelmente, um subgrupo dos estados de ansiedade. Como ansiedade de separação não é, com freqüência, o sintoma que faz a pessoa enlutada procurar ajuda, e, por isso, pode ser que PTSD e luto abram a porta a um novo sistema classificatório. Voltaremos a essas questões no Capítulo 8.

O PROCESSO DO LUTO

Parte da dificuldade de colocar o luto entre as categorias de doenças descritas deriva do fato de ele ser um processo e não um estado. Não é um conjunto de sintomas que tem início depois de uma perda e, depois, gradualmente se desvanece. Envolve uma sucessão de quadros clínicos que se mesclam e se substituem. Neste livro veremos como o entorpecimento, que é a primeira fase, dá lugar à saudade ou procura pelo outro, e estes dão lugar à desorganização e ao desespero, e é só depois da fase de desorganização que se dá a recuperação. Assim sendo, em qualquer uma das fases a pessoa pode apresentar um dos quatro diferentes aspectos.

Cada uma dessas fases tem suas características, e há diferenças consideráveis de uma pessoa para outra, tanto no que se refere à duração quanto à forma de cada fase. Além disso, as pessoas podem passar de uma para a outra e voltar de maneira que, anos após o início do luto, a descoberta de uma fotografia na gaveta ou a visita de um velho amigo pode provocar outro episódio de dor e saudade. No entanto, há um padrão comum, cujas características podem ser observadas sem dificuldade na maioria dos casos, o que justifica que consideremos o luto como um processo psicológico distinto.

O luto, como já disse, não é um tipo comum de estresse na vida da maioria das pessoas. Ao dizer isto, eu deveria ter escrito luto com L maiúsculo. É claro que perdas são comuns em nossa vida. E como o luto é uma reação à perda, deveria ser comum também. Mas o termo luto não é usado para a reação à perda de um guarda-chuva velho. Ele geralmente é reservado para a perda de uma pessoa, em especial, de uma pessoa amada. É esse tipo de luto que abordarei neste livro e esse tipo de perda não é um acontecimento comum na vida da maioria das pessoas.

Mesmo o luto por morte não é simplesmente um estresse, como pode parecer à primeira vista. Em qualquer luto, raramente fica claro com exatidão o que foi perdido. A perda do marido pode significar ou não a perda do parceiro sexual, do companheiro, do contador, do jardineiro, daquele que cuida das crianças, daquele que é interlocutor em uma conversa, que aquece a cama com sua presença, e assim por diante, dependendo de algumas regras geralmente cumpridas pelos maridos. E, ainda, uma perda geralmente traz consigo outras perdas secundárias. A morte do marido é, com freqüência, acompanhada por uma queda nos rendimentos, o que, por sua vez, pode levar a viúva a ter de vender a casa, mudar de emprego (se estiver empregada) e mudar para bairros novos. A necessidade de aprender novos papéis sem o apoio da pessoa com quem ela se acostumou a contar, em tempos de luto para os demais membros da família, em particular os filhos, pode trazer uma experiência de estresse para a mulher muito maior do que o luto em si.

Uma morte ocorre sempre em uma referência particular de tempo e lugar. Pode ser que tenha sido prevista. Uma doença pode se arrastar por muito tempo e às vezes a pessoa está funcionalmente morta meses antes de sua morte física. No entanto, em minha experiência constato que é raro não ocorrer qualquer forma de reação diante da morte. Mesmo quando os pacientes estão inconscientes por semanas e os médicos, em sua alienação, passam a considerá-los "vegetais", os parentes continuam a ter esperanças. Mesmo quando os parentes dizem saber que não há mais esperança, acabam por se trair nessa expectativa de que o quadro se reverta ou que possam resgatar alguma coisa de como era a relação. O que não é geralmente reconhecido é que eles possam continuar a fazer isso após a morte. Temos, porém, condições sólidas para considerar a morte como o evento crucial após o qual podemos esperar que ocorra o luto. E, por tudo o que já foi dito, as pessoas enlutadas têm muito em comum, o que nos leva a ver o luto como um todo, e a mapear o curso de acontecimentos que caracteristicamente o acompanha.

Além das reações de pesar, há dois outros fatores que são determinantes para qualificar a reação global a uma perda. São eles: o estigma e a privação.

ESTIGMA

Quando falo em estigma me refiro à mudança de atitude que ocorre na sociedade quando uma pessoa morre. As viúvas descobrem que as pessoas que sempre foram amigas próximas ficam sem jeito e tensas em sua presença. As expressões afetivas e ofertas de ajuda acabam por se mostrar vazias e não se traduzem nas ações necessárias. Com freqüência, parece que apenas aqueles que já passaram por uma experiência de perda ou que estão também enlutados por essa perda ficarão por perto. É como se a viúva tivesse sido marcada pela morte, da mesma maneira que ficam os coveiros.

Em algumas sociedades, o tabu dirigido aos enlutados pode ser mais explícito. No artigo "Uma pequena viúva é uma coisa perigosa", Cochrane (1936) escreveu:

> Entre os Shuswap da Colúmbia Britânica, viúvas e viúvos, no período de luto, ficam isolados e são proibidos de tocar seu próprio corpo; os copos e os pratos que eles usam não podem ser utilizados por mais ninguém. Constroem um tipo de sauna à beira de um riacho, onde eles ficam para transpirar por toda a noite; banham-se com

freqüência, e depois precisam esfregar o corpo com galhos de abetos. Não há caçador que se aproxime desses enlutados, pois sua presença traz má sorte. Galhos de arbustos são usados para servir-lhes de cama e travesseiro, e também são espalhados em volta das camas.

E ainda, Cochrane (1936) conta sobre os agutainos que também consideram a viúva perigosa:

> Ela pode sair apenas durante a hora na qual não irá encontrar as pessoas, pois acredita-se que todos aqueles que ela vir poderão ter morte repentina. Para evitar que isso aconteça, ela deve bater com um bastão de madeira nas árvores enquanto vai caminhando, avisando as pessoas sobre sua presença. Acredita-se, mesmo, que até as árvores nas quais ela bate irão morrer logo.

Em tais circunstâncias, não é de surpreender que muitas sociedades tenham considerado conveniente enviar a viúva para o outro mundo, juntamente com o marido. Rituais suicidas têm-se espalhado, existindo na Ásia, na África, na América e na Austrália. Cochrane encontrou sinais deles também na Europa.

Em nossa sociedade, temos menos medo dos recém-enlutados, mas ainda dificuldade em aceitar que eles precisam viver o tempo do luto e, quando forçados a vê-los, encontramo-nos em situação difícil. Geoffrey Gorer (1965), em sua pesquisa sobre luto e pesar na Inglaterra contemporânea diz: "O processo de luto é entendido como uma fraqueza, uma auto-indulgência, um mau hábito repreensível, e não como uma necessidade psicológica". Não queimamos nossas viúvas, temos pena delas e as evitamos. Sob o mesmo ponto de vista, Illich (1977) descreveu a morte como uma forma de "Resistência do Consumidor".

PRIVAÇÃO

Privação implica ausência de uma pessoa ou objeto necessários, sendo o oposto à perda de uma pessoa ou objeto. Uma pessoa enlutada reage tanto à perda quanto à privação. Pesar é a reação à perda, solidão é a reação à privação. Privação significa a falta daqueles "suprimentos" essenciais que foram anteriormente fornecidos pela pessoa perdida. Nossa compreensão acerca desses elementos oferecidos dentro de relações amorosas é ainda restrita, e tem muitas lacunas em aspectos que parecem ser básicos. De certa forma, são os equivalentes psicológicos para comida e bebida. As pessoas têm necessidade de outras pessoas, e a perda do marido amado, da mulher ou de um filho, provavelmente, deixam um grande vazio. Nossa necessidade de interagir com uma pessoa amada tem suas raízes, presumivelmente, em necessidades instintivas relacionadas à busca do parceiro e à criação de filhos. Incluem muito mais que um relacionamento sexual e cuidar de um filho. John Bowlby (1969) trabalhou profundamente sobre a questão da evolução do comportamento de apego. Segundo ele, "proteção contra os predadores", no início da evolução, era uma das funções mais importantes do apego entre os seres humanos. Hoje, embora não existam mais motivos para uma viúva temer ser atacada por hienas, não é surpresa constatar que a falta de um apego próximo com outra pessoa está associada à sensação subjetiva de insegurança e perigo.

Quando acrescentamos a essas reservas instintivas aquelas que contêm informação, conforto, dinheiro, sexo e outras coisas que podem derivar de objetos de amor em nossa sociedade complexa, fica claro que o luto será seguido por privação.

A evolução cultural que fez do casamento e de outras parcerias semelhantes parte integral de nossa organização social fez pouco para garantir que as funções por eles realizadas continuem a ser adequadamente cumpridas após sua dissolução. A crescente desconsideração pelo luto formal significa que as pessoas enlutadas recebem pouco apoio da sociedade como um todo, e de suas próprias famílias, em particular. Casar-se automaticamente com o irmão mais velho do marido, que foi um costume entre os judeus, pode não ter resolvido os problemas do luto, mas deve ter garantido que muitas das necessidades básicas da viúva fossem atendidas. Solidão, pobreza, esvaziamento do papel social, frustração sexual e a quebra na segurança que era advinda da possibilidade de compartilhar responsabilidades são alguns dos sentimentos e reações que surgem como conseqüência da privação. Pode-se esperar que continuem enquanto a privação continuar, e que terminem quando fontes alternativas das reservas forem encontradas. As viúvas que não têm mais filhos pequenos terão de aprender a viver sozinhas e não será surpresa constatar, como na pesquisa feita por Lopata, em 1979, com viúvas em Chicago, que metade delas dizia que a solidão era seu maior problema.

AS RAÍZES DO PESAR

Perda e privação estão tão inseparavelmente unidas que não é possível estudar uma sem a outra. Pode-se afirmar que o pesar, como reação ao luto, terá sua maior intensidade imediatamente após a morte, começando depois a diminuir, deixando para trás a reação à privação, mas há pessoas que até mesmo se acostumam a ficar em privação.

No entanto, há algo que se justifica ao tratarmos o luto como um tipo unitário de estresse e ao darmos menor atenção às perdas secundárias, à privação, à mudança de papéis e ao estigma. Trata-se da observação de que o pesar é uma reação tão poderosa que, por algum tempo, obscurece todas as outras fontes de dificuldade. Como diz Brabantio em *Otelo* (I.iii): "Pois meu pesar, em particular, é de natureza tão inundadora e desorientadora, que engolfa e engole todas as outras tristezas. E, ainda, permanece ele mesmo".

No fluxo constante da vida, os seres humanos passam por muitas mudanças. Chegar, partir, crescer, decrescer, conquistar, fracassar — toda mudança envolve uma perda e um ganho. É necessário abrir mão do velho ambiente para aceitar o novo. As pessoas vêm e vão; perde-se um emprego e consegue-se outro; propriedades e bens são adquiridos e vendidos; novas habilidades são aprendidas, enquanto outras são abandonadas; expectativas são atingidas e esperanças são frustradas. Em todas essas situações, as pessoas enfrentam a necessidade de abrir mão de um modo de vida e a de aceitar outro. Se identificam a mudança como um ganho, a aceitação não será difícil, mas se é vista como uma perda ou uma "bênção ambivalente", farão de tudo para resistir à mudança. Isto — resistência à mudança — acredito ser a base do luto: a relutância em abrir mão de posses, pessoas, *status*, expectativas.

O modo de uma pessoa enfrentar o desafio da mudança em sua vida determinará não apenas sua visão de mundo, como também a visão acerca de si mesma. Não é exagero afirmar que uma personalidade é tanto resultado como determinante de uma mudança. A partir do momento do nascimento, a criança se relaciona com o mundo ao seu redor. Nascemos com uma tendência inata para desenvolver padrões de comportamento que, se tudo der certo, irão se envolver com os padrões de comportamento de nossa mãe e construirão o primeiro vínculo de apego.[1] De maneira geral, aprendemos que podemos esperar que nosso choro atenda à função biológica de atrair nossa mãe. Logo teremos aprendido a encantá-la, sorrindo para ela e abraçando-a. À medida que crescemos, em tamanho e força, começamos a engatinhar e a dar os

---

1. As considerações a seguir, sobre a natureza da ligação do bebê com sua mãe, derivam do trabalho de John Bowlby, cujo livro *Attachment* (1969) expõe de forma completa as origens dos vínculos amorosos.

primeiros passos, nossa tendência a seguir a mãe torna-se evidente. A partir daí, podemos manter com ela uma proximidade segura, mas também podemos nos distanciar. Se percebemos que perdemos contato com ela, vamos chorar e procurá-la incessantemente, e ela irá responder ao nosso choro vindo nos encontrar.

Na maioria das comunidades humanas, a mãe é nosso primeiro vínculo de apego, e muitas pesquisas a esse respeito tiveram início com o trabalho de Bowlby *Child Care and the Growth of Love* (1953). Nessas pesquisas, o foco era colocado na mãe, vista como o progenitor indispensável. Mais recentemente, foi demonstrado que outras pessoas podem ser substitutas satisfatórias para a mãe natural, desde que possam garantir cuidados consistentes ao bebê. Por esse motivo, ao longo deste livro, quando me referir à mãe, estarei definindo toda pessoa que é cuidadora primária do bebê.

Até aqui, não houve qualquer traço que fosse particularmente humano sobre o comportamento do bebê. Outros animais têm ligações iguais ou semelhantes com suas mães. No entanto, as diferenças vão ficando mais claras e podemos acreditar que a maneira pela qual a mãe responde ao comportamento de apego de seu bebê poderá determinar como ele irá se comportar daí para a frente. Os padrões de comportamento inatos que surgem no início são logo modificados, refinados ou extintos pelas primeiras experiências. Por exemplo, foi demonstrado experimentalmente que a tendência de o bebê sorrir para um rosto humano irá desaparecer aos poucos se esse rosto consistentemente não lhe retribuir o sorriso. Da mesma forma, temos a crença de que se você ignorar o choro do bebê, por algum tempo, ele parará de chorar. Não foram feitas pesquisas sobre os efeitos dessa prática a longo prazo, mas há numerosas pesquisas sobre os efeitos da separação entre o bebê e sua mãe, e todas indicam que essas separações podem ser potencialmente danosas ao desenvolvimento da criança. Os efeitos patológicos podem ocorrer com maior freqüência se: a) a separação for prolongada; b) não houver mãe substituta; c) a criança sente dor ou tem restrição de movimentos; d) a criança está em um ambiente desconhecido; e) na época da separação, a criança tinha de seis meses a três anos de idade.

A importância dessa combinação de circunstâncias, uma vez reconhecida, levou a modificações significativas nos cuidados dados a crianças hospitalizadas, incluindo a permissão, em muitos hospitais, para que a mãe fique junto com ela durante a internação.

A mãe de uma criança de dois anos é uma base móvel a partir da qual algumas expedições podem ser feitas na direção de um mundo semifamiliar. A criança é simultaneamente atraída e repelida pelo componente desconhecido desse mundo, mas é a proximidade da mãe que irá determinar se um novo objeto ou pessoa deve ser evitado ou contatado. Períodos nos quais a criança fica "grudada" à mãe são alternados com períodos de exploração, garantindo uma distância segura desta. Se uma pessoa estranha aparecer ou se a criança de repente perceber que foi além da distância de segurança , irá imediatamente "retornar à base".

Para aqueles que começam a andar, a mãe é, portanto, um porto de segurança. O comportamento que os vincula a ela garante-lhes proteção e evoluiu na espécie humana por esse motivo, assim como aconteceu em outras espécies.

É a partir desse vínculo pessoal entre mãe e bebê que todas as relações subseqüentes se desenvolvem. Provavelmente, não é exagero dizer que aquilo que o bebê aprende sobre sua mãe governará suas expectativas em futuros relacionamentos. Erikson (1950) falou em "confiança básica", que pode ou não se estabelecer na mente das crianças pequenas, e como irá influenciar nas atitudes futuras, não só em relação às pessoas, mas ao mundo em geral e às mudanças que nele acontecem. Para Erikson, a confiança básica referia-se ao desenvolvimento, na criança, de uma expectativa confiante que, quando a mãe parte, ela retornará; quando ela é necessária, lá estará; quando a criança chora ou procura por ela, ela poderá ser encontrada.

Confiança nos outros e confiança no mundo podem ser solidificadas ou desmoronadas por experiências em qualquer momento da vida e a literatura é plena de exemplos nos quais as pessoas se tornaram amarguradas pelo destino. Geralmente, o final feliz vem quando a fé ou a esperança são restauradas pelo amor de outra pessoa. Há, porém, aqueles que parecem estar dominados pelo desapontamento e, com freqüência, verificamos que a essas pessoas falta a confiança básica, que deveria ter sido desenvolvida na primeira infância: intolerante à separação ou à mudança, apegam-se ferrenhamente ao que têm ou, ao perder isso, evitam toda forma de envolvimento por medo de futuros desapontamentos.

A importância desses comentários ficará clara quando considerarmos as conseqüências posteriores a uma complicação desses vínculos pessoais que ocorreram, e, em alguns aspectos, se assemelham ao vínculo primal com a mãe. Não ficaremos surpresos em encontrar elementos do mesmo padrão de comportamento da infância que são encontrados, de alguma forma, entre alguns animais, pássaros e peixes teleósteos.

2
O CORAÇÃO PARTIDO

Sem sequer pronunciar uma palavra ou fechar os olhos,
mas olhando profundamente o corpo do filho, ele se
manteve em pé até que a veemência de sua tristeza, tendo
suprimido seus espíritos vitais, derrubou-o morto ao solo.

Descrição feita por Montaigne,
sobre a morte de João, rei da Hungria.

O luto pode ser causa de morte? Você não encontrará "luto" em um atestado de óbito, não hoje em dia. Mas a noção de que alguém pode morrer por luto é tema freqüente entre autores de romances e, não faz muito tempo, foi reconhecido como causa de morte.

Na classificação do *Dr. Heberden's Bill** para causas de morte no ano de 1657, encontramos:

Sarampo	835
Encontrado morto na rua	9
Varíola	25
Gota	8
Luto	*10*
Problemas intestinais	446
Enforcamento e suicídio	24

---

* O Heberden Bill era um sistema de registro de causas de mortes, na Inglaterra. Não é mais utilizado para esses registros, mas apenas como referência. (N. do T.)

Hoje, esses números seriam desprezados e vistos apenas como exemplo de mitologia médica. Existe, de fato, alguma prova de que o luto pode ser, às vezes, causa de morte?

LUTO E MORTALIDADE

Não há dúvida de que fatores psicológicos têm influência em muitas doenças, mas só em raros casos de "inibição do vago" e nas assim chamadas mortes causadas por vodu, que parecem ser a única causa. Inibição do vago é um termo pseudocientífico, às vezes usado por médicos para explicar as causas de morte após um choque emocional repentino. Um exemplo clássico é a história de um grupo de estudantes que fez um julgamento simulado e condenou um homem à morte. Ele foi levado ao local da execução, com os olhos vendados, e um dos presentes o atingiu na nuca com uma toalha; em seguida, ele morreu. Não são diferentes os casos de morte, muito bem-documentados, causados por bruxaria. Embora a bruxaria possa ter diferentes formas, essas mortes parecem seguir um padrão geral. É dito à "vítima" que um ritual apropriado para o caso foi realizado; se ela acredita, fica em seguida profundamente deprimida, pára de comer e, dentro de poucos dias, está morta. Exames *post-mortem* explicam tanto o fenômeno da morte por inibição do vago quanto a causada por bruxaria.

Felizmente, essas ocorrências são raras, mas há outras provas do efeito de fatores psicológicos na mortalidade, em pessoas idosas ou com problemas de saúde. Aldrich e Mendkoff (1963), por exemplo, descobriram um grande aumento nas taxas de mortalidade de pacientes crônicos quando uma instituição para pacientes incuráveis, em Chicago, foi fechada por razões administrativas. Dos 182 pacientes que foram realocados em outras instituições, trinta morreram no período de três meses, o que representa uma taxa de mortalidade cinco vezes maior do que a esperada. Essa taxa foi elevada particularmente entre os pacientes que tinham um vínculo mais frágil com a realidade, em especial as 38 mulheres que Aldrich havia descrito como "psicóticas" antes da realocação, das quais 24 morreram no intervalo de um ano.

Além de alguns casos isolados de autenticidade duvidosa, não cheguei a qualquer prova de que fenômenos como estes são responsáveis por mortes após um luto. Esses exemplos foram apresentados simplesmente para lembrar o leitor de que fatores psicológicos podem ter efeitos profundos, mesmo entre pessoas saudáveis.

Durante muitos anos, tem sido reconhecido que viúvos e viúvas apresentam uma taxa de mortalidade mais elevada do que homens e mulheres casados, da mesma idade. No entanto, o mesmo acontece com solteiros e solteiras e não seria fora de cogitação suspeitar que alguns dos viúvos e viúvas, em melhores condições físicas, casam-se novamente, assegurando, assim, que aqueles que não se casam caiam nos índices elevados de mortalidade.

Esta interpretação pode, certamente, responder por um aumento na taxa de mortalidade entre a população de pessoas viúvas como um todo, mas não responde pelo pico de mortalidade em viúvos durante o primeiro ano de luto, como foi identificado por Michael Young e seus colegas (Young, Benjamin e Wallis, 1963). Eles identificaram um aumento na taxa de mortalidade de 4 486 viúvos com idade superior a 54 anos, sendo que quase 40% delas ocorreram nos primeiros seis meses do período de luto. Após esse período inicial, essa taxa caía rapidamente, até chegar à taxa encontrada no grupo de homens casados da mesma idade (mais detalhes são apresentados no Anexo, seção 1).

Após a publicação dessa pesquisa, muitas outras foram feitas a respeito da mortalidade de pessoas enlutadas. Após uma revisão de quinze pesquisas longitudinais sobre o tema, Stroebe *et al.* (1993) concluíram:

> As pessoas enlutadas têm verdadeiramente maior risco de morrer do que as não-enlutadas. Isso parece ser encontrado não apenas em pessoas viúvas, mas também em outros parentes enlutados. O risco maior está presente nas semanas e meses mais próximos da morte, e os homens parecem ser mais vulneráveis do que as mulheres.

O risco também presente nas pessoas viúvas foi confirmado em uma pesquisa realizada por Mellstrom *et al.* (1982). Eles verificaram que há um aumento muito significativo da taxa de mortalidade das viúvas, nos três primeiros meses do luto, e dos viúvos durante o primeiro ano inteiro. A expectativa de vida dos viúvos foi reduzida em um ano e meio, enquanto a das viúvas foi reduzida em seis meses.

A respeito de outros tipos de luto, Ress e Lutkins (1967) apontaram aumento da mortalidade em pais que perderam filhos, e Roskin (1984) encontrou o mesmo aumento em avós.

Muitas doenças parecem contribuir para aumentar a mortalidade, mas trabalhos recentes indicaram que a causa mais freqüente está relacionada a problemas cardíacos. A pesquisa feita por Young *et al.* (1963) sobre a taxa de mortalidade entre viúvos foi considerada como base para um estudo posterior (realizado por Parkes, Benjamin e Fitzgerald, 1969) sobre as causas de morte desses mesmos viúvos, como revelavam seus atestados de óbito. Logo ficou evidente que três quartos das taxas elevadas de morte de viúvos nos primeiros seis meses de viuvez eram devidas a problemas cardíacos, especialmente trombose da coronária e doença coronária arterosclerótica (ver no Anexo, seção 1). Esse mesmo resultado foi confirmado pela pesquisa de Mellstrom, e ainda outras confirmações vieram com uma pesquisa feita sobre mortes repentinas por problemas cardíacos em mulheres com idades que variavam entre 25 e 64 anos (Cottington *et al.*, 1980). A morte de uma pessoa significativa nos seis meses precedentes era presente em uma freqüência muito maior do que no grupo de controle.

A origem da expressão "coração partido" é encontrada em épocas bíblicas. "Consertem o coração partido", disse Isaías e, a partir daí, parece ter persistido a idéia de que um luto grave pode danificar de alguma forma o coração. Benjamin Rush, o médico americano e também signatário da Declaração da Independência, escreveu em sua obra *Medical inquiries and observations upon the diseases of the mind* (Questões e observações médicas sobre moléstias da mente) (1835): "A autópsia de pessoas que morreram, tendo o luto como causa, mostra congestão e inflamação do coração, com ruptura dos aurículos e ventrículos". A ruptura do coração é uma situação muito rara mas, quando ocorre, é causada por trombose coronária. Tudo isso nos faz supor que os antigos médicos não eram tão ingênuos quanto poderíamos supor. (Caso algum leitor enlutado esteja sentindo agora um aperto no peito e, por isso, esteja se preparando para chamar a ambulância, devo chamar atenção para o fato de palpitações e aperto no peito serem sintomas de ansiedade que muitos enlutados apresentam sem que venham a ter doenças do coração.)

O fato de o luto poder levar à morte em razão de doenças cardíacas não prova que ele seja, isoladamente, uma causa de morte. Nem sequer sabemos se o luto provoca a doença ou agrava uma condição que, mais cedo ou mais tarde, se manifestaria. Talvez os viúvos tenham a tendência a fumar mais ou a mudar seus hábitos alimentares, de modo que aumentam sua suscetibilidade à trombose da coronária. Se os fatores emocionais estão diretamente implicados, teremos ainda que explicar como afetam o coração. É sabido que o estresse provoca alterações na pressão arterial e nos batimentos cardíacos, no fluxo do sangue pelas artérias coronárias e nos constituintes químicos do coração. Qualquer uma dessas alterações pode ter importância na instalação de um coágulo em uma artéria coronária já doente e, a partir daí, provocar uma trombose coronariana. No entanto, sem mais pesquisas, podemos fazer apenas especulações a esse respeito.

Outras causas para o aumento da mortalidade após o luto são: cirrose de fígado, doenças infecciosas, acidentes e suicídio. Jones e Goldblatt (1987) encontraram aumento na incidência de mortes por causas violentas, enquanto Mellstrom *et al.* (1982) apontaram os acidentes como causa. Isto pode ser explicado tanto por falta de cuidados — pessoas recém-enlutadas, com freqüência, têm dificuldade em se concentrar enquanto dirigem e há mesmo aquelas que correm riscos deliberadamente —, e também por aumento no consumo de álcool, que é um fator que contribui para muitas mortes violentas.

Outros quatro estudos mostraram um risco maior de suicídio entre pessoas enlutadas (Bojanovsky, 1980; Bunch, 1972; Kaprio *et al.*, 1987; e McMahon e Pugh, 1965). Esse risco é maior nas primeiras semanas de luto, período no qual Kaprio *et al.* mostraram um número dez vezes maior de suicídios entre as mulheres e 66 vezes maior entre os homens. Pais e filhos estão sob risco, tanto quanto o cônjuge (Bunch, 1972).

Osterweis *et al.* (1984) trazem a seguinte questão acerca das três principais causas de morte relacionadas ao luto — suicídio, cirrose hepática e parada cardíaca: "Estas três condições têm antecedentes clínicos (depressão, alcoolismo e doença cardiovascular) que poderiam ter sido detectados antes ou quase imediatamente após o luto, assim identificando três grupos de alto risco para os quais uma intervenção imediata poderia ser muito útil". A pergunta que fica é: "Que tipo de intervenção?"

Uma delas é aquela proporcionada pelos rituais de luto. Entre os Huli, de Papua, na Nova Guiné, a taxa de mortalidade entre os viúvos ao longo do primeiro ano de luto foi significativamente maior ($p < .02$) do que entre as viúvas. Frankel e Smith (1982) sugerem que essa diferença pode ser explicada pela persistência entre as mulheres, mas não entre os homens, de uma tradição de um intenso luto público, para o qual existem as "casas de chorar" (*duguanda*). É esperado que as mulheres passem um dia e uma noite ardente e raivosamente denunciando o morto, por ter morrido. As parentes mais próximas continuam a lamentação depois do funeral e muitas vezes dormem na casa de chorar durante semanas. Isso é considerado terapêutico.

Em todas as sociedades conhecidas, os amigos e familiares oferecem apoio psicológico após o luto, e é maravilhoso verificar que, em uma amostra de 503 viúvas e viúvos idosos, na Inglaterra, que foram acompanhados durante seis anos após o início do luto, os fatores associados a altos níveis de mortalidade foram: não ter ninguém para quem telefonar; não ver os netos durante os primeiros seis meses, e não ter irmãos ou irmãs vivos (Bowling, 1988).

Outro tipo de intervenção que pode reduzir a mortalidade é um novo casamento. Helsing e seus colegas (1982) verificaram que viúvos que se casaram novamente tiveram uma taxa de mortalidade substancialmente mais baixa do que aqueles que não se casaram, e ainda mais baixas do que as taxas encontradas entre os homens casados do grupo de controle! No entanto, é possível que isso reflita os efeitos da boa saúde na escolha do parceiro, mais do que os efeitos do segundo casamento sobre a saúde.

Há um recurso médico para evitar a morte por causas cardíacas, após uma perda significativa? Bem, pode ser que sim. A principal forma pela qual as emoções têm influência sobre o coração é por meio do nervo vago. Se pudéssemos bloquear essa influência em pessoas sabidamente portadoras de problemas cardíacos e que estão em um processo de luto, poderíamos então proteger suas artérias coronárias de um possível dano. O uso de drogas betabloqueadoras, como o Propanolol, é uma medida preventiva que teria exatamente esse efeito. Porém, nenhuma pesquisa foi feita para testar esta teoria, mas a medicação é amplamente usada e, com supervisão médica adequada, segura.

Pode ser que medidas que objetivem reduzir o estresse do luto também ajudem a evitar a mortalidade, e há algumas evidências de que o número de suicídios entre os parentes dos pacientes que morreram no St. Christopher's Hospice, em Sydenham, ao sul de Londres, diminuiu desde o estabelecimento de um serviço de aconselhamento para pessoas enlutadas. (A esse respeito, com mais detalhes, ver Capítulo 13: Ajudando o Enlutado II.)

OUTROS EFEITOS DO LUTO SOBRE A SAÚDE

O interesse de Lindemann pelo luto, visto como um objeto de pesquisa, foi desenvolvido a partir de suas observações sobre a associação entre a perda e o surgimento de colite ulcerativa (1945). Quais seriam os outros efeitos que o luto teria sobre a saúde? Muitas doenças físicas e mentais têm sido atribuídas à experiência de perda. Em geral, essa atribuição de causa baseia-se na observação de que a doença em questão surge em seguida a uma perda. Mas se considerarmos que as perdas, de uma maneira ou de outra, ocorrem na vida de todos nós, é possível que estejamos diante de uma associação casual. Além disso, a distinção entre sintomas físicos e psicológicos não se sustenta por muito tempo. Ao longo deste capítulo, discutirei, inicialmente, os tipos de queixas que são levadas ao clínico geral, e depois passarei a considerar os sintomas de pacientes psiquiátricos enlutados. Ficará evidente que há uma considerável sobreposição deles.

Algumas das melhores pesquisas a respeito dos efeitos psicossomáticos da perda foram realizadas no Strong Memorial Hospital, em Rochester, nos Estados Unidos, no qual um grupo de psiquiatras elaborou a teoria de que os sentimentos de desamparo e desesperança que podem vir com o luto são responsáveis pelas doenças físicas. Em uma pesquisa importantíssima, mulheres com suspeita de câncer uterino foram "diagnosticadas" por um psiquiatra com precisa exatidão (ver Anexo, seção 2). Essas mulheres passaram a fazer parte do estudo depois de terem feito um exame vaginal (Papanicolau) que havia revelado a presença de células com aparência estranha, que poderiam ou não indicar a existência de câncer. Até então, ninguém sabia se havia ou não a existência de câncer e foi necessária uma biópsia para confirmar o diagnóstico. O psiquiatra, assim como todos os demais, ignorava o resultado. Nas entrevistas individuais, perguntou a cada mulher quais eram seus sentimentos sobre perdas recentes. Quando encontrava evidências de haver tanto uma perda quanto sentimentos de desamparo e desesperança, ele predizia que aquela mulher poderia ter um diagnóstico de câncer. Em 71% dos casos, ele provou estar correto.

Os céticos dirão que, talvez, mesmo sem que os médicos soubessem, essas mulheres tinham uma ligeira idéia de seu verdadeiro diagnóstico e foi esse conhecimento que influenciou seus sentimentos e tendências a verificar perdas recentes em sua vida. Um viés semelhante poderia explicar a alta taxa de perdas apresentadas a Cooper e Farragher (1993) por mulheres com câncer de mama. Eles utilizaram um método bastante semelhante ao anterior para estudar mulheres que eram pacientes de uma clínica que fazia diagnósticos de câncer de mama.

Grande número de perdas foi também relatado por pessoas com outras queixas de saúde. Klerman e Izen (1977), por meio de uma extensa revisão da literatura, apontam ainda glaucoma de ângulo fechado, câncer, distúrbios cardiovasculares, doença de Cushing, lúpus eritematoso disseminado, tireotoxicose, anemia perniciosa, pneumonia, artrite reumatóide, tuberculose e colite ulcerativa. Mesmo que esses resultados não sejam conclusivos, não podem ser ignorados e espera-se que ainda seja feito o trabalho de pesquisa necessário para estabelecer a cadeia de causas.

Em estudos retrospectivos deste tipo, o pesquisador começa com uma pessoa que está doente, ou sob suspeita de estar doente, e tenta descobrir se sofreu uma perda antes do aparecimento da doença. Esses estudos sempre levam consigo o risco de um viés retrospectivo. Outro procedimento possível é começar com pessoas que sabidamente sofreram uma perda e acompanhá-las para verificar as doenças que poderão se instalar posteriormente. Esta abordagem foi adotada em muitas pesquisas com enlutados. Por exemplo, 72 viúvas da região leste de Londres foram entrevistadas por Peter Marris, em média dois anos depois da perda; 31 delas (43%) pensavam que sua saúde geral havia ficado pior do que era antes do luto (Marris, 1958). Em uma outra pesquisa (Hobson, 1964), uma proporção semelhante de viúvas (dezessete em quarenta) de uma cidade inglesa afirmaram o mesmo. De acordo com essas duas pesquisas, foi grande o número de queixas atribuídas ao luto. Dores de cabeça, problemas digestivos, reumatismo e asma eram particularmente freqüentes.

No entanto, esses sintomas são freqüentes em qualquer grupo de mulheres e poderiam ter ocorrido somente por acaso. Além disso, "saúde geral" é um conceito genérico, de validade duvidosa. Em uma pesquisa com 22 viúvas londrinas (1970), que será referida aqui sempre como a Pesquisa de Londres, tentei obter um número variado de avaliações de "saúde geral". Pedi às viúvas que avaliassem sua própria saúde entre "boa", "indiferente", "ruim" em cada uma das cinco entrevistas que fiz com elas, em intervalos durante o primeiro ano de enlutamento. Contei também o número de consultas que cada uma delas teve com seu clínico geral ao longo desse ano e, além disso, verifiquei em uma lista padrão de sintomas aqueles apresentados por elas cada vez que as visitava. Naturalmente, previ aquelas que consideravam sua saúde "ruim" como as que teriam tido maior número de consultas com o clínico geral e apresentariam maior numero de sintomas. Foi uma surpresa verificar que minha previsão estava errada. O dado que distinguiu aquelas viúvas que consideravam sua saúde como ruim foi uma alta freqüência de queixas de irritabilidade e raiva. Parecia que essas queixas eram acompanhadas por uma sensação subjetiva de saúde fraca, que não se refletia, porém, em qualquer sintoma em particular ou em uma tendência para ter maior número de consultas médicas (ver Anexo, seção 3).

Há evidências, no entanto, de que pessoas recém-enlutadas de fato consultam seu clínico geral com mais freqüência do que o faziam antes do luto. Pesquisando os registros de pacientes feitos por oito clínico gerais londrinos, pude identificar 44 mulheres que estavam registradas[1] com um clínico geral por dois anos antes e um ano e meio depois de terem enviuvado. Três quartos delas haviam consultado seu clínico geral no período dos seis meses iniciais do enlutamento, o que representou um aumento de 63% sobre as consultas realizadas num intervalo semelhante, antes da viuvez. O aumento às consultas deu-se por ansiedade, depressão, insônia e outros sintomas psicológicos, que eram claramente atribuíveis ao luto. Entretanto, era surpreendente verificar que o aumento de consultas por essas queixas foi restrito às viúvas com menos de 65 anos de idade. Parece que as pessoas mais velhas não consultam seus médicos por estes problemas.

No entanto, as consultas por problemas físicos haviam aumentado em todas as faixas etárias, mais especialmente para artrite e reumatismo. É sabido que os fatores psicológicos têm influência no reumatismo, mas muitas dessas viúvas tinham osteoartrite, que demora anos para se manifestar. Parece, então, como no caso das tromboses coronarianas, que o luto não originou o problema, apenas agravou o já existente. É possível, também, que as viúvas estivessem usando a artrite como uma desculpa para consultar o médico, e que o aumento no número de consultas significasse uma necessidade de ajuda com pouca relação com o estado físico. (Esses resultados são discutidos mais detalhadamente no Anexo, seção 4.) Isso revela também a situação na Inglaterra, onde as viúvas não tinham despesa com as consultas, enquanto, nos Estados Unidos, essa despesa parece funcionar como um elemento impeditivo. Duas pesquisas (Clayton *et al.*, 1974; Parkes e Brown, 1972) mostraram que não houve aumento na freqüência às consultas médicas após o luto, enquanto em um terço (Wiener *et al.*, 1975) houve aumento, que foi entre viúvas idosas que tinham um plano de saúde particular, pelo qual as consultas estavam incluídas no pagamento já feito.

Outro conjunto de pesquisas (1967, 1968 e 1969), muito úteis, que não se baseou nas consultas médicas feitas pelas viúvas, foi realizado por Maddison *et al.*, da Universidade de Sydney, na Austrália (ver no Anexo, seção 5). Ele desenvolveu um questionário, que enviou pelo correio, contendo 55 questões sobre sintomas e cuidados com a saúde referentes ao ano precedente. O questionário foi respondido por 132 viúvas americanas e 221 australianas, treze meses após a perda, e por grupos de controle compostos por mulheres casadas. Todas tinham menos de sessenta anos de idade. Do grupo de viúvas, 28% obtiveram resultados indicadores de "acentuada" deterioração da saúde, comparados aos 4,5% obtidos entre as mulheres casadas.

---

1. No Serviço Nacional de Saúde da Inglaterra, cada membro da população britânica é registrado com um clínico geral que mantém registros médicos em uma ficha para esse fim específico. Muitas mulheres são registradas com o mesmo clínico geral de seus maridos.

Os sintomas mais comuns entre as viúvas do que entre as casadas foram: nervosismo, depressão, medo de uma crise nervosa, sensação de pânico, temores persistentes, "pensamentos estranhos", pesadelos, insônia, tremores, perda de apetite (ou, em algumas, aumento de apetite), perda de peso, redução da capacidade de trabalho e fadiga. Todos esses sintomas são traços característicos do luto, e não é de surpreender que sejam encontrados em um grupo de viúvas. Maddison encontrou, no entanto, entre essas mesmas viúvas, incidência excessiva de sintomas que eram menos característicos do luto. Estes incluíam: dor de cabeça, tontura, desmaios, visão turva, erupções cutâneas, transpiração excessiva, indigestão, dificuldade para engolir, vômito, períodos menstruais intensos, palpitações, dores no peito, respiração curta, infecções freqüentes e dores generalizadas.

Muitos dos resultados da pesquisa de Maddison foram posteriormente confirmados em uma pesquisa que fiz juntamente com Ira Glick, Robert Weiss, Gerald Caplan *et al.*, na Escola de Medicina de Harvard. (Essa pesquisa será referida a partir de agora como a Pesquisa de Harvard. Seus resultados são apresentados com mais detalhes em Glick *et al.*, 1974 e em Parkes e Weiss, 1983). Essas pessoas eram 68 viúvas e viúvos, com menos de 45 anos de idade, que foram entrevistadas catorze meses após a perda, e comparados com um grupo de controle composto por 68 homens e mulheres casados, da mesma idade, ocupação e tamanho de família. O grupo de enlutados apresentou depressão e distúrbios emocionais gerais por meio de comportamentos tais como: inquietude e insônia, assim como dificuldade para tomar decisões e de memorização. Também consumia mais tranqüilizantes, álcool e fumava mais do que antes de ficar enlutado. Distinguia-se do grupo de não-enlutados pela freqüência de suas queixas de sintomas físicos indicadores de ansiedade e tensão; no entanto, diferentemente dos enlutados idosos de outras pesquisas, eles não mostravam um aumento significativo nos problemas físicos.

Os enlutados haviam passado em hospital um período de tempo quatro vezes maior do que os não-enlutados. Também buscaram ajuda para seus problemas emocionais com religiosos, psiquiatras e, às vezes, assistentes sociais, mais do que os não-enlutados. (Mais detalhes sobre esta pesquisa estão no Anexo, seção 6, e no Capítulo 9).

No entanto, uma pesquisa não encontrou aumento quer na auto-avaliação sobre preocupação com a própria saúde, quer no relato de doença durante o mês precedente, em vários períodos, durante os primeiros quatro anos de viuvez. Trata-se da pesquisa feita por Zisook *et al.* (1982 e 1987). Eles estudaram uma amostra de sujeitos voluntários, correspondendo a 30% dos viúvos e viúvas contatados por eles no primeiro mês após a perda. Esses resultados divergem tanto dos de outras pesquisas que nos levam a concluir que este método de seleção traz um viés favorável aos viúvos e viúvas em melhores condições de saúde.

Quando apresento as evidências coletadas cuidadosamente em várias pesquisas sobre os efeitos do luto na saúde física, posso estar causando confusão, em lugar de dissipá-la, o que é o meu objetivo. Seria muito mais simples se uma pessoa pudesse afirmar, dogmaticamente, que luto é a causa de dor de cabeça, osteoartrite e trombose coronariana e pronto. Ou, melhor ainda, se fosse em frente explicando como o luto leva a essas situações. Mas a evidência ainda não justifica o dogmatismo. Quais são, então, as possíveis conclusões?

Acredito que podemos afirmar, com adequação, que muitos viúvos e viúvas buscam ajuda durante os meses após a morte do cônjuge e que os profissionais mais procurados por eles são da área médica e religiosa. Aceito a evidência de que o luto pode afetar saúde física, mas parece-me que a maior parte das queixas que leva as pessoas aos médicos reflete ansiedade e tensão, mais do que doença orgânica. Nesses casos, o papel mais importante para o médico é o de reassegurar às pessoas que elas não estão doentes, em vez de rotulá-las como doentes.

No que se refere a problemas mais sérios, concordo com Osterweis *et al.* (1984), que concluíram: "A evidência mais extensa sobre a relação entre um sistema orgânico específico e o luto está no sistema cardiovascular. As arritmias cardíacas repentinas, o infarto do miocárdio, e a congestão cardíaca são os problemas desse sistema mencionados com mais freqüências". Eles citam a pesquisa de Chambers e Reiser (1953) sobre congestão cardíaca, a de Wiener *et al.* (1975) sobre hipertensão, e a de Engel (1971) sobre parada cardíaca repentina como prova de que ameaças de perdas e perdas efetivas de relacionamentos humanos podem exacerbar ou precipitar esses problemas. Por fim, há certas condições potencialmente fatais, como trombose coronariana, câncer no sangue e câncer de colo do útero que parecem, em alguns casos, ser precipitadas ou agravadas por perdas importantes.

LUTO E DOENÇA MENTAL

Há provas, também, de que o luto possa causar doenças mentais? Neste campo, é possível falar com mais confiança, pois o luto tem sido objeto de estudos detalhados nos últimos anos. No entanto, logo estaremos entrando no âmbito da especulação, quando tentarmos explicar por que uma pessoa se recupera mais cedo do que a outra dos efeitos psicológicos do luto. O único caminho seguro é rever as evidências tão concisamente quanto possível, para que os leitores possam se decidir sobre as conclusões fundamentadas.

Dos prontuários de 3 245 pacientes adultos atendidos em duas clínicas psiquiátricas no período de 1949 a 1951, pude identificar 94 (2,9%), cuja doença tinha-se iniciado no período de seis meses após a morte de um dos pais, do cônjuge, do irmão, da irmã, ou do filho (Parkes, 1965). Sem dúvida, havia outros pacientes enlutados, mas isso não era mencionado nos prontuários. Tenho certeza, também, de que haveria ainda outros nos quais o surgimento da doença foi adiado por mais de seis meses após a perda. No entanto, foi necessário concentrar a atenção naqueles pacientes cuja doença poderia, com uma suposição bem-fundamentada, ter alguma relação com o luto.

Como o luto não é um acontecimento incomum, foi necessário descobrir primeiro se a associação entre luto e doença mental poderia ser devida exclusivamente ao acaso. Ou seja: os pacientes teriam ficado doentes naquela época, fossem enlutados ou não? Comparei o número de casos de viuvez que haviam realmente ocorrido na população psiquiátrica com o número esperado, por uma associação casual. O número esperado de casos de viuvez foi calculado a partir dos registros oficiais de mortalidade da Inglaterra e do País de Gales, no período correspondente àquele da pesquisa. Ficou evidente que trinta dos 94 pacientes haviam sido encaminhados em razão de doenças que ocorreram no período de seis meses após a morte do cônjuge, enquanto a possibilidade de que isso acontecesse por acaso era de apenas cinco pacientes viúvos (ver Anexo, seção 7).

Stein e Susser (1969) chegaram a conclusões semelhantes em duas pesquisas conduzidas cuidadosamente, envolvendo atendimento psiquiátrico em Salford, Inglaterra. Essas pesquisas mostraram uma proporção extraordinariamente grande de viúvas e viúvos entre pessoas que receberam cuidados psiquiátricos pela primeira vez na vida, e uma extraordinária proporção de perdas recentes entre esses pacientes, viúvos e viúvas. Há também as pesquisas sobre depressão, em Londres e na ilha de Lewis, nas ilhas Hébridas, feitas por Prudo *et al.* (1981). Eles descobriram que não menos do que 77% dos distúrbios psiquiátricos crônicos, em Lewis, haviam sido provocados pela morte de um parente próximo (comparado com apenas 16% em Londres). Isso pode refletir uma vulnerabilidade especial entre os habitantes da ilha, muitos dos quais são adultos não casados, que viviam com um parente. Ao contrário, Frost e Clayton (1977) não encontraram diferenças significativas quanto ao número de lutos recentes em uma população de 249 pacientes psiquiátricos e 249 pacientes de um departamento de ortopedia e de obstetrícia de um mesmo hospital, em St. Louis. Convém notar que luto também pode ser uma causa para internações hospitalares, por problemas ortopédicos e gravidez.

Voltemos ao meu estudo com 94 pacientes psiquiátricos enlutados identificados a partir de seus prontuários. O diagnóstico feito pelos psiquiatras nesses casos eram verificados e comparados com o diagnóstico dos 3151 pacientes que, de acordo com os prontuários, não eram enlutados. As duas descobertas mais importantes foram: em primeiro lugar, os pacientes enlutados foram diagnosticados com diferentes tipos de doenças psiquiátricas e, em segundo lugar, o diagnóstico isolado mais freqüente nesse grupo era depressão reativa ou neurótica. Este era o diagnóstico de 28% dos pacientes enlutados e de apenas 15% dos não-enlutados (ver Anexo, seção 7).

A confirmação posterior do peso que o luto tem para provocar depressão clínica veio de uma série de pesquisas de Clayton e seus colegas (Bornstein *et al.*, 1973; Clayton *et al.*, 1972; Clayton *et al.*, 1974). Usando uma lista de oito sintomas geralmente aceitos como evidência de "doença depressiva", eles descobriram que 35% das viúvas idosas tinham seis ou mais sintomas, um mês após a perda. A proporção caiu para 25% quatro meses depois e para 17% , um ano após. Ao todo, 47% sofreram de "complexo de sintomas depressivos" em algum período durante o ano, em comparação a 8% do grupo de controle, de não-enlutados (ver Anexo, seção 8). Resultados semelhantes foram encontrados por Jacobs *et al.* (1989). A vulnerabilidade à depressão pode não ser restrita a seres humanos, e Goodall (1971) descreveu reações muito semelhantes entre chimpanzés enlutados!

Outro grupo de distúrbios psiquiátricos freqüentemente encontrado após uma perda é o distúrbio de ansiedade. O trabalho recente de Jacobs (1993), que pesquisou 102 cônjuges enlutados, em New Haven, Connecticut, revelou que não menos de 44% mostrou evidência de ansiedade generalizada ou síndrome de pânico em algum período durante o primeiro ano do luto.

O Distúrbio do Estresse Pós-Traumático (PTSD), como seria de se esperar, é muito comum em conseqüência de lutos causados por morte inesperada e violenta. Schut *et al.* (1991) acompanhou 281 pessoas com menos de 66 anos de idade que haviam perdido o parceiro. Ele as avaliou a intervalos ao longo dos primeiros 25 meses do luto, usando um questionário que media a presença dos sintomas clássicos da PTSD (como descritos na DSM III). Embora apenas 9% tenham atingido esses critérios durante todo o período de acompanhamento, quase a metade os atingiu em algum momento dos dois anos.

Em minha pesquisa com pacientes psiquiátricos, em 1964, ficou evidente nos prontuários que, na época de sua internação, que ocorria aproximadamente um ano após a perda, muitos deles ainda estavam em processo de luto. E, mais ainda, seu luto tinha assumido uma forma não usual, sendo mais grave e prolongado do que o esperado, ou sendo adiado e/ou complicado, da maneira que estarei descrevendo oportunamente. Nesses pacientes, o luto era parte integrante da doença que os havia levado a receber cuidados psiquiátricos.

Em outros casos, porém, a doença mental não parecia conter o luto. Por exemplo, vários pacientes que sempre haviam bebido em excesso desenvolveram uma psicose alcoólica após a morte de um membro da família com quem tinham muita proximidade. Os sintomas eram os do alcoolismo, e se houvesse alguma tendência persistente para permanecer no luto, não era uma parte óbvia do quadro clínico. O luto, então, tinha sido a "última gota", resultando na entrega ao alcoolismo de indivíduos cujo ajustamento prévio já era precário.

Essa pesquisa (que aqui será referida como a Pesquisa dos Prontuários) revelou muito claramente a importância do luto como causa de doenças mentais. Indicou, também, que a doença mental que se segue ao luto freqüentemente parece conter formas patológicas do processo de enlutamento que são específicas dessa experiência. Em outros casos, porém, ela contém reações não específicas, que podem ter sido causadas por vários acontecimentos da vida da pessoa. Estudar o luto levou não apenas a uma compreensão melhor do luto patológico, como também à maior compreensão desses outros acontecimentos e de suas conseqüências. O luto é, afinal, o acontecimento vital mais grave que a maior parte de nós pode experienciar.

Muitos dos estudos aqui mencionados preocuparam-se com os primeiros anos de luto. O que dizer do luto a longo prazo? É difícil obter dados a este respeito, não somente pelas dificuldades de se fazer uma pesquisa extensa, e poucos pesquisadores têm a persistência e os recursos necessários, mas também porque, à medida que o tempo passa, outros acontecimentos ocorrem na vida de todos nós e fica cada vez mais difícil saber, com certeza, a contribuição de cada um para o problema em questão. Um extenso estudo, porém, ofereceu resultados seguros.

44

Foi feito em larga escala, com 14 mil homens e mulheres americanos, que foram acompanhados ao longo de um período de doze anos. Os que enviuvaram nos dois primeiros anos da pesquisa foram comparados aos demais, e os pesquisadores concluíram: "Pode ser confortador saber que os seres humanos são criaturas altamente adaptáveis e, a longo prazo, que a maioria é capaz de enfrentar até mesmo os acontecimentos que causam grande desorganização e sofrimento". (McCrae e Costa, 1993)

PESQUISA A RESPEITO DO LUTO

Para compreender melhor os meios pelos quais o luto pode levar a distúrbios psiquiátricos e para iniciar programas de prevenção e tratamento, precisamos olhar mais de perto como as pessoas reagem ao luto, as circunstâncias que favorecem o aparecimento de problemas e as atitudes que podem ser tomadas, que podem interferir na situação, de maneira a reduzir a patologia e encorajar o crescimento psicológico.

Uma vez que esta tem sido a principal mola propulsora de minhas pesquisas ao longo dos anos, devo primeiramente ressaltar três das pesquisas mais importantes às quais irei fazer referência ao longo deste livro. São elas: a "Pesquisa de Londres", a "Pesquisa de Bethlem" e a "Pesquisa de Harvard".

Os prontuários não são a fonte mais segura para se pesquisar dados e, enquanto muitos dos estudos de caso que realizei continham relatos completos e convincentes sobre as reações do paciente ao luto, houve outros nos quais a reação não era descrita em detalhes. Obviamente, foi necessária uma investigação mais sistemática sobre pacientes psiquiátricos enlutados, assim como para determinar o que é uma reação de luto "normal" ou "típica". Duas pesquisas foram realizadas tendo em vista esses objetivos: a Pesquisa de Bethlem e a Pesquisa de Londres, e elas compõem as principais fontes de informação dos Capítulos de 3 a 8 deste livro. A *Pesquisa de Londres* (Parkes, 1970), já referida neste livro, foi realizada depois da Pesquisa de Bethlem, mas as coisas ficarão simplificadas se for discutida antes.

Algumas vezes se diz que os psiquiatras têm uma visão distorcida da vida porque só conhecem pessoas que falharam em administrar as situações de estresse em que se encontram. A Pesquisa de Londres foi uma tentativa de descobrir como um grupo não selecionado, de 22 viúvas londrinas, com idade inferior a 65 anos, poderia enfrentar o estresse do luto. Tinha por objetivo estabelecer uma descrição de "luto normal" entre viúvas jovens e de meia-idade. Viúvas idosas foram excluídas porque, como explico no Capítulo 9, há motivos para que o luto seja considerado, na meia-idade, um fenômeno muito diferente do luto de pessoas mais jovens. Qualquer que tenha sido a causa, o quadro geral estudado poderia ter sido muito afetado se pessoas mais velhas fossem incluídas na pesquisa.

As viúvas que concordaram em participar vieram indicadas por seu clínico geral. A estes, eu havia pedido que me encaminhassem todas as mulheres que tivessem perdido o marido, e não apenas aquelas que lhes parecesse ter dificuldades psicológicas. Mesmo assim, algumas viúvas não foram encaminhadas, ou porque se recusaram a participar ou porque o clínico geral não quis incomodá-las. Averiguando melhor, posteriormente, percebi que esses clínicos gerais não consideravam que essas viúvas diferissem muito das que haviam sido encaminhadas, e parece que as que foram efetivamente entrevistadas compuseram uma amostra bastante representativa das viúvas londrinas.

Elas foram entrevistadas por mim no final do primeiro mês de luto e, novamente, no terceiro, sexto, nono e décimo terceiro mês, com um mínimo de cinco entrevistas no total. Eu estava estudando principalmente o primeiro ano de luto. No entanto, para incluir mas não para deixar-me ser excessivamente influenciado pela reação de aniversário, fiz a última entrevista, a que seria no término do primeiro ano, um mês mais tarde. Isso me possibilitou ter uma visão da reação de aniversário e, também, de como a viúva estava se adaptando, agora que a crise havia passado.

No início, tive algumas dúvidas sobre o projeto em sua totalidade. Eu não tinha o desejo de invadir o luto particular daquelas pessoas e estava pronto a abandonar o projeto se ficasse evidente que minhas perguntas causariam um sofrimento desnecessário. Na verdade, conversar sobre os eventos que levaram à morte do marido e sobre a reação da mulher causaram sofrimento, e era freqüente que as viúvas chorassem em algum momento durante nossa primeira entrevista; mas, com uma única exceção, elas não consideraram que a experiência lhes causava dano. Ao contrário, a maioria parecia agradecida pela oportunidade de falar com liberdade sobre os problemas que as perturbavam e os sentimentos que as preocupavam. A primeira entrevista geralmente tinha a duração de duas a três horas, não porque eu tivesse planejado assim, mas porque a viúva precisava desse tempo se fosse para falar de toda a experiência, cheia de significados, que estava em sua mente. A partir do momento em que ela percebia que não iria ficar envergonhada ou aborrecida pelo seu pesar, a viúva considerava a entrevista terapêutica e, embora eu explicasse cuidadosamente que se tratava de uma pesquisa, não tinha qualquer sensação de estar sendo invasivo após os primeiros minutos de contato inicial. (Os resultados estatísticos são descritos no Anexo, seções 9 e 10, e em Parkes, 1970.)

O objetivo da *Pesquisa de Bethlem* (Parkes, 1965) era investigar reações de luto atípicas. As entrevistas foram realizadas entre 1958 e 1960, com 21 pacientes enlutados dos Hospitais Bethlem Royal e Maudsley. Dos 21 pacientes, quatro eram do sexo masculino, e dezessete do sexo feminino. A maioria deles foi entrevistada logo em seguida ao início do tratamento psiquiátrico, quando estavam enlutados, em média, por 72 semanas (a variação foi de 4 a 367 semanas). (Mais detalhes são apresentados no Anexo, seção 11, e em Parkes, 1965.)

Tanto na pesquisa de Londres como na de Bethlem, eu pedia às pessoas enlutadas que me contassem, com suas próprias palavras, o que quisessem sobre seu luto e como reagiam a ele. As perguntas foram reduzidas ao mínimo e eram utilizadas apenas para garantir que as informações sobre situações críticas pudessem ser comparadas em cada caso. Fiz anotações especiais — em um formulário de pesquisa, que usava como lembrete — de algumas verbalizações significativas, que foram analisadas imediatamente após a entrevista.

A partir dessas duas pesquisas, que revelaram, respectivamente, formas típicas e atípicas de reação ao luto, realizei a *Pesquisa de Harvard*. Esta (já apresentada nas páginas 38-9) tinha um objetivo um tanto diferente. Com base em trabalhos anteriores, considerava-se que, normalmente, o luto seguia um certo padrão, mas que variações patológicas ocorrem e, talvez, alguns de nós queiram descobrir por que a maioria das pessoas passa incólume pelo estresse do luto, enquanto outros são profundamente afetados por doenças físicas ou mentais. Também queríamos saber se era possível identificar, na época da perda, aqueles com maiores possibilidades de apresentar dificuldades mais tarde. Como pesquisas prévias haviam apontado que o risco para a saúde era maior para viúvas jovens, colocamos nossa atenção em pessoas com idade inferior a 45 anos, que tivessem perdido o cônjuge. Como viúvos raramente haviam sido estudados anteriormente, incluímos um grupo deles nesta pesquisa. Escrevemos e telefonamos para 41 viúvas e dezenove viúvos, e os visitamos em suas casas três e seis semanas depois da perda e, novamente, catorze meses depois, quando foi feita uma avaliação de suas condições de saúde. Os resultados dessa pesquisa são apresentados e discutidos no Capítulo 9 (ver também Anexo, seções 12 e 13). Pesquisas que foram posteriormente feitas em ambos os lados do oceano Atlântico confirmaram muitos de nossos resultados.

A Pesquisa de Harvard confirmou minha expectativa de que as viúvas americanas reagiriam de maneira semelhante às inglesas, que anteriormente haviam sido estudadas por mim. Esses estudos não haviam sido feitos para confirmar ou eliminar qualquer teoria em particular, mas senti-me inevitavelmente forçado a agrupar certos traços e a tentar uma explicação a respeito do processo de enlutamento que desse sentido aos dados.

JOHN BOWLBY

Em 1959, pela primeira vez, fiz uma revisão da literatura científica a respeito de perda e luto, e fiquei surpreso com a ausência de qualquer referência sobre observações simples quanto ao comportamento dos animais que, em suas reações a perdas, apresentam muitas das características que são encontradas em seres humanos. Um dos poucos que levantaram esta questão foi Charles Darwin, no livro *The Expression of the Emotions in Men and Animals* (A expressão das emoções em homens e animais) (1872), que descreveu como a tristeza é expressa pelos animais, pelas crianças e pelos seres humanos adultos. Esse trabalho levou-me a formular uma "teoria biológica do luto", que não precisou de grandes modificações.

A formulação preliminar, que fez parte de minha dissertação para adquirir o título de Especialista em Medicina Psicológica, mal havia chegado aos examinadores quando recebi a cópia de um artigo que mostrava que muitas de minhas conclusões haviam sido obtidas, de forma independente, pelo falecido John Bowlby. Sua revisão dos efeitos da privação materna na infância havia sido publicada como uma monografia solicitada pela Organização Mundial da Saúde, em 1951, e fora acompanhada por uma série de artigos que tinham por objetivo esclarecer algumas questões teóricas nele levantadas. Em 1959, Bowlby estava trabalhando ativamente em uma teoria abrangente, cuja primeira parte estava pronta para publicação. Nessa época, enviei-lhe uma cópia de minha dissertação e, posteriormente, em 1962, juntei-me à sua equipe de pesquisadores no Instituto Tavistock de Relações Humanas. A partir dessa época, e até sua morte, em 1992, trabalhamos em intensa colaboração e utilizei muitas de suas idéias. Esses detalhes biográficos são mencionados porque não sei qual de nós merece o crédito (ou a culpa) por ter dado origem a muitas das idéias que constroem a teoria geral encontrada neste livro. Tudo o que posso dizer, sem sombra de dúvida, é que meu débito a John Bowlby é imenso.

3
ALARME

*Ninguém me havia dito que o luto se parecia com o medo.
Eu não estou com medo, mas é como se estivesse. A mesma
agitação no estômago, a mesma inquietação, o bocejo.
Estou sempre engolindo.*

C. S. Lewis, *A grief observed*

ESTRESSE

Há muitos anos os pesquisadores têm estudado e escrito sobre o estresse. O termo é usado para caracterizar o efeito de praticamente qualquer experiência nova ou desagradável, desde fazer contas de cabeça até estar lutando numa trincheira de guerra, de estar em um ambiente desconhecido até ter uma perna esmagada. Os seres humanos, assim como os animais de todos os tamanhos e tipos, foram confinados, trapaceados, aterrorizados, mutilados, chocados, envergonhados, desafiados, manipulados, surpreendidos, confundidos ou envenenados em uma ampla variedade de condições experimentais na tentativa de mapear as conseqüências deste fenômeno verdadeiramente ubíquo. Numerosos livros e artigos descrevem os resultados desses experimentos. A coletânea de obras sobre estresse escrita por Selye e Horava (1950 e ss.), que fez uma revisão da literatura da época, ilustra a totalidade da pesquisa nesse campo.

O resultado de todo esse trabalho não foi negligenciável, mas foi desapontador. As generalizações feitas sobre um aspecto não se aplicavam a outro; os resultados obtidos com um indivíduo diferiam muito dos de outro; as alterações químicas do sangue, que em um experimento pareciam indicar a quantidade de estresse pelo qual uma pessoa estava passando, não tinham qualquer relação com o que era encontrado em outro. Somos, então, levados a supor que o estresse não é um conceito tão simples quanto se pensava. O livro escrito por Cannon, em 1929, *Bodily Changes in Pain, Hunger, Fear and Rage* (Mudanças corporais na dor, na fome, no medo e na raiva) foi importante para mostrar que quando o animal estiver se preparando para lutar ou fugir, estará mostrando uma única resposta fisiológica genérica. Essa resposta inclui alterações no funcionamento corporal sob controle do sistema nervoso autônomo simpático e das glândulas endócrinas na medula e no córtex adrenal. Estes colaboram para melhorar o desempenho muscular (aumentam o número de batimentos cardíacos e os movimentos respiratórios, transferem sangue de outros órgãos para os músculos, aumentam a tensão muscular), melhoram a visão (pela dilatação das pupilas e retração das pálpebras), ajudam na perda de calor (aumentam a transpiração), provocam o arrepio dos cabelos característico das situações de "ameaça" (pela contração dos músculos eretores de pêlos) e mobilizam reservas de energia (convertem glicogênio do fígado em glucose). O estresse também provoca inibição das atividades do sistema parassimpático, que controla a digestão e outras funções não prioritárias (parando o fluxo de saliva, relaxando a bexiga e os intestinos, reduzindo o fluxo de secreção no intestino e aumentando o tônus dos músculos dos esfíncteres). Este conjunto de conhecimentos é ensinado hoje como parte de fisiologia elementar. De forma clara, a estimulação do simpático e a inibição do parassimpático têm uma função utilitária, que é a de colocar o animal em estado de prontidão para uma ação instantânea.

Muito pouco foi acrescentado à descrição feita por Cannon, que ainda serve para resumir os efeitos do estresse. Esses efeitos físicos surgem em tempos de estresse mas, com freqüência, persistem depois do alarme, por causa das substâncias químicas, como a norepinefrina, que continuam a circular no sangue por períodos variáveis de tempo.

VIGÍLIA

Já se sabe muito a respeito dos mecanismos cerebrais que governam a vigília e a atenção. Em parte, esta é uma questão relacionada a quanto o cérebro está ativo em dado momento. Durante o sono, por exemplo, a maior parte do sistema nervoso central está em repouso, como é evidenciado pelas descargas elétricas sincrônicas regulares que podem ser registradas na maioria de suas partes. À medida que aumenta o nível de consciência e o animal acorda, ocorre um padrão característico de dessincronização, em áreas cada vez maiores, até que, em períodos de atividade intensa, quase todas as partes do cérebro parecem estar envolvidas no processo geral de perceber, pensar e dirigir ações. As partes do cérebro que parecem estar ligadas mais de perto ao controle e à direção da vigília, que é como todo esse processo foi denominado, são a formação reticular e o sistema límbico. Eles controlam não somente o nível de vigília, mas as áreas específicas do cérebro que são acordadas. Por exemplo, a estimulação da formação reticular produz, em primeiro lugar, a curiosidade e depois, sucessivamente, à medida que a intensidade da estimulação aumenta, atenção, medo e pânico.

Os fisiologistas tendem a usar cada vez mais em seu trabalho medidas da atividade elétrica cerebral, e aceita-se tacitamente a suposição que diz que batimentos cardíacos, resposta galvânica e transpiração, antes considerados indicadores de alarme, na verdade, são medidas de vigília. Embora o ajuste entre essas medidas da atividade simpática e das medidas eletroencefalográficas não seja perfeito, é raro que um cérebro esteja totalmente em vigília sem sinais da presença da estimulação simpática.

Isto não é surpreendente se considerarmos que, para ficar pronto para uma ação imediata, um animal precisa estar em total vigília. Decorreria disto, então, que o animal que está totalmente em vigília está também em um estado de medo ou fúria? A experiência comum sugere que não, e os relatos de pessoas que estiveram em situações extremas, mesmo as que poderiam provocar grande pavor, em geral indicam que somente depois de ter passado o auge da crise é que se tornaram conscientes de quaisquer "sentimentos". Durante o período de atividade intensa, estão tão preocupadas com a tarefa que devem realizar que a emoção é desnecessária (ao menos, é o que parece, quando a situação é vista em retrospectiva). Depois de ter sido ameaçado por um homem que portava um revólver carregado, posso dar um testemunho sobre esse acontecimento. Na situação, podia notar em mim os sinais de alterações no sistema nervoso autônomo: aceleração das batidas do coração, a boca seca e um aumento geral na tensão. Ao mesmo tempo, porém, eu não tinha consciência de estar com medo.

Deve estar claro, a partir do que foi dito, que há três componentes distintos na resposta genérica a situações extremas: nível de vigília, perturbações no sistema nervoso autônomo e reação emocional. Existe uma tendência para que os três ocorram simultaneamente, mas a correspondência entre eles não é perfeita, e a medida de um não pode ser tomada como um indicador preciso dos outros dois.

EMOÇÕES

Presume-se, em geral, que as emoções provocam comportamentos, mas, como já vimos, elas com freqüência surgem depois dele. Em situações de alarme, emoções poderosas tendem a surgir rapidamente, mas o caráter da emoção será determinado por nossa avaliação da situação, mais do que pelo que precedeu essa avaliação. Se avaliamos a situação como capaz de nos ferir ou atingir, então o medo tenderá a predominar; se anteciparmos que uma luta será necessária e teremos alguma chance de vencer, a raiva tenderá a ser a emoção mais provável. Se estamos confiantes em nossa capacidade de lidar com a situação, a emoção predominante tende a ser uma alegre e triunfante excitação . Se a situação contiver alguma culpa nossa ou algo que possa nos levar à humilhação, então, é esperada uma reação de vergonha. Em muitas situações o resultado é incerto, e podemos vivenciar emoções que se transformam muito rapidamente ou que não têm contornos definidos.

INTER-RELAÇÕES

Para resumir os principais componentes da dimensão ativa/inativa, podemos correlacionar os três níveis de vigília com os resultados psicofisiológicos e comportamentais:

Sistema nervoso central	Atividade elétrica sincrônica da maior parte do SNC	Dessincronização parcial	Atividade elétrica dessincrônica da maior parte do SNC
Sistema nervoso autônomo	Inibição do simpático; atividade do parassimpático	Quadro misto	Atividade do simpático; inibição do parassimpático
Emoção subjetiva	Não há	Interesse, apreensão	Em estado extremo de raiva, medo, excitação
Comportamento	Dormindo, ausência de resposta	Atividade moderada, alerta	Hiperatividade e hipersensibilidade.

Este quadro simples pode ser aplicado a todos os seres humanos, em todas as situações. No entanto, a maioria de nós se mantém no ponto intermediário ou no lado esquerdo (inativo) do quadro, podendo tolerar somente períodos reduzidos daquilo que ocorre no lado direito do quadro. As situações que podem produzir alarme são consideradas estressantes e, se continuarem por períodos de tempo prolongados, experienciaremos uma situação de tensão intensa. (Na física, um estressor provoca estresse em um objeto no qual produz tensão. A mesma terminologia poderia ser aplicável à psicologia e à fisiologia.)

As pesquisas recentes sobre sistemas peptídeos opióides no cérebro, que reconhecidamente são afetados pelo estresse, abrem campo para novas pesquisas, pois esses sistemas muito provavelmente são também afetados pelo luto (Hamner, 1994).

AMEAÇA E PERDA

Quais são as características das situações que produzem alarme em animais e seres humanos? Ao mesmo tempo que qualquer situação desconhecida ou imprevisível é, em potencial, causadora de alarme, há certos tipos de situação que são especialmente assustadores. Aí estão as situações que envolvem a falta de uma via de escape, de um lugar seguro, ou a presença de sinais de perigo específicos que o indivíduo é preparado para reconhecer a qualquer momento (gritos, movimentos bruscos, sons repentinos, e assim por diante). A ausência de uma via de escape segura, a falta de um porto ou lar em que o indivíduo se sinta seguro ou, em animais sociais, a falta de companheiros da espécie que normalmente oferecem ou compartilham defesas (parentes ou amigos) podem aumentar a possibilidade que uma situação tem para ser objetivamente perigosa e criar um estado de alarme com os sinais descritos. A tudo isto, acrescente-se outra categoria ou situação capaz de produzir um estado elevado de alarme, digamos, a morte de um filho ou de um filho substituto.

Todas essas situações ameaçam a segurança do indivíduo e incluem situações de perda. A mulher que perde o marido tem bons motivos para ficar em estado de alerta. Ela perdeu não apenas uma fonte de proteção, como provavelmente será exposta a novas situações e problemas em seu novo papel como viúva, para o qual pode estar despreparada. Não tem mais o confidente com quem conversar e terá de assumir muitas responsabilidades e papéis adicionais que, antes, eram do marido. Não será surpresa alguma se ela mostrar sinais de alarme.

E é assim que acontece mesmo. Na Pesquisa de Londres, ficou claro que para a maioria das viúvas o mundo tinha-se transformado em um lugar ameaçador e potencialmente perigoso. Durante o primeiro mês do luto, praticamente todas (dezoito em 22) afirmaram ter-se sentido inquietas, sendo que essa inquietação desapareceu aos poucos ao longo do ano. A inquietação e o aumento da tensão muscular andam juntas e as avaliações que fizemos desses aspectos, na época de nossas entrevistas, mostraram-se altamente inter-relacionadas (ver Anexo, seção 9).

Muitas fontes indicam que a pessoa enlutada está em estado de vigília elevado a maior parte do tempo, o que às vezes se assemelha ao pânico. Das 22 viúvas londrinas, catorze descreveram episódios nos quais se sentiram em pânico. Uma delas, por exemplo, sentiu-se à beira de um ataque de nervos e tremia muito; permaneceu na companhia da irmã durante todo o primeiro mês do luto, mas toda vez que voltava para casa ou mesmo quando se via sozinha, sentia-se apavorada, em pânico. Embora episódios breves de alarme ocorram na vida de todos nós, de tempo em tempo, e não provoquem nada além de um sofrimento passageiro, a persistência de um alerta total pode trazer uma série de conseqüências danosas à saúde.

Perda de apetite e de peso, dificuldade em conciliar o sono, distúrbios digestivos, palpitações, dores de cabeça e dores musculares parecem refletir perturbações gerais no controle nervoso dos processos corporais na direção de uma estimulação da atividade simpática com inibição das atividades parassimpáticas ou vegetativas. Das 22 viúvas londrinas, catorze perderam o apetite no primeiro mês de luto e em quinze delas isso provocou considerável perda de peso. Dezessete viúvas mencionaram insônia, que chegou a ser séria em treze delas. Muitas também mencionaram dificuldade em pegar no sono e uma tendência a acordar cedo ou durante a noite. Doze viúvas tomaram sedativos durante o primeiro mês do luto e cinco ainda tomavam um ano mais tarde.

A perda de interesse pela comida e a secura na boca, típicas durante as primeiras semanas do luto, foram associadas a uma sensação de estar com o estômago cheio ou de ter um "bolo na boca do estômago" (epigastro), freqüentemente acompanhada de eructação e azia. De acordo com uma viúva: "Tudo parecia atingir diretamente meu estômago". As dores de cabeça, mencionadas por mais da metade das viúvas durante o primeiro mês do luto, foram descritas, em geral, como uma sensação de "tensão" ou "pressão" na cabeça. Outros pesquisadores, em especial Maddison (como apresentado no Capítulo 2) encontraram também sintomas de perturbação do sistema autônomo.

54

Cerca de dois terços das viúvas londrinas tinham a sensação de que o tempo passava muito depressa. Elas pareciam estar sempre "à beira" de alguma situação e se descreviam como irritadiças. "Estou sempre ligada", ou "É como se eu estivesse pronta para tudo"; "Parece que a corda está para arrebentar, não vou agüentar, mas sei que preciso agüentar"; "Qualquer bobagem me irrita"; esses comentários ilustram a ansiedade e a inquietude em que viviam.

Raiva e irritabilidade são discutidas em profundidade no Capítulo 6, mas vale notar que as avaliações feitas na época das entrevistas tinham uma relação muito próxima com as avaliações de inquietação e tensão, e as que a própria viúva fez sobre sua saúde, considerada ruim (ver Anexo, seção 3).

As evidências sugerem, portanto, que o luto é uma situação estressante, e que as generalizações obtidas das pesquisas iniciais sobre estresse tendem a se manter válidas no caso do luto. Os sintomas descritos anteriormente são próprios de tensão extrema. Ocorrem em diferentes tipos de situação e não há nada neles que seja específico do luto. Por esse motivo, muitas viúvas procuram seu médico após o início do luto e esses sintomas são muito conhecidos por eles.

Pesquisas posteriores confirmaram muitas das descobertas salientadas acima. Nos últimos anos, alguns estudos realizados por Jacobs e seus colegas demonstraram os efeitos do luto sobre os sistemas autônomo e endócrino. Sem entrar em detalhes mais profundos desta área complexa, os resultados obtidos por Jacobs podem ser mais bem resumidos em suas próprias palavras: "...a evidência de atividade adrenocortical aumentada, de elevação na atividade do simpático, a sugestão de que o sistema da prolactina pode ser ativado, e os achados de que a dinâmica do hormônio do crescimento estavam alterados em alguns sujeitos enlutados" (1993). Tudo isso se assemelha muito às mudanças fisiológicas que ocorrem em casos graves de ansiedade e depressão, os quais são influenciados por muitos fatores, além do luto, e não podem ser usados como medidas fisiológicas do pesar.

O SISTEMA IMUNOLÓGICO

O que dizer de problemas mais sérios, como infecções e câncer, aos quais as pessoas enlutadas parecem ser suscetíveis? Podemos deduzir uma explicação fisiológica possível para isto? Algumas das pesquisas mais importantes que foram realizadas nos últimos anos abordam o sistema imunológico do corpo. Trata-se de um sistema elaborado com funções físicas e químicas, que influenciam nossa resistência natural a infecções e a células cancerosas que produzimos. Opera em parte por meio de dois linfócitos no sangue, as células T e as células B. Schleifer e seus colegas (1983) perceberam que a função desses dois tipos de células havia sido marcadamente suprimida em quinze viúvos durante os dois primeiros meses após a morte da mulher. A partir daí, algumas respostas melhoraram, enquanto outras não. Resultados semelhantes foram obtidos por Bartrop *et al.* (1977), embora tivessem se restringido a estudar somente as células T. Mais recentemente, outras pesquisas demonstraram que o luto pode trazer complicações à ação das Células "Natural Killer" (células matadoras naturais) que, como o nome diz, desempenham importante papel na destruição de células estranhas (Irwin e Weiner, 1987; Pettingale *et al.*, 1994), e He (1991) identificou um grande número de mudanças nas imunoglobulinas e em outros indicadores de disfunção imunológica em 45 parentes enlutados de pessoas mortas em um acidente de ônibus na China. Finalizando, os pais que tinham perdido uma criança até então saudável (Spratt e Denney, 1991) mostraram decréscimo no número das células T-supressoras e aumento no número das células T-auxiliares.

Essas pesquisas nos oferecem um início de explicação para alguns efeitos do luto na saúde, mas ainda precisam ser interpretadas com cautela. É certo que não devemos assumir que as mudanças no sistema imunológico que são encontradas após o luto sejam exclusivas dessa situação. Mudanças semelhantes podem ocorrer após outros tipos de estresse e a seriedade da reação é muito mais relacionada à intensidade da depressão do que à intensidade do luto em si (Calabrese *et al.*, e Schleiffer *et al.*, 1984). Pettingale mostra que o padrão de resultados sugere que essas respostas podem tornar o enlutado mais vulnerável a auto-alergias do que a infecções.

Um grupo que poderia ser considerado particularmente vulnerável aos efeitos do luto sobre o sistema imunológico é o de pessoas com AIDS. Por causa da alta taxa de mortalidade causada pela doença e do fato de que ela tende a ocorrer em grupos minoritários, muitas pessoas com AIDS perderam amigos com a mesma doença. Uma vez que a AIDS atinge o sistema imunológico, pode-se pensar que o luto é especialmente perigoso para este grupo de pacientes. Kemmeny *et al.* (1994) compararam a resposta imunológica de homossexuais masculinos HIV positivo que estavam enlutados, com a de um grupo semelhante, com a diferença de que não estavam enlutados. Neste último grupo, a resposta imunológica tinha correlação com a depressão, mas o mesmo não se dava com o grupo de enlutados. Este resultado faz pensar que a infecção por HIV interfere nos efeitos do luto sobre o sistema imunológico e, com isso, protege o paciente.

O fato de as respostas fisiológicas e os sintomas psicossomáticos não serem estressores específicos não justifica que o médico ignore a natureza das situações de estresse que as produzem ou os sintomas psicológicos muito específicos que os acompanham. A fisiologia pode não nos ajudar a distinguir entre a resposta de "ataque" ou "fuga", mas é nitidamente importante para que o indivíduo possa escolher entre essas possibilidades de ação. É o comportamento, mais do que a fisiologia, que determina o resultado final de uma situação de estresse.

CRISE

O estudo das situações de estresse avançou muito com o desenvolvimento de uma "teoria da crise", um corpo de conhecimentos que vem tendo repercussões importantes no campo da prevenção em psiquiatria e da saúde mental comunitária. Deriva, em grande parte, do trabalho de Gerald Caplan e seus colegas do Laboratório de Psiquiatria Comunitária, na Escola de Medicina de Harvard (ver Caplan, 1961 e 1964). Ele usou o termo "crise" para abranger situações importantes de estresse na vida, de duração limitada, que colocam em risco a saúde mental. Essas crises alteram os modos habituais de comportamento das pessoas envolvidas, alteram circunstâncias e planos, e levam à necessidade de um trabalho psicológico que requer tempo e energia. Oferecem ao indivíduo a oportunidade e a obrigação de abandonar velhas concepções sobre o mundo e, assim, descobrir novas. Constituem, portanto, um desafio.

As observações empíricas têm revelado que, quando em situações de estresse moderado, a maioria das pessoas aprende rapidamente e tende a aceitar mais prontamente a necessidade de mudança do que em outras épocas da vida. Essas pessoas tendem a procurar ajuda com mais intensidade do que em outras circunstâncias, e a recebem com freqüência. O apoio que a sociedade oferece a seus membros, que sofrem durante períodos de crise, é considerável, embora não dure muito tempo.

Quando a tensão excede um patamar de gravidade (que varia de pessoa para pessoa), nossa eficiência e nossa capacidade de aprendizagem sofrem um rápido decréscimo, de maneira que as pessoas se vêem incapacitadas para enfrentar a situação, e ficam totalmente perturbadas por ela. Podem perseverar em atividades inúteis, não apropriadas para a situação em questão, mas que tenham sido bem-sucedidas no passado.

ou podem entrar em pânico e se comportar de forma desorganizada e fragmentada. Nessas situações, podem mostrar-se presas rigidamente a velhos conceitos e idéias, e rejeitar ofertas de ajuda, que significariam a aceitação da necessidade de mudança. Como me disse uma viúva: "Jamais acreditarei que ele está morto, e não é você quem vai tentar me convencer".

Esses dois tipos de resposta que foram identificados em muitas pesquisas são análogos àqueles de ataque ou fuga, como os identificados por Cannon, à medida que "ataque" envolve uma aproximação ao problema e às dificuldades, enquanto "fuga" envolve afastamento e evitação de estratégias para a solução de problemas.

Parece que a maioria dos animais tem uma propensão inata para prestar atenção a estímulos não familiares ou alarmantes. Em conseqüência, a decisão quanto a se aproximar ou se retirar é tomada, dependendo das características do estímulo, do indivíduo e do meio. Esta é a primeira e mais importante decisão que o animal precisa tomar na situação e sua sobrevivência pode depender disso. Além disso, é uma situação na qual os mecanismos instintivos têm valor limitado. O macaco pode nascer com medo de objetos que tenham forma de serpente, mas sua decisão de aproximar-se ou de afastar-se de tais objetos será determinada pela experiência. Pode ser que a aprendizagem nunca seja tão rápida como em situações nas quais seja necessário tomar a decisão de se aproximar ou se afastar. A aproximação terá lugar em situações nas quais o estímulo desconhecido ou alarmante não seja tão alarmante assim, e se o animal se sentir seguro. O animal poderá aproximar-se ou até mesmo ameaçar os invasores de seu território, mais do que faria se eles estivessem em seu próprio território.

Como nossa sobrevivência depende de aprendermos sobre o perigo, não é surpresa notar que lembranças de situações de perigo, mesmo que superadas, possam persistir. Da mesma maneira, pessoas que conseguiram evitar uma situação de risco ou estiveram próximas de outra, e ficaram traumatizadas, podem ter uma imagem mental do trauma, mesmo sem tê-lo vivido diretamente. Essa pode ser a explicação para a persistência de lembranças e imagens traumáticas, o que é característico de PTSD. O horror pode ter terminado, mas continuamos aterrorizados com as lembranças e tememos que ele possa voltar a qualquer momento. Ficamos assustados, superalerta e irritados, exagerando nas reações e suspeitando de perigos que nunca existiram. Essas reações podem parecer ilógicas, mas fazem parte do padrão que permitiu ao homem sobreviver em um mundo hostil.

O ser humano traz para essa situação primitiva não um conjunto perigoso de dentes e patas, mas uma memória e um mecanismo de tomada de decisão altamente eficientes, capazes de nos guiar na aproximação de qualquer situação problemática. Foi este sucesso obtido em "atacar" o problema inicialmente que nos deu uma nítida vantagem sobre outras espécies. É, também, o que faz antecipar eventos que jamais podem acontecer e a nos preparar em retrospectiva para desastres que já ocorreram. Em outras palavras, somos o único animal que se preocupa e agoniza.

As técnicas utilizadas pelos seres humanos para enfrentar situações emergentes podem envolver aproximação ou afastamento, e até mesmo elementos de ambos. A teoria da defesa psíquica baseia-se na pressuposição de que há um limite para a quantidade de ansiedade que o indivíduo pode tolerar e, quando esse limite é atingido, os indivíduos podem se defender, afastando-se psicologicamente da situação provocadora de ansiedade. Seria um passo muito grande se encontrássemos nesse comportamento um eco da retirada física do animal em perigo? Em nenhum dos casos, a retirada significa necessariamente um fracasso ou rendição, embora também possam ocorrer. Em ambos os casos, a retirada é entendida como a maneira de reduzir o perigo de ser atingido, e a ansiedade é o parceiro subjetivo de um perigo real ou imaginário.

O humano, adulto, inteligente, sabe que é infrutífero duelar com lembranças dolorosas e que as imagens invasivas de eventos traumáticos são às vezes tão dolorosas que custarão muito para ser evitadas. Podemos fazer isso se nos trancafiarmos em um lugar seguro (em geral nossa casa), evitando as pessoas e as situações que nos façam lembrar do trauma e, deliberadamente, preenchendo nossa mente com pensamentos e atividades que nos distraiam da fonte do terror. No entanto, é paradoxal que *para evitar pensar em uma coisa, tenhamos de pensar nessa coisa*. Isto é, em algum nível, permanecemos conscientes do perigo que estamos tentando evitar. Por esse motivo, não devemos nos surpreender se nossas tentativas de evitação falharem. Durante o sono ou em períodos de atenção relaxada, as lembranças dolorosas tendem a invadir nossa mente e nos pegamos revivendo o trauma mais uma vez.

Há um caso que ilustra bem esses aspectos. Refiro-me a Henry, que atendi dois meses após vários membros de sua família terem morrido no naufrágio do Herald of Free Enterprise. Ele se recordava de como havia deixado sua família na cabine ao subir para fumar no deque superior, quando o barco subitamente adernou ao largo da baía de Zeebrugge. Imediatamente, sua reação foi a de salvar sua vida. Conseguiu quebrar uma janela e escapar para o lado de fora do navio, que já estava submerso pela metade. Só então se apercebeu de que a família estava lá embaixo. Com uma reação de alarme, tentou subir de volta para o navio, mas foi impedido por outro sobrevivente que o preveniu: "Você jamais sairá vivo de lá".

Henry permaneceu cinco horas ajudando no resgate e olhando ansiosamente a cada novo sobrevivente que emergia do navio. No entanto, ninguém de sua família saiu vivo e, ao longo das duas semanas seguintes, ele teve de identificar os corpos de quatro deles, à medida que iam sendo recuperados dos destroços.

Nesse período, ele manteve um rígido controle, e dois meses mais tarde ainda não chorava, quando foi persuadido a procurar ajuda psiquiátrica. Estava tenso e trêmulo, fumando um cigarro atrás do outro para controlar os nervos, e sentindo-se anestesiado e deprimido. Irritava-se facilmente com ruídos altos e era em particular sensível ao som de água corrente. Havia-se trancado em casa e raramente saía. As irmãs temiam que ele se matasse.

Três meses após o desastre, houve uma tempestade muito forte, com raios e trovões e, quando eu o vi no dia seguinte, Henry parecia estar exausto e sofrendo muito. "Foi o trovão, foi o mesmo barulho que o navio fez quando emborcou, eu ouvi as crianças gritando", ele disse. Relatou, então, com muitos detalhes, com as lágrimas escorrendo pela face, suas lembranças do desastre. A experiência era tão vívida que eu também me senti tocado pela situação. Depois de alguns minutos, lhe disse: "Você ainda está esperando que eles saiam lá do fundo do mar, não está?".

Este caso ilustra bem as características da PTSD. Enquanto Henry conseguia evitar pensar no que havia acontecido, não podia fugir das lembranças que estavam constantemente ameaçando voltar. A tempestade funcionou como o gatilho para suas lembranças e permitiu que ele começasse o processo de luto.

A reação do ser humano a um estressor, em particular, depende de muitas coisas: das características do estressor; do repertório de técnicas de enfrentamento do indivíduo; de como a situação é percebida, considerando-se experiências anteriores; da capacidade para tolerar emoções fortes; e da necessidade de manter a auto-estima.

Em tais circunstâncias, não causa surpresa que exista tanta variação entre as respostas comportamentais ao estresse. O número de fatores intervenientes que as determinam e a dificuldade em avaliar precisamente cada um deles têm sido há tempos os maiores empecilhos para o avanço na compreensão do comportamento humano. Quando estudamos o luto, é possível ter à mão um desses fatores, o fato desencadeante, o que torna mais fácil descortinar a relação entre os demais.

A reação ao luto, como já vimos, inclui elementos que podemos chamar de não específicos. Ou seja: o luto evoca o alarme e suas respostas características; pode também trazer lembranças ou fantasias intrusivas e causar comportamento de aproximação ou afastamento. A forma que essas respostas tomarão será em parte específica do estressor (isto é, derivam da natureza da situação), e em parte específica do indivíduo (derivam de suas predisposições pessoais).

Nos próximos capítulos, tentarei descrever e explicar os componentes específicos do estressor na reação de luto. Nos capítulos finais, serão abordados os fatores individuais específicos.

4
A PROCURA

Durante muito tempo, K. Kollwitz trabalhou em um monumento para seu filho mais novo, morto em outubro de 1914. A morte dele se transformou para ela era uma espécie de obrigação pessoal. Dois anos mais tarde, ela anotou em seu diário: "Fiz um desenho. É uma mãe que deixa o filho escorregar para dentro de seus braços. Eu seria capaz de fazer uma centena de outros desenhos semelhantes, mas mesmo assim não consigo chegar mais perto dele. Ainda o procuro, como se nesse trabalho pudesse encontrá-lo".

Escrito no catálogo de uma exposição
das obras de K. Kollwitz, Londres, 1967.

AS DORES DO LUTO

O traço mais característico do luto não é a depressão profunda, mas episódios agudos de dor, com muita ansiedade e dor psíquica. Nessas ocasiões, o enlutado sente muita saudade da pessoa que morreu, e chora ou chama por ela.

Os episódios de dor começam algumas horas ou dias após a perda, e, geralmente, chegam a um ápice de intensidade no intervalo de cinco a catorze dias. De início, são muito freqüentes e parecem ocorrer espontaneamente, mas, à medida que o tempo passa, tornam-se menos freqüentes ou ocorrem somente quando provocados por algum estímulo que traz a perda à mente. Encontrar uma fotografia em uma gaveta, ou um amigo comum, acordar só em uma cama de casal são acontecimentos que levam a crises de dor ansiosa.

Robertson e Bowlby (1952) chamaram essa fase de procura e protesto. O protesto é discutido no Capítulo 6, mas vale notar que a raiva contida nessa palavra está também presente na reação de alarme descrita no Capítulo 3, que também tem um pico nessa fase. Assim, vemos que os sentimentos de pânico, a boca seca e outras indicações de atividade do sistema nervoso autônomo são especialmente pronunciadas durante os episódios de dor. Acrescentando-se a estas características a respiração permeada por suspiros profundos, hiperatividade com inquietação, mas inoperante, dificuldade em se concentrar em outra coisa que não sejam os pensamentos relativos à perda, ruminação acerca dos acontecimentos que levaram à morte, assim como a perda de interesse sobre as pessoas ou as coisas que normalmente teriam captado sua atenção, pode-se vislumbrar o que é esta fase do luto, sofrida e causadora de sofrimento.

As situações de dor trazem um desejo persistente e obstrutivo pela pessoa que morreu, e preocupação com pensamentos que somente causam mais dor. Então, eu me pergunto: por que uma pessoa iria viver uma emoção tão inútil e desprazerosa? Penso que a resposta a esta questão dá a chave ao entendimento de toda essa fase do luto e a muito do que lhe é subseqüente. Esta dor é o componente subjetivo e emocional da urgência em procurar o objeto perdido. Afirmo que o ser humano adulto tem o mesmo impulso de procura que é mostrado por muitas espécies de animais sociais.

A PREMÊNCIA DE CHORAR E PROCURAR

Lorenz (1963) descreveu os efeitos da separação de um ganso e sua parceira:

A primeira resposta ao desaparecimento do parceiro consiste na tentativa ansiosa de reencontrá-lo. O ganso se movimenta incansavelmente, dia e noite, voa grandes distâncias e visita lugares nos quais o parceiro poderia ser encontrado, emitindo durante todo o tempo o penetrante chamado trissilábico para longa distância... Essas expedições de busca estendem-se a distâncias cada vez maiores e com freqüência o que procura se perde ou sucumbe a um acidente... Todas as características objetivamente observáveis do comportamento do ganso que perde o parceiro são grosseiramente idênticas às do luto humano...

Bowlby (1961) reviu a literatura a respeito da reação de luto em cães domésticos, corvos, gansos, orangotangos e chimpanzés. Suas conclusões são apresentadas resumidamente, a seguir:

Membros das espécies inferiores protestam pela perda de um objeto amado *e fazem tudo o que podem para procurá-lo e recuperá-lo*; a hostilidade, dirigida para o exterior, é freqüente; a regra é que estejam presentes o afastamento, a rejeição de um objeto potencialmente novo, a apatia e a inquietação. (os grifos são meus)

O valor desse comportamento para a sobrevivência tanto do indivíduo quanto da espécie é óbvio, pois chorar e procurar fazem com que seja mais provável que aquele que se foi seja recuperado. Enquanto isso, o indivíduo separado encontra-se em um estado de perigo e deve preparar-se para a melhor reação, de acordo com o perigo que tiver de enfrentar. Então, fica clara a importância da reação de alarme nesse período.

Em seu estudo sobre a vocalização de um macaco jovem, Struhsaker (1967) descreve não menos do que cinco variedades de "chamado para o perdido". A análise espectográfica revela que as características desses chamados os tornam ao mesmo tempo penetrantes e capazes de uma localização acurada, mesmo que a grandes distâncias. Estudos semelhantes não foram desenvolvidos, que eu tenha conhecimento, com o bebê humano, mas a maioria das mães tem a capacidade de distinguir as características dos diferentes choros de seus bebês. Darwin (1872) deu muita atenção às formas pelas quais os humanos e os animais dão expressão visível às suas emoções. Chorar, para ele, era "a expressão natural e primária do sofrimento de qualquer espécie, como vemos em crianças". O soluçar era uma expressão parcial do choro, pois este fica emudecido enquanto os movimentos espasmódicos inspiratórios se mantêm, como pode ser claramente visto em crianças pequenas, logo antes ou depois do choro. Darwin sugeriu que a contração dos músculos dos olhos é necessária para protegê-los (os olhos) do aumento da pressão venosa que acompanha qualquer expiração forçada (o mesmo que se vê na risada, no grito etc.).

No ser humano adulto, a expressão facial de luto é vista como o equilíbrio obtido entre a premência para chorar alto e a premência para suprimir tal comportamento, considerado inapropriado e ineficaz. Assim sendo, a elevação das sobrancelhas, a testa e a base do nariz franzidos, produzem uma expressão similar àquela da pessoa que olha para cima, na direção de uma luz forte, como se tentasse proteger os olhos da luz; cerrando as pálpebras, ao mesmo tempo que olha para a luz, erguendo as sobrancelhas. A contração resultante de músculos antagonistas produz uma expressão característica, que é também vista quando a pessoa entristecida suprime o impulso de chorar em voz alta.

Da mesma maneira, os cantos da boca são levados para baixo no choro para permitir que o máximo possível de som seja emitido. No adulto entristecido, a boca fica bem aberta, mas os cantos são puxados para baixo. Soluços irregulares representam os espasmos inspiratórios de chorar ou soluçar, o que pode ser bem exemplificado na expressão "sufocado de dor", referindo-se à dor do luto.

Por mais especulativos que esses detalhes da teoria de Darwin possam ser, sua hipótese geral de que a expressão de pesar do humano adulto contém elementos dos padrões de comportamento, que são plenamente expressos em crianças e em animais sociais jovens, é elucidativa. Quais são os componentes que derivam de padrões de comportamento e podem permanecer como conjecturas; mas não há dúvida de que grande parte da expressão de pesar deriva da necessidade de chorar.

No entanto, dizer que o que vemos na face da pessoa enlutada nada mais é do que um choro suprimido, é simplificar demais a questão. Os seres humanos, em seu processo de amadurecimento, fazem mais do que aprender a esconder seus sentimentos. Aprendem a expressá-los de maneira que possam comunicar aos seus pares as nuances e texturas de significado que podem ser muito mais sutis do que aqueles expressos pela criança que chora. Na maior parte das circunstâncias em que o ser humano se vê separado de alguém significativo, não é necessário ou apropriado para qualquer um deles chorar alto. A expressão facial que Darwin descreve, juntamente com uma procura inquieta e pedidos verbais de ajuda, é suficiente para causar preocupação e despertar a cooperação dos outros. O choro suprimido torna-se, então, parte de um sistema de sinais sociais ritualizados que estão apenas parcialmente sob controle da vontade, mas que permite ao indivíduo separado evocar e direcionar a ajuda dos outros, de maneira ordeira e construtiva. Somente quando a procura é inútil e a reunião, impossível, como no evento estatisticamente freqüente de perda por morte, é que a expressão involuntária de pesar perde sua utilidade. Em tais circunstâncias, as pessoas enlutadas podem tentar "esconder seus sentimentos" com graus variados de sucesso. A extensão e as conseqüências de seu sucesso são discutidas no Capítulo 5; a extensão do fracasso é objeto deste capítulo.

A CRIANÇA ENLUTADA

Antes de voltarmos ao adulto que sofre, vamos nos deter ainda um pouco mais na criança, nessa mesma fase do luto. Cito aqui um trecho de um artigo de James Robertson (1953), no qual ele descreve o comportamento de crianças saudáveis, com idades entre quinze e trinta meses, quando eram admitidas em um hospital ou orfanato.

Na fase inicial, que pode durar de umas poucas horas até sete ou oito dias, a criança pequena tem uma necessidade consciente muito forte de sua mãe, com a expectativa, baseada em experiências anteriores, de que ela atenda a seu choro. Sua ansiedade é aguda a respeito de tê-la perdido, está confusa e assustada, em um ambiente desconhecido, procura recapturá-la exercitando ao máximo seus recursos. Não pode entender a situação e está inundada pelo medo e pelo desejo urgente das satisfações que somente sua mãe pode lhe proporcionar. Com freqüência, chora alto, balança o berço, joga-se para o lado e busca ansiosamente na direção de qualquer sinal ou som que possa ser de sua mãe desaparecida.

Cada um dos componentes descritos nas páginas precedentes está aqui: alarme, protesto, choro e procura. Mas observe que o que Robertson descreve não se limita a perder apenas a mãe, e, sim, a se perder também. A criança está em um ambiente estranho; sua necessidade de ter a mãe é, portanto, maior do que se estivesse em casa. Um território familiar, a mãe e outras figuras de apego, todos têm a "valência do lar"[1] na ausência da qual a tendência que se verifica é a de se apegar a outras, ainda mais fortemente do que o habitual. A criança pequena que adquiriu mobilidade movimenta-se em uma órbita que tem a mãe como centro. Em ambientes desconhecidos, move-se de forma mais restrita e tende a ficar próxima da mãe. Em ambientes conhecidos, a criança move-se em uma órbita mais ampla, podendo tolerar separações intermitentes, quando a mãe desaparece, desde que não vá muito longe e não ocorra qualquer mudança na situação que exija a sua volta. À medida que a criança cresce e o mundo se torna cada vez mais familiar para ela, normalmente aprende a tolerar maiores graus de separação, ao mesmo tempo que desenvolve vínculos com um número maior de outros indivíduos que agora assumiram um pouco da "valência do lar". Mesmo assim, parece que o desejo por figuras de apego persiste, assim como o desejo por um meio seguro e familiar. A separação de um ou de

---

1. Esse termo foi definido por Meyer-Holzapel (1940), para enfatizar que as figuras de apego evocam muito das mesmas respostas comportamentais que se obtêm no lar. De fato, o processo pelo qual uma criança pequena retorna a sua mãe, toda vez que esta se afasta, pode muito bem ser chamado de "volta ao lar".

ambos leva a um comportamento que, no curso normal dos acontecimentos, garante sua volta, ou a volta do indivíduo a eles. É esse comportamento que tende a ocorrer durante a fase de busca do pesar.

O ADULTO ENLUTADO

Os adultos enlutados têm total consciência de que não há sentido em procurar por uma pessoa que morreu, mas insisto em dizer que isso não os impede de experienciar um impulso forte em direção à procura. Como reconhecem que a procura é irracional, tendem a opor resistência à idéia de que é isso que querem fazer. Alguns adultos enlutados, no entanto, têm um *insight* imediato acerca dos componentes irracionais de seu comportamento.

"Não posso deixar de procurar por ele em todos os lugares... Fico andando e procurando por ele... Sinto que se fosse a um dado lugar, poderia tê-lo encontrado", disse uma viúva londrina, uma semana após a morte do marido. Ela havia pensado em ir a uma reunião espírita, na esperança de entrar em contato com o marido morto, mas decidiu não fazê-lo. Uma outra viúva londrina disse: "Estou procurando por coisa alguma" e, outra, ainda "Vou ao túmulo... mas ele não está lá. É como se eu fosse puxada na direção dele".

Os pacientes psiquiátricos enlutados, da Pesquisa de Bethlem, estavam conscientes da premência de procurar. Muitos deles eram mães que haviam perdido os filhos. Uma australiana havia perdido na guerra o filho adotivo e também o filho biológico. Ela recebera a notícia da morte deles com poucas semanas de diferença. Quando soube da morte do filho, recusou-se a acreditar e conseguiu convencer o marido a trazê-la para a Inglaterra e a procurar por ele. Na chegada, pensou tê-lo visto indo em direção a ela, nas escadas. Ficou muito deprimida e chorou pela primeira vez, desde que soube da morte.

Outra mãe recebeu a mensagem de que seu filho havia sido morto em ação, na Bélgica. Reagiu de forma muito sofrida e, quatro anos mais tarde, quando a guerra havia terminado, persuadiu o marido a levá-la para visitar o túmulo do filho para ter a certeza de que ele estava morto. Na volta para casa, disse: "Eu sabia que estava deixando-o para trás para sempre".

Duas outras mulheres entrevistadas na Pesquisa de Bethlem afirmaram estar conscientes em sua procura por uma pessoa morta. Uma delas, mãe, descreveu como repetidamente entrava no quarto à procura de seu bebê morto. A outra, uma viúva, ia várias vezes à porta da cozinha esperando pela volta do marido. Ela achava que esse comportamento era tão doloroso que tentava evitá-lo: "Eu sei que não há qualquer sentido em eu ficar na porta da cozinha, pois ele não vai voltar mesmo".

Crianças que persistiram em sua busca pelos pais mortos até sua vida adulta foram descritas por Stengel (1939 e 1943), que acredita que disso resultam alguns períodos de fugas e perambulações. Os filhos adotivos, com freqüência, mantêm vivo o desejo de encontrar seus pais biológicos. Conheci um, nos Estados Unidos,[2] que havia gasto fortunas com investigadores e detetives para que localizassem sua mãe. Uma mudança fundamental ocorreu quando ele conseguiu encontrá-la. Ela atravessou o continente para ficar com ele e, embora não estivesse à altura das idealizações que ele fizera a seu respeito, o relacionamento dos dois foi muito bom. Além disso, a ansiedade dele, presente durante muitos anos, diminuiu consideravelmente.

Nos exemplos citados, a busca era evidentemente manifesta, mas a maioria dos enlutados que estudei não tinha tal grau de consciência dessa necessidade. Para mostrar como seu comportamento, mesmo assim, revelava essa premência, é necessário olhar mais detidamente as diferentes formas que a busca ou a procura pode assumir.

A PROCURA E A PERCEPÇÃO

A procura é uma atividade incessante, na qual a pessoa se movimenta em direção aos possíveis locais para encontrar o objeto perdido. A pessoa tem de selecionar os locais nos quais vai fazer a procura, dirigir-se a eles e vasculhá-los. O que ver também precisa ser selecionado.

"Selecionar o que ver" é um aspecto importante da percepção. A cada momento, a cada dia, os órgãos dos sentidos, em todas as partes do corpo da pessoa, estão enviando mensagens ao sistema nervoso central. Essas mensagens têm origem dentro do corpo. Em estados de baixo alerta (como no sono), apenas uma pequena porção deles alcança a consciência; em estados de alto alerta, uma maior proporção chega à consciência. Mas quando uma pessoa está em estado de alarme, somente um pequeno número do total de sensações atinge um nível consciente de atenção.

Essas mensagens que conseguem chegar à consciência são o resíduo que conseguiu passar por uma barreira. Podemos imaginá-las passando por uma série de filtros que eliminam as que são irrelevantes ou

---

2. Sou grato ao professor John Romano pela permissão para incluir este caso.

capazes de serem exibidas em um nível inconciente. Quando uma mensagem atinge a consciência, não somente passou por por uma série de filtros, mas submeteu-se a um processo de organização que a liga a lembranças de experiências prévias semelhantes. Já passou por um processo preliminar de selecção. Uma palavra escrita em uma página não é percebida como uma sucessão de formas em branco e preto, que precisa ser interpretada antes de ser entendida; é já um conceito, quando atinge a consciência. Este reconhecimento pré-consciente responde pela dificuldade que temos em localizar erros de impressão em um manuscrito: nosso cérebro já está programado para anticipar e perceber a grafia correta; os erros são filtrados antes de chegarem à consciência. (Há, deliberadamente, cinco erros neste parágrafo).

O desenvolvimento de um conjunto perceptivo que vê uma coisa e ignora outra é necessário para qualquer comportamento; é essencial no comportamento de procura se queremos "ver" e reconhecer o objeto perdido. Os que procuram têm em sua mente um retrato do objeto perdido. À medida que se aproximam de um possível local para encontrar, as sensações advindas desse local combinam-se com o retrato. Quando se ajustam, mesmo que só por aproximação, o objeto visto é "reconhecido", a atenção é colocada nele, e maiores evidências são buscadas para confirmar a impressão inicial.

COMPONENTES DA PROCURA

Uma mulher procura ansiosamente por seu filho; movimenta-se sem descanso pela casa, procurando em lugares nos quais pensa poder encontrá-lo. Ela tem uma aparência infeliz, não percebe que seu cabelo está despenteado. Pensa constantemente no filho e, quando ouve um estalido na escada, imediatamente associa-o a ele. "João, é você?", pergunta. Os componentes desse comportamento são:

1. Alarme, tensão e estado de vigília;
2. Movimentação inquieta;
3. Preocupação com pensamentos sobre a pessoa perdida;
4. Desenvolvimento de um conjunto perceptivo para aquela pessoa;
5. Perda de interesse na aparência pessoal e em outros assuntos que normalmente ocupariam sua atenção;
6. Direção da atenção para aquelas partes do ambiente nas quais a pessoa perdida poderia estar; e
7. Chamar pela pessoa perdida.

Cada um desses componentes é encontrado no comportamento das pessoas enlutadas. Os primeiros dois itens, que não são específicos do comportamento de procura, já foram discutidos. A qualidade especial da dor aguda ou a ansiedade de separação, que são o acompanhante subjetivo da reação de alarme, é refletida na qualidade especial da hiperatividade inquieta. Este quadro foi bem descrito por Lindemann: (1944, os grifos são meus):

> A atividade ao longo do dia da pessoa em um luto intenso mostra mudanças notáveis. Não há lentidão na ação e na fala; ao contrário, há aceleração, inabilidade para ficar quieta, movimenta-se como se não houvesse finalidade, *continuamente procurando* por algo para fazer. Há, no entanto, ao mesmo tempo, uma dolorosa falta de capacidade de iniciar e manter padrões normais de atividade.

Eu poderia argumentar em contrário, dizendo que o comportamento de procura da pessoa enlutada não é de todo "sem sentido". Tem uma finalidade, o objetivo específico de encontrar aquele que se foi. No entanto, raramente a pessoa enlutada admite ter um objetivo tão irracional e seu comportamento é visto pelos outros, e em geral por ela mesma, como "sem sentido". Sua procura de "alguma coisa para fazer" é fadada ao fracasso porque as coisas que pode fazer não são, na verdade, aquelas que gostaria de fazer. O que ela quer fazer é encontrar a pessoa perdida.

Há muitas razões para a inquietação. Como já afirmei, a inquietação é parte da reação de alarme. Também está associada à raiva e precisa ser reconsiderada neste contexto. Uma jovem mulher, que entrevistei após a morte de seu marido, olhava repetidamente por cima de seu ombro direito. Ela fazia isso, segundo disse, "porque ele estava sempre à minha direita". Neste caso, a repetição desta atitude parecia representar uma busca abortada. Uma viúva que escreveu pedindo conselhos para a Cruse, uma organização britânica que oferece cuidados para enlutados, descreveu como ela não apenas sentia como vivia uma necessidade sem fim de busca: "Em todo lugar onde vou, procuro por ele. No meio das pessoas, na igreja, no supermercado. Fico olhando com atenção para o rosto de todos. As pessoas devem pensar que sou meio estranha".

A preocupação com pensamentos sobre a pessoa perdida e com os acontecimentos que levaram à morte é uma característica freqüente nas pessoas enlutadas. "Nunca paro de sentir saudade dele", disse uma viúva, e a tendência de voltar sempre aos pensamentos sobre a pessoa morta ainda estava presente na maioria das viúvas londrinas, um ano após a perda.

IMAGENS DO MORTO

Estas lembranças são marcantes por sua clareza. A pessoa morta poderia ser vista exatamente como era, quando viva. Em geral, poderia ser "vista", por um instante, em sua cadeira habitual, e a lembrança era tão forte que parecia mesmo uma percepção: "Eu continuo a ver seus cabelos e a cor de seus olhos" ou "Eu ainda o vejo, muito vívido, entrando pela porta", ou "Eu sempre o vejo". Uma clareza semelhante estava presente com freqüência nas lembranças sobre a voz ou o toque do marido: "Eu quase posso sentir a pele dele ou tocar suas mãos".

Em outras ocasiões, em especial à noite ou quando está com a atenção mais "desligada", a mulher enlutada pode repassar em sua mente as cenas do passado, aquelas nas quais o marido morto esteve presente. Nos primeiros meses do luto e, novamente, à medida que o aniversário da morte se aproxima, são freqüentes as lembranças das últimas semanas de vida. "Estou sempre voltando para as últimas semanas" ou "Eu me vejo revivendo tudo isso novamente". A experiência era tão forte e as lembranças tão claras, que parecia que a pessoa as estava revivendo, como se fosse um ano antes. "Há um ano, hoje era o casamento da princesa Alexandra. Eu disse a ele: 'Não se esqueça do casamento'. Quando voltei para casa, perguntei-lhe: 'Você assistiu ao casamento?' e ele disse: 'Não, esqueci'. Nós assistimos juntos, à noite, só que ele estava de olhos fechados. Ele escreveu um cartão para a irmã e ainda posso ver isso tão vívido. Eu poderia lhe contar absolutamente tudo o que foi feito naqueles dias. Eu disse: 'Você não tem assistido nada na televisão', e ele disse: 'É, não tenho'".

Quando essas lembranças são de acontecimentos terríveis, que a pessoa prefere esquecer, as conseqüências são muito diferentes daquelas resultantes de lembranças alegres. O enlutado pode até mesmo se queixar de que as lembranças interferem com sua habilidade de pensar e lamentar sobre a pessoa que morreu. Parece que precisamos fazer uma distinção entre pesar e reações de estresse traumático, e o que faz essa distinção é o tipo de imagem que ocupa a atenção do enlutado. Uma mãe, que havia acordado e encontrado morto o filho que dormia a seu lado, ficava sentada por horas e horas no cemitério, relembrando-se do bebê morto, com os olhos parados e a boca seca. Doenças dolorosas ou mortes acidentais que causam mutilações à pessoa que morre deixam para trás lembranças também dolorosas. Por outro lado, uma morte tranqüila e um cadáver com aparência de repouso ou paz levam a lembranças muito gratas. Uma exceção a esta regra geral foi encontrada na situação vivida pela mulher cujo marido havia-se casado duas vezes. Após a morte dele, ela fez a seguinte observação, com amargura: "Ele parecia tão feliz depois de morto, que pensei que estivesse com ela".

Se as lembranças nos períodos iniciais do luto trazem dor, há lembranças felizes que podem substituí-las. Uma viúva, que inicialmente havia sido atormentada pela lembrança vívida do rosto do marido, logo após a morte, descreveu como, à medida que o tempo passava, essa lembrança passou e deu lugar a uma visão dele "quando estava normal".

Se a preocupação com as lembranças felizes é parte da busca para reobter a pessoa perdida, quando saudável, qual é a função das lembranças invasivas encontradas nas perdas traumáticas? Ninguém iria *querer* procurar por um bebê que se sabe estar morto, assim como não iria querer reavivar a dor da morte da esposa, embora muitas vezes as pessoas se sintam impelidas a fazer isso. Suspeito que lembranças e imagens traumáticas representam um tipo de ensaio. É um pouco como se, passando repetidas vezes o mesmo filme, o filme dessa perda, a pessoa fosse conseguir um outro final e retomar o controle sobre um mundo que se tornou descontrolado. Seria lógico ter essa expectativa se a pessoa não tivesse morrido. Se, por exemplo, fosse uma situação de risco extremo, seria lógico e apropriado focalizar atenção total às circunstâncias para chegar a uma forma que permitisse uma mudança no curso dos fatos. A última coisa que se faria seria desistir e começar o luto por uma pessoa que está em perigo, mas não morta ainda. Somente após a morte é que se torna ilógico e inadequado comportar-se desta maneira.

A tendência de relembrar e reviver lembranças dolorosas de eventos traumáticos tem sido observada após muitos tipos de estresse psicológico, e é discutida a seguir, no Capítulo 5. Os pontos que parecem relevantes às considerações acerca do comportamento de procurar em seguida à perda são uma clareza particular na percepção e o grau no qual as lembranças da pessoa morta ocupam a mente do sobrevivente. Embora existam algumas poucas ocasiões nas quais as viúvas se queixem de serem incapazes de se lembrar da fisionomia de seus maridos mortos, esses episódios têm um caráter mais transitório do que permanente.

DISTORÇÕES NA PERCEPÇÃO

Existe um postulado que diz que, mantendo-se uma memória visual nítida das pessoas mortas, a procura é facilitada porque é mais provável que sejam localizadas se, de fato, vierem a ser encontradas no campo de procura. Isso constitui parte do conjunto perceptual da busca pela pessoa perdida, de maneira que as informações recebidas pelos órgãos dos sentidos são rastreadas em busca de sinais da pessoa morta. Se uma mulher se programar para perceber certas classes de objetos, provavelmente irá ter percepções distorcidas sobre eles, com freqüência, maiores do que o comum. Impressões ambíguas serão interpretadas de maneira que a busca e a atenção pelo objeto se encaixem nelas até que o erro seja corrigido.

Essas ocorrências são comuns em situações de luto, como mostraram os estudos de Rees (1971) e de Kalish e Reynolds (1973). As viúvas da Pesquisa de Londres, com freqüência, descreviam ilusões, como as de ter visto ou ouvido o marido morto. Essas ilusões envolviam a interpretação errônea de algum som ou imagem por elas percebidos. "Acho que o vejo na caminhonete, mas é a caminhonete do vizinho", disse uma delas. Outras viúvas contavam que haviam visto o marido em um homem na rua e, à medida que ele se aproximava, percebiam o engano. Um estalido à noite era interpretado como o marido andando pela casa, e um ruído na porta era como se ele voltasse para casa. As viúvas que ficaram atentas a seus maridos, durante a doença, aos ruídos que eles faziam ao tossir ou ao chamar por elas, continuaram a ouvi-los depois que morreram. Essas ilusões, mesmo que perturbadoras na época, não são mais freqüentes do que entre pacientes psiquiátricos e não podem ser consideradas como algo mais do que uma reação própria do luto. No entanto, ocorrem momentos de impressões tão vívidas que as pessoas precisam ser tranqüilizadas de que não estão saindo do normal.

Embora as dores do luto e a busca premente para encontrar o morto sejam tão poderosas, não estão presentes durante todo o tempo. A dor passa, a necessidade de chorar alto diminui e, por algum tempo, os enlutados podem voltar seus pensamentos para outros assuntos. Eles oscilam entre se manter enlutados e as outras demandas da vida, como comer, dormir, cuidar dos filhos, e assim por diante. Essa oscilação recentemente recebeu muita atenção por parte dos psicólogos e recebeu o nome de "Processo Dual de Enlutamento" (Stroebe e Van den Bout, 1994). É necessário que seja entendido, se quisermos dar sentido aos problemas que surgem, quando o processo dá errado.

Entre as crises de pesar, a vida parece seguir seu curso normalmente, mas não é assim que ocorre de fato. O desejo e o entusiasmo que normalmente nos envolvem acabam por se esgotar, e muito de nosso comportamento é governado pelo hábito, mais do que pelo desejo. As pessoas recém-enlutadas que conheci mostravam pouco interesse por comida, por horas de sono, pela aparência pessoal, pelo trabalho ou pela família. Embora informações não tenham sido procuradas sistematicamente sobre sexualidade, tenho a impressão de que o apetite sexual também diminui durante as primeiras fases do luto. No entanto, este nem sempre é o caso, e um aumento da necessidade de alguém a quem se apegar pode às vezes levar a um aumento no interesse sexual (Swigar *et al.*, 1976).

LOCALIZANDO O MORTO

Por estar sempre alerta, inquieto, preocupado e pronto para encontrar a pessoa perdida, o enlutado dirige sua atenção para as partes do ambiente que estão associadas mais proximamente a essa pessoa. No mínimo, a metade das viúvas de Londres admitiu que se sentia arrastada para lugares associados aos maridos e relutantes em deixar a casa em que viveram com eles. Conservavam com muito carinho objetos pessoais deles, assim como áreas da casa que eram tipicamente deles, voltando repetidamente a elas. Uma viúva disse: " Eu fico andando por todos os lugares onde costumávamos ir". Duas outras expressaram a sensação de que precisavam voltar rapidamente para casa sempre que saíam, porque o marido podia estar esperando. Uma delas encerrou rapidamente uma visita à irmã, por achar que havia deixado o marido esperando por muito tempo.

Outra viúva mexia continuamente nas roupas do marido, olhando-as e tocando-as. Ela dizia que era nelas que o cheiro do marido permanecia mais vivo e isso evocava sua presença. Uma viúva londrina regularmente usava o pijama do marido, porque isso, segundo ela, o aproximava mais dela. Uma menina de treze anos, que havia perdido o pai, deixava a mãe furiosa porque levava para a cama a blusa do pijama dele. Fotografias, cachimbos, carteiras e outros objetos pessoais muito próximos eram expostos de maneira evidente nos lugares em que a pessoa enlutada preferia ficar. Os móveis preferidos, "a cadeira dele", por exemplo, eram objetos especialmente reverenciados. Uma viúva percebeu que não tirava da cabeça a idéia de que o marido ainda estava sentado em sua poltrona. Ela sentava-se na própria poltrona e se pegava olhando para a dele, a toda hora. E fazia isso com tanta freqüência, de maneira que interferia tanto em sua vida, que sentiu que era necessário fazer alguma coisa a respeito. A solução que adotou foi satisfatória e extremamente simples: ela mesma sentou-se na poltrona dele.

A maioria das viúvas gosta de visitar o túmulo do marido, e muitas falam da estranha atração que as arrasta até o cemitério. Pensam neles como se estivessem por ali, em volta do túmulo, e preocupam-se com seu conforto quando o tempo estava ruim: "É terrível quando chove. Sinto vontade de buscá-lo e trazê-lo para casa". Uma viúva cujo marido havia sido cremado justificava esta decisão dizendo que o solo do cemitério às vezes ficava encharcado quando o tempo estava muito úmido e que o marido sempre "tivera medo de água". Ela fantasiava que todos os corpos iam "ficar boiando nos caixões" e não gostaria que isso acontecesse ao marido.

De maneira geral, a sensação de que a pessoa morta encontrava-se no lugar onde estava enterrada não era tão forte nos casos de cremação. Uma viúva, cujo marido havia sido o jardineiro da cidade, fez com que as cinzas dele fossem espalhadas na praça pública onde ele trabalhara. Por esse motivo, ela visitava a praça freqüentemente. Mesmo a urna onde as cinzas foram inicialmente guardadas passou a ter posição de destaque, tendo sido deixada sobre uma mesa, na sala de estar da casa da viúva, tornando-se um objeto de fascinação e adoração.

Na cidade de Aberfan, no País de Gales, onde 116 crianças morreram quando uma tromba d'água inundou a escola em 1966, visitar o local onde as crianças foram enterradas tornou-se parte importante da vida das mães enlutadas, e o desejo de permanecer perto dos filhos foi o motivo alegado por muitos pais, para não se mudarem da cidade. Apesar de um fundo ter sido criado para permitir às famílias comprarem uma casa em outro lugar e se mudarem, caso desejassem, muitas não o fizeram.[3]

As pessoas que tentam evitar lembranças dolorosas das pessoas mortas, mudando-se para outros lugares, geralmente voltam e a pessoa enlutada que tenta não lembrar tem a sensação de estar sendo puxada em direções opostas. Uma viúva, por exemplo, mudou-se para o quarto dos fundos de sua casa, para ficar distante das lembranças, mas sentiu tanta saudade do marido que se mudou de voltar para o quarto da frente "para ficar perto dele". Duas viúvas sentiram-se arrastadas de volta ao hospital onde o marido havia vivido o último período de doença, sendo que uma delas se viu entrando no hospital, sem que tivesse percebido antes o que

---

3. Outra razão para ficar próximo de casa foi apresentada anteriormente neste capítulo, ou seja: a característica da valência do lar. Os indivíduos que perderam uma fonte de segurança emocional tendem a permanecer próximos ou a se voltar para outras fontes de segurança, sejam elas pessoas ou lugares aos quais estejam vinculados.

estava fazendo. Outra pensava no marido como se ele estivesse no andar de cima da casa, na cama onde passou muitos meses antes da morte. Ela se surpreendia prestando atenção para o caso de ele chamá-la.

Considera-se que o espiritualismo ajude as pessoas enlutadas em sua busca pelas pessoas mortas e sete das pessoas enlutadas que foram incluídas em minhas diversas pesquisas descreveram visitas a centros ou templos espiritualistas. Suas reações eram mistas: algumas sentiram que haviam obtido algum tipo de contato com os mortos, enquanto outras, sentiram medo disso. De maneira geral, não ficaram satisfeitos com a experiência e nenhuma se tornou freqüentadora assídua desses centros.

REUNIÃO

Uma solução mais drástica para o problema do luto é o suicídio. Às vezes, é considerado um meio de reunir-se com o morto; pode também ser entendido como uma maneira de pôr fim à infelicidade no presente. Como vimos no capítulo anterior, muitos pesquisadores encontraram uma associação entre suicídio e luto. Em minhas pesquisas, idéias de suicídio foram expressas com freqüência. Muitas das viúvas de Londres passaram por um período durante o qual acharam que "o melhor seria morrer". Uma frase típica era: "Se não fossem meus filhos, eu faria isso", mas na verdade apenas uma tentou de fato, e ainda assim de maneira superficial.

Entre os pacientes psiquiátricos enlutados havia um, uma menina de doze anos, que foi internada no hospital em razão de uma severa perda de peso, após a morte da mãe. Ela se recusava a comer e o pai dissera: "Você vai ficar como a mamãe", ao que ela respondeu: "É exatamente isso o que eu quero fazer. Quero morrer e ficar como a mamãe". A morte era vista como um meio possível para conseguir recuperar a mãe.

CHAMAR

Há ainda uma outra forma de busca que precisa ser mencionada aqui. Chamar a pessoa morta, embora não seja exatamente uma parte da busca, é com freqüência associada a ela.

"Dwight, onde você está? Preciso muito de você", escreveu Frances Beck, em 1966, em seu *Diary of a Widow* (Diário de uma viúva). Chorar é, naturalmente, um traço freqüente do luto, e dezesseis das 22 viúvas de Londres choraram quando falaram de seu luto comigo, um mês após a morte do marido. O fato de elas terem chorado, é claro, não significa que estivessem necessariamente chorando pelos maridos. Chorar é uma expressão de desamparo que pode provocar simpatia e ofertas de ajuda em muitas situações. Em algumas ocasiões, porém, o objeto para o qual o choro destas viúvas era dirigido era nitidamente o marido. Considerando o fato de que jamais teria o marido de volta, uma viúva exclamou: "Oh, Fred, preciso muito de você" e irrompeu em lágrimas. Uma mãe enlutada chorava e buscava seu bebê morto, durante a noite, e uma enfermeira fazia o mesmo por sua irmã morta, enquanto tinha sonhos recorrentes, nos quais procurava, sem sucesso, pela irmã.

Na Pesquisa de Londres, o choro constante foi freqüentemente associado com ocupar-se em pensamento com o marido morto (ver Anexo, seção 9) e este achado parece sugerir que, sejam quais forem os outros fatores que contribuem para o choro dessas viúvas, um dos mais importantes eram as lembranças.

COMPORTAMENTO COM FINALIDADE DIRIGIDA

Para termos uma visão em perspectiva da busca pela pessoa perdida, temos de manter na mente que grande parte do comportamento humano e animal contém elementos de procura. Procurar preenche a lacuna entre objeto e objetivo. A psicologia tradicional deu pouca atenção a esta categoria de comportamento e foi apenas com o advento da etologia que foi reconhecido o significado da conduta de procurar.

Ao analisarem o comportamento dirigido para um objetivo, os etologistas consideraram útil dividi-lo nos atos sucessivos que o compõem. Um conjunto particular de circunstâncias dá origem ao comportamento A; este comportamento altera a situação e leva a um novo padrão de comportamento, o B; este, por sua vez, altera a situação até que, se tudo der certo, o objetivo seja atingido e a seqüência comportamental seja encerrada.[4]

Os estímulos que guiam o comportamento na direção de um objetivo estabelecido são chamados "estímulos orientadores", enquanto os que levam uma seqüência ao término são os "finalizadores" ou "consumatórios". Da mesma maneira, o comportamento que leva a um objetivo estabelecido

---

4. Ajuda se o animal souber qual é seu objetivo, mas isto pode não ser necessariamente o caso. O passarinho que se sente impelido a juntar pedaços de grama e levá-los para uma árvore pode não ter a mínima idéia de que está construindo um ninho.

é chamado de "comportamento de propensão" e a seqüência final, mais ou menos estereotipada, com a qual uma seqüência de comportamento termina, é chamada de "comportamento consumatório".

Esta classificação funciona bem para comportamentos como praticar o coito, comer ou beber, que têm como objetivo uma mudança específica no organismo. Há, no entanto, alguns tipos de situação-objetivo que são contínuas ao longo do tempo, como, ocupação de um território, incubação de ovos, manutenção de proximidade com a mãe. Nestes casos, não existe comportamento consumatório e a obtenção da situação-objetivo inicia um tipo diferente de atividade constante cujo efeito é garantir que a situação-objetivo seja preservada.

Qualquer seqüência de comportamento pode falhar em sua tentativa de atingir o objetivo. Isto pode acontecer porque o objetivo não pode ser atingido pelos meios empregados ou porque estímulos geradores de mais pressão distraem a atenção e dão início a uma seqüência de comportamento diferente, com uma posição hierárquica mais elevada entre os objetivos. No primeiro caso, diz-se que o comportamento foi frustrado.[5] C. S. Lewis (1961) descreveu a frustração do enlutado:

"Penso que estou começando a entender porque o pesar causa a sensação de estar suspenso. Vem da frustração de muitos impulsos que se tornaram habituais. Pensamento após pensamento, sentimento após sentimento, ação após ação, tinham H (sua esposa) por seu objetivo. Agora, essa meta se foi. Eu continuo, por hábito, ajustando a flecha ao arco; então me lembro e deixo-os de lado. Eram muitas as estradas que levavam a H. Eu escolhi uma delas. Mas agora há um intransponível posto de fronteira nela. Antes, muitas estradas. Agora, muitos becos sem saída".

Em todo desejo, há um elemento de busca, de tentativa de encontrar o ajuste exato entre percepção e ação. No comportamento em que aparece o desejo, que faz a intermediação para o apego a um ser humano, o elemento de procura é mais explícito. Falamos de amor como um "laço". A força desse laço é sua resistência à ruptura. Os padrões de comportamento que intermediam o apego ("comportamento de apego") são padrões de interação. Agarrar-se, sorrir, acompanhar, chamar e outros foram descritos em profundidade por Bowlby (1969). Alguns des-

---

5. O termo "frustração" pode ser usado para indicar tanto a situação de uma pessoa ou animal cujo comportamento tenha sido obstaculizado, como o desconforto subjetivo que esta característica causa.

ses padrões, como sorrir e agarrar-se, são melhor descritos como "comportamentos de manutenção" e requerem a presença do objeto para serem evocados. Outros, como chamar e procurar, são atividades do desejo e ocorrem somente na ausência do objeto.

A situação-objetivo à qual estes comportamentos geralmente dão origem é a proximidade ótima com a pessoa amada. Quando isto é obtido, o desejo cessa. Mas se a pessoa amada estiver definitivamente perdida, este comportamento tende a persistir, com o desconforto subjetivo presente nos esforços não terminados. É isto que é experienciado como frustração.

HÁBITOS

Após uma perda, não são somente os comportamentos que levam ao apego que são evocados. Muitos outros padrões de comportamento requerem a presença da pessoa perdida para que sejam resolvidos, muito embora não sejam em si um exemplo de comportamento de apego. Alguns deles são os hábitos ou as atividades estabelecidos ao longo dos anos, nos quais era necessária a existência de ambas as partes: arrumar a mesa para duas pessoas, lavar a louça, tomar decisões sobre gastos, atividades de lazer, e outras. Quando estes padrões têm início depois da morte de uma das partes, uma sensação de frustração logo aparece. Há maneiras alternativas de enfrentar e a pessoa enlutada logo aprende a lavar a louça sozinha e a planejar as próprias atividades. Quando, porém, o comportamento de apego é evocado (por exemplo, quando a mulher sente falta do marido na cama ou se percebe esperando que ele volte do trabalho), não há substituto aceitável. É isto o que conta para a persistência do impulso para procurar, muito depois que esses hábitos (como arrumar a mesa para dois) tenham sido desaprendidos. C. S. Lewis está certo quando considera a persistência de um hábito como fonte de frustração, mas esta não é a única causa. O suspense que ele descreve poderia indicar a expectativa de alguma coisa que está por acontecer. Para o enlutado, o único acontecimento importante é a volta daquele que foi perdido. Nos animais sociais, a partir dos primeiros anos, o principal padrão de comportamento evocado pela perda é a procura.

O LUTO É INEVITÁVEL APÓS UMA PERDA?

Wortman e Silver (1989) sugeriram que o sofrimento, e por conseqüência o luto em si, não é inevitável após uma perda, mas fica claro em seu trabalho que eles confundem "sofrimento" com depressão clínica que certamente *não* é inevitável (e eu não conheço ninguém que tenha dito isso). Pesquisas antropológicas não conseguiram identificar uma sociedade na qual as pessoas não mostrem algum sinal de pesar, embora exista muita variação na maneira em que isso é expresso (Rosenblatt *et al.*, 1976). As únicas exceções aparentes a essa regra parecem ser as pessoas que não tinham uma relação de apego com a pessoa perdida e que não podem ser consideradas como tendo tido uma perda. É claro que as pessoas podem evitar e reprimir seus sentimentos e algumas das maneiras com que isso é feito são apresentadas no próximo capítulo, mas há também evidências de que, a longo prazo, o luto tende a se dissipar.

5
O ALÍVIO

...Eles pensam que vêem seus amigos mortos continuamente em seus olhos, observantes imagens... "inteiro o ano" como Plínio se queixa a Romanos, "penso que vejo Virginio, ouço Virgínio, converso com Virgínio etc."

Robert Burton, *The Anatomy of Melancholy* (1621)

Quando o comportamento que leva à busca é frustrado, como vimos, resulta em um aumento da intensidade e da persistência desse comportamento. Mas mesmo quando a dor da perda é muito intensa, algo pode acontecer para ajudar a mitigá-la. Alguns sinais, sonoros ou visuais, podem ser mal-interpretados e, por um momento, fazem parecer que a busca chegou ao fim. Ou então a pessoa enlutada pode pensar que o falecido está próximo e à mão, sem que o esteja captando plenamente. Em alguns casos a mitigação ocorre de maneira espontânea; em outros, é o próprio enlutado quem encontra formas de reduzir a dor do luto e as lembranças traumáticas.

As viúvas que entrevistei falaram sobre o conforto que sentiam quando colocavam um almofadão ao seu lado na cama, à noite, para fingir para si mesmas que o marido podia ouvir suas preces. "Eu converso com ele de verdade, e espero que ele responda para mim", disse uma delas. Uma certa "suspensão deliberada da descrença" é necessária para permitir que essas situações de faz-de-conta tenham sucesso, e existe sempre o perigo de "acordar" para o vazio de tudo isso. Mas parece que muitas pessoas enlutadas realmente obtêm conforto com esse comportamento.

ENCONTRAR

Os meios mais comuns para mitigar a dor do luto abrangem a manutenção de uma sensação ou impressão de que a pessoa perdida está por perto, embora não possa ser vista ou ouvida. Uma sensação semelhante, e que trazia muito conforto, a respeito da presença persistente do marido morto, foi relatada por quinze das 22 viúvas londrinas. De alguma forma, isso parecia amenizar a inquietação e a dor. Como disse uma delas: "Ainda tenho a sensação de que ele está por perto, e de que há alguma coisa que eu deveria estar fazendo ou lhe dizendo". Com freqüência, a pessoa morta não estava em algum lugar em especial: "Ele não está em um lugar em particular, está em todos os lugares; é uma sensação agradável", ou "Espiritualmente ele está perto", ou "Ainda sinto que ele está por aqui".

Assim como a criança sente-se mais corajosa quando a mãe está por perto, a viúva tende a sentir-se mais segura quando a sensação da presença do marido é forte: "Quando estou lavando a cabeça, tenho a sensação de que ele está lá, protegendo-me, caso alguém entre pela porta".

É possível nos lembrarmos de um comportamento semelhante nos animais, que tiveram possibilidade de dar início mas não de terminar um comportamento de procurar — mais cedo ou mais tarde, de forma parcial ou total, a seqüência do comportamento de sentir falta vai aparecer *in vacuo*. Por exemplo, Tinbergen (1951) descreveu o comportamento de um esgana-gata macho, quando confinado em um tanque vazio. Compreende uma seqüência de movimentos em ziguezague (que chamou de dança em ziguezague) que, em circunstâncias normais, ocorre apenas quando o macho percebe a aparência e os movimentos característicos da fêmea quando está prenhe. Esse comportamento, em geral, induz a fêmea a seguir o macho até o ninho, onde os ovos são colocados e fertilizados. No tanque vazio, porém, a dança em ziguezague pode ser feita sozinha. De maneira semelhante, estorninhos cativos foram observados fazendo o movimento de apanhar moscas, mesmo quando não havia moscas para serem pegas (Lorenz, 1937). É claro que é impossível afirmar dogmaticamente que essas "atividades no vácuo" são homólogas a comportamentos semelhantes em seres humanos. Tudo o que podemos fazer é observar com interesse que, em muitas espécies, quando o comportamento de procura é evocado com grande intensidade, o comportamento de encontrar irá ocorrer com freqüência, mesmo na ausência do objeto procurado.

Não temos meios para saber se as atividades de vácuo em animais sociais são acompanhadas pelo senso da presença do objeto procurado, mas parece ser assim mesmo. Tinbergen indica que em muitas espécies a privação reduz o limiar de percepção dos "estímulos de liberação" enquanto a saturação eleva esse limiar.

Alguns desses processos poderiam explicar as falhas de percepção da mulher recém-viúva, que "vê" o marido se aproximando na rua e logo descobre, quando dele se aproxima, tratar-se de outra pessoa? Ou, ainda, o comportamento da mulher cujo filho morreu, e que vai ao quarto dele para balançar o berço vazio?

No caso da recém-viúva, o elemento perceptual é muito forte: "Ele está comigo o tempo todo. Eu o ouço e o vejo, embora saiba que é apenas imaginação", diz uma delas. Ou, então: "Se não tomar muito cuidado comigo mesma, posso me pegar conversando com ele". De vez em quando, alucinações hipnagógicas (em estado de quase adormecimento) também acontecem. Uma viúva descansava em sua poltrona, numa tarde de domingo, quando viu o marido, com toda a clareza, trabalhando no jardim, vestindo apenas as calças; outra viu o marido entrando pelo portão do jardim; uma terceira viu o pai morto, em pé, ao lado de sua cama, à noite.

Não é de surpreender que os comportamentos de "procurar" e "encontrar" andem juntos. "Uma sensação de presença constante do morto", "uma nítida memória visual dele" e "preocupação com pensamentos sobre ele" foram associados estatisticamente (ver no Anexo, seção 9); isto quer dizer que viúvas com uma forte sensação da presença do marido também tendem a lembrar-se dele com muita clareza, e a se preocupar com suas lembranças. Todos estes fenômenos, que são entendidos como componentes do comportamento de procurar, são também parte do comportamento de encontrar.

A SENSAÇÃO DA PRESENÇA

Uma confirmação desta evidência é dada pelo estudo muito bem conduzido, realizado por Rees (1971), com 227 viúvas e 66 viúvos, de várias idades. Ele descobriu que 39% tinham uma sensação da presença do morto, e 14% tinham alucinações ou ilusões da presença do morto, de tempo em tempo.

Aqueles que tinham essas ilusões ou a sensação da presença do cônjuge relataram maior solidão de forma mais significativa do que os que não as tinham, e, ainda, sentiam mais saudade, pensavam e sonhavam com a pessoa morta muito mais do que o outro grupo. No entanto, 69% daqueles que tinham a sensação de presença do cônjuge morto sentiam-se ajudados pelas ilusões e apresentavam muito menos distúrbios do sono que os demais. Além disso, as ilusões e a sensação da presença da pessoa morta eram mais freqüentes nos que tinham mais de quarenta anos de idade, ou em personalidades do tipo "histeróide" e de classe social mais alta, do que os que haviam sido felizes no casamento e estavam enlutados por um período inferior a dez anos, na época da pesquisa. Não houve relação entre a prevalência de ilusões e a crença religiosa, o tipo de morte, o isolamento social, a depressão, o apetite e distúrbios de peso.

Parece que buscar e encontrar não podem ocorrer simultaneamente, mas são tão justapostos que é quase como se ficassem inseparáveis. Dessa forma, uma viúva pode estar muito saudosa, desejando estar com o marido e, no momento seguinte, experimentar uma sensação reconfortante de ter a presença dele por perto. Então, logo ela se lembrará de que essa sensação é apenas uma ilusão e passará a sentir saudade dele novamente.

À medida que o tempo passa, se tudo correr bem, a intensidade da saudade diminui e a dor e o prazer da lembrança são sentidos como uma mistura "agridoce" de emoções, uma forma de nostalgia. Nesse momento, os dois componentes parecem ser experimentados simultaneamente.

A sra. P, de 32 anos, era uma filha dedicada a sua mãe e, de certa forma, dominadora. Quando a mãe morreu, a sra. P., conscientemente, dirigiu seu comportamento de procurar na tentativa de fazer contato com o espírito da mãe. Auxiliada pela irmã, improvisou uma mesa na qual recebia mensagens que acreditava serem da mãe. Durante uma sessão, observou um jarro cuja forma julgou assemelhar-se à sua mãe. Sentiu que o espírito de sua mãe havia entrado no jarro e convenceu sua irmã a dá-lo ela. Por algumas semanas, manteve o jarro próximo e teve uma forte sensação da presença da mãe. No entanto, o jarro mostrou-se uma bênção ambivalente, pois ela se viu ao mesmo tempo atraída e assustada com ele. O marido ficou desesperado com esse comportamento e, por fim, contra a vontade dela, quebrou o jarro. A srª P. sentiu que os pedaços que enterrou no jardim "estavam quentes", o que interpretou como um sinal de vida.

No entanto, a sra. P. não desistiu de sua procura. Logo depois de ter quebrado o jarro, comprou uma cachorra. Sua mãe sempre havia dito que, se reencarnasse, seria na forma de uma cachorra. Quando entrevistei a sra. P, três anos depois, a respeito da cachorra, ela disse: "Ela não é como outro animal. Ela faz qualquer coisa. Só sai para passear comigo ou com meu marido. Ela come todas as coisas que minha mãe comia. Não gosta de homens".

É fácil catalogar o comportamento da sra. P. como "anormal", mas será que ele é tão diferente do de outras pessoas que constroem memoriais para manter viva a lembrança do morto? Essas pessoas obtêm o mesmo conforto, a mesma sensação de terem encontrado a pessoa morta, a partir desses memoriais, que a sra. P. obteve de seu jarro e da cachorra. Além disso, como disse Gorer (1965), um grande número de pessoas acredita em reencarnação e mesmo na Inglaterra de hoje essa crença é mais forte do que os ensinamentos das religiões tradicionais permitiriam supor. Gorer identificou que 9% das 359 pessoas enlutadas de todas as partes da Inglaterra acreditam em reencarnação.

O SONHO DE ENLUTAMENTO

O contato com a pessoa morta pode também ocorrer por meio de sonhos. Metade das viúvas de Londres relatava ter sonhado com o marido após a morte dele e metade desses sonhos era particularmente viva e realista.

Era como um dia comum de nossas vidas. Meu marido entrou e começou a jantar. Tudo estava tão claro e vívido que, quando acordei, estava muito perturbada.

Em geral, são sonhos felizes, de interação com o marido morto. Com menos freqüência ele estava morto ou indo embora, mas mesmo nos sonhos felizes havia alguma coisa indicando que ele não estava bem.

Na terceira semana depois da morte dele, sonhei que estava deitada na cama e ele veio e sentou-se. Olhei com estranheza para ele, que disse: "Cuide bem das crianças, porque estou voltando para casa". Ele queria levar J., e eu disse: "Não, você não pode levá-lo porque não há ninguém para cuidar dele em casa (na América Central)". Ele bateu a porta e foi embora. Tive a sensação de que ele não existia mais, de que ele não estaria mais por aqui.

Ele estava tentando me confortar e me abraçou. Eu continuava me afastando dele e chorando, chorando. Mesmo no sonho sei que ele está morto... Mas eu me sentia tão feliz e chorava, e ele não podia fazer nada... Quando toquei sua face, era como se ele estivesse mesmo lá, tão real e vívido.

Ele estava na cama. Eu estava dizendo: "Força, P., você vai ficar bem". Então, acordei e não era nada disso, foi um choque!

Esses sonhos não são só fantasias de realização de desejos. Todos contêm insinuações da morte do marido. Mesmo em sonho, a realidade insiste em se impor.

Ele estava no caixão, sem a tampa e, de repente, voltou à vida e levantou-se. E eu fiquei tão feliz por pensar que ele estava aqui que quando acordei fiquei sem saber onde estava. O sonho era tão vívido que eu estava chorando e rindo. Olhei para ele e ele abriu a boca. Eu disse: "Ele está vivo. Ele está vivo", e pensei: "Obrigada, Deus, agora tenho com quem conversar".

Típicos dos sonhos de enlutamento, esse exemplos foram descritos, originalmente, por Waller (1951). Como na vigília, as imagens são vivas, os mortos parecem estar vivos, mas a sombra de sua morte cai sobre tudo o mais. Hadfield (1954) considera o sonho uma forma de resolver problemas, e não se surpreende ao verificar que aqueles que têm sonhos de enlutamento continuam a rever em suas mentes as imagens mentais que os preocupavam quando acordados, a partir das quais criam a ação, o enredo e os personagens. Infelizmente, o "problema" do luto e o resgate do objeto perdido não podem ser resolvidos (nem mesmo em sonhos). Não importa se o sonho é feliz, haverá sempre um "triste despertar".

DESCRENÇA

Há, porém, outras formas de diminuir a dor do luto, que podem levar a pessoa enlutada a evitar, consciente ou inconscientemente, os pensamentos muito dolorosos ou até mesmo a dissociar a dor desses pensamentos.

Uma dessas formas, talvez a mais freqüente, é não acreditar que a perda tenha ocorrido. "Não posso acreditar que seja verdade" foi o sentimento expresso, de uma maneira ou de outra, pela maioria das viúvas da Pesquisa de Londres e, mesmo um ano após a perda, metade delas ainda dizia que havia períodos nos quais não acreditava que tal fato houvesse acontecido. "É como um sonho. Sinto como se fosse acordar e que tudo vai estar bem. Ele vai estar de volta." Outras sentem que estão à espera da volta do marido, como se fosse uma ausência temporária. A descrença sobre a realidade da perda raramente é total. Como disse um homem cuja esposa havia acabado de falecer: "Eu não quero que falem sobre isso, porque, quanto mais falarem, mais irão me fazer acreditar que ela morreu".

Essa tendência em não acreditar nas evidências da situação já é vista antes da morte, durante o período terminal de uma doença. Das 22 viúvas de Londres, dezenove haviam sido avisadas sobre a gravidade do estado de seu marido, antes da morte; doze disseram mais tarde que não haviam acreditado no que lhes havia sido dito. Mesmo entre as sete que disseram ter acreditado, posteriormente, três distorceram a informação ou "tiraram-na da cabeça".

Por outro lado, se no curso normal dos eventos, a pessoa que tem motivos para duvidar da correção do diagnóstico feito pelo médico vai em busca de uma segunda opinião, não é isso que se dá quando a descrença é uma tentativa para evitar a conscientização de uma perda que está para acontecer. Conscientemente, essas mulheres sabiam que o seu marido estava morrendo, e lidaram com esse conhecimento afastando-o da mente e continuando a pensar, e até mesmo se comportando como se assim não fosse. No entanto, enquanto continuavam a fingir para o marido, e para si próprias, que ele iria se recuperar, não deixaram de informar outros parentes sobre a gravidade da situação ou a fazer planos necessários para a contingência da morte. Essa capacidade de manter na mente duas crenças contraditórias foi denominada por Weisman (1972) de "duplo conhecimento". É vista com freqüência em pacientes terminais cujo *insight* sobre seu prognóstico parece variar de maneira desordenada.

O fato de as viúvas, que estiveram ao lado de seu marido seriamente doente, terem diminuído a gravidade do estado dele não significa, portanto, que estivessem totalmente despreparadas para a morte, quando esta aconteceu. Depois de terem sido informadas sobre a gravidade do estado do marido, cada uma inteirou-se da doença, a seu modo, e a seu tempo. Algumas delas, cujo marido havia ficado doente por muito tempo, puderam observar uma piora gradual e as palavras do médico serviram apenas para confirmar seus temores. Entretanto, quase todas eram otimistas, além do que a realidade permitia, e continuavam a esperar pela recuperação muito tempo depois de os médicos já terem desistido.

ENTORPECIMENTO

Se existem vantagens na negação da verdadeira situação durante o período terminal, pode-se pensar que a morte, em si, colocaria um ponto final nesta ilusão auto-imposta. Mas, como já disse, não é bem assim. Em metade das viúvas de Londres, o luto propriamente dito foi acompanhado por uma sensação de "entorpecimento". Esta experiência é tão freqüente que é considerada a primeira fase do luto, como descrita nas pp. 23-4. Não necessariamente vem de repente, mas leva alguns minutos e pode durar de poucas horas a alguns dias. Durante o período de entorpecimento, repentes de extremo sofrimento podem ocorrer. A pessoa enlutada pode sentir-se mal ou mesmo enrijecida.

Uma viúva, cujo marido morrera sozinho em conseqüência de um ataque raro de asma, encontrou o corpo dele apoiado no corrimão. Seu primeiro pensamento foi o de tirar as crianças de casa. Assim que a porta se fechou atrás delas, "de repente, eu desmontei. Percebi um choro profundo, e sabia que era eu mesma quem estava chorando. Fiquei dizendo que o amava, e todas essas coisas. Sabia que ele estava morto, mas queria ficar conversando com ele." Ela foi até o banheiro e forçou o vômito. Então, foi tomada pela sensação de entorpecimento. "Senti-me como se estivesse entorpecida e rígida, por uma semana. Foi uma bênção. Tudo bate fundo dentro de você, eu sentia um peso dentro de mim." O entorpecimento permitiu que ela lidasse com os filhos, cuidasse do funeral, e pudesse estar com os familiares, sem chorar.

Mesmo nos casos nos quais a morte vem como um alívio, podem ocorrer entorpecimento e dificuldade em aceitar o fato. Uma mulher, que se sentia vivendo à beira de um precipício durante a série de tromboses coronarianas sofridas pelo marido, teve uma imediata sensação de alívio quando ele morreu. Ao mesmo tempo, "não registrei tudo o que aconteceu. Não parecia real". Ela havia fechado sua mente para a idéia de que ele não voltaria do hospital e passou a fazer tudo automaticamente.

A descrença total é rara, mas algumas viúvas tentaram se convencer de que havia acontecido um engano. Somente quando viram o corpo inerte do marido foram forçadas a acreditar na morte. "Só fui acreditar quando vi o corpo dele na segunda-feira" (quatro dias depois da morte).

Para muitas viúvas, o ritual do funeral lhes trouxe à realidade o que realmente havia acontecido. Em especial, quando foi feita a cremação, que parecia mais finalizadora do que o enterro. Duas viúvas descreveram fantasias de que o marido estava vivo dentro do caixão, e uma delas teve de ser retida à força, enquanto o caixão era levado.

SINTOMAS FÍSICOS

O entorpecimento tem uma função defensiva, mas pode se dar de maneira incompleta, o que é verificado na sensação de desastre iminente e de tensão constante sobre a pessoa enlutada, durante esse período. "É como andar na beirada de um poço escuro", dizia uma viúva. Outras se sentiam amarradas. "É como se minha cabeça fosse explodir... Parecia um sonho... as coisas ficavam de fora... eu não conseguia acreditar."

Apesar da falta de emoções expostas, muitas desenvolveram sintomas físicos neste período. Uma das viúvas sentia-se "enjoada e com tremores" e ficara de cama por dois dias. Outra sentia como "se meu lado de dentro tivesse virado para fora". No geral, porém, elas eram capazes de comportar-se e controlar-se de forma automática. "Havia muito para fazer, mas eu não me sentia fazendo nada para alguém, não para ele, você sabe como é." Ou "Não parecia de verdade".

DESPERSONALIZAÇÃO E DESREALIZAÇÃO

A despersonalização ocorre quando a pessoa enlutada sente que ela própria é irreal, enquanto a desrealização significa que é o mundo que parece irreal. Cada um ou ambos os fenômenos podem ocorrer em conseqüência do luto. Esta sensação de irrealidade era transitória e raramente grave, exceto em duas das viúvas de Londres. Em ambos os casos, a desrealização persistiu por muito tempo ao longo do primeiro ano do luto.

Uma mulher de cinqüenta anos perdeu o marido após cuidar dele em casa durante seis meses. Nesse período, ela evitou que ele soubesse de seu estado. Ela dizia que estava totalmente preparada para a morte dele, que ocorreu depois de um período de dois dias de inconsciência. Mesmo assim, ela chorou muito e estava no máximo do desespero nos dois dias seguintes. Sentiu, então, uma sensação de vazio e de irrealidade. Todas as suas reações pareciam automáticas, e ela era incapaz de sentir qualquer coisa pelos filhos, embora tivesse descrito o comportamento deles como "maravilhoso". Quando a vi pela primeira vez, um mês após a morte do marido, ela falava sussurrando e. com freqüência, parecia distante, ausente e não ouvia as minhas perguntas. "Sinto-me como se estivesse à espera de alguma coisa que vai acontecer, que essa sensação de irrealidade passe", ela disse. "É uma vida diferente... como se a vida estivesse acontecendo em outro lugar e eu fosse acordar a qualquer momento". Nesta outra vida, seu marido estava vivo e passando bem.

Tanto quanto possível, mantinha-se ocupada evitando pensar na perda. Quando era forçada a pensar no marido, tinha consciência de uma sensação de ameaça, quase de pânico. Por esse motivo, tentava evitar pessoas que a lembrassem da morte dele e achava nossas entrevistas um tormento. Mesmo assim, continuou a participar da pesquisa. Por volta do sexto mês, o mundo real estava começando a se reorganizar, e no fim de um ano ela não sentia mais necessidade de evitar as pessoas que a lembravam do passado. A sensação de irrealidade já tinha passado quase por completo e voltava apenas às vezes, quando estava sozinha.

EVITANDO PENSAR NA PERDA

Como vimos nesse caso, uma outra forma de amenizar a dor do luto é evitar pensar na pessoa perdida, e também pessoas e situações que tenham o poder de provocar essas lembranças. Dois terços das viúvas de Londres disseram que, no primeiro ano, tentaram evitar o que causasse lembranças; seis delas ainda o faziam um ano mais tarde, embora em apenas um caso esse comportamento fosse intenso.

Pensar sobre a perda pode ser evitado tendo a vida preenchida com atividades. Muitas viúvas, deliberadamente, se mantêm ocupadas e trabalham até tarde com esse mesmo objetivo. Outras se desfizeram de fotos ou objetos pessoais que consideravam particularmente evocativos dos maridos, enquanto outras entraram em períodos durante os quais não conseguiam reunir coragem para decidir o que fazer com as roupas do marido. Em geral, ficavam em casa porque temiam sair e encontrar pessoas que viessem demonstrar seus sentimentos e pudessem perceber seu sofrimento. Por outro lado, algumas mudaram-se da casa em que viviam, pois lhes trazia muitas lembranças do passado. Por algum tempo, ficaram com parentes.

Essas tentativas conscientes de fugir da dor do luto contrastavam estranhamente com a maneira de as pessoas enlutadas se ocuparem, ao mesmo tempo, com pensamentos sobre a perda. Elas se sentiam arrastadas de volta, muitas e muitas vezes, a pensamentos e situações associadas à pessoa perdida. Por exemplo, uma viúva que saiu de casa para fugir de lembranças dolorosas para lá retornou apenas dois dias depois, para poder ficar próxima do marido. Atividades que eram iniciadas apenas para manter a mente ocupada eram freqüentemente abandonadas, pela dificuldade de se manter concentrada nelas.

Isso não significa que as tentativas para evitar a dor do luto sejam sempre malsucedidas. Uma mulher de 58 anos perdeu o marido repentinamente, por uma hemorragia cerebral. Ela achava muito difícil pensar nele morto e chorou muito na primeira semana. De repente, descobriu que poderia parar de chorar se mantivesse os pensamentos em outros assuntos. Evitava ir ao quarto do marido e convenceu o filho a doar os objetos dele. Quando a vi pela primeira vez, um mês após a morte do marido, ela se desarticulou emocionalmente várias vezes, e era incapaz de conversar por medo de que pudesse chorar. Um ano mais tarde, seu estado geral era muito mais tranqüilo, mas ela ainda evitava contato com objetos que pudessem fazê-la lembrar-se do marido, e não gostava de visitar o túmulo. "Se ele vem à minha mente, tento evitar... penso em outra coisa", disse.

À medida que o tempo passa e a intensidade do luto diminui, aqueles que estavam evitando contato com os pertences do morto percebem que isso não é mais tão necessário, e aqueles que se preocupavam com os pensamentos sobre o morto notam que é mais fácil pensar em outras coisas. Mexer com os objetos pessoais do morto e com suas roupas foi considerado como um ponto crucial por algumas viúvas; outras sentiam que esse momento foi alcançado quando reformaram ou redecoraram a casa, ou trocaram a mobília pela primeira vez. Dessa maneira, enquanto a procura e a evitação da procura ocuparam muito do tempo da viúva nos primeiros meses do luto, ambas tornaram-se menos intensas com a passagem do tempo, e outros interesses ressurgiram.

ESQUECIMENTO SELETIVO

Outra forma de aliviar a dor do luto foi o "esquecimento seletivo". Lindemann (1960) descreveu como "a imagem do morto desaparece da consciência". Em minhas próprias pesquisas, este era um acontecimento raro, e o oposto era a regra. Ou seja: a imagem da pessoa morta é retida com muita clareza. A única exceção foi uma viúva, de 26 anos, que não conseguia lembrar-se do rosto do marido no primeiro mês após sua morte. Ela se queixava com amargura disto e, na ocasião da segunda entrevista, três meses após a morte, ela havia recuperado as lembranças e tinha então uma clara memória visual dele. Ao contrário de outros

91

aspectos psicológicos do luto, a lembrança da pessoa morta tende, se for o caso, a aumentar em clareza ao longo do primeiro ano do luto (ver Anexo, seção 10).

MUNDAÇAS AO LONGO DO TEMPO

Quando converso com viúvas sobre as lembranças que têm de seu marido, tenho a impressão de que leva tempo para organizá-las e poder vê-lo como uma pessoa inteira; quanto mais *tentam* lembrar-se deles, mais difícil é. C. S. Lewis, logo após a morte da esposa, escreveu em seu diário sobre o medo que tinha de esquecê-la e, com raiva, denunciou como um "discurso de causar dó" a idéia de que "ela irá viver para sempre em minha lembrança". Mais tarde (1961), ele descreveu uma experiência que não era incomum entre as viúvas que conheci:

> Ocorreu uma coisa inesperada. Foi de manhã, logo cedo. Por vários motivos, em nada misteriosos em si, meu coração estava mais leve do que nas últimas semanas. Por um lado, julguei estar me recuperando fisicamente de uma enorme exaustão... e depois de dez dias de um céu cinzento e pesado, com uma umidade densa e parada no ar, o sol estava brilhando e havia uma leve brisa. De repente, *no exato momento em que, até agora, eu sentia menos falta de H., pude lembrar-me dela com mais clareza.* Na verdade, era algo (quase) melhor do que uma lembrança, era uma impressão instantânea, indescritível. Dizer que foi como um encontro seria ir longe demais. No entanto, havia algo ali que me tentou a usar essas palavras. Era como se a tristeza tivesse se tornado mais leve e, com isso, removido uma barreira.
>
> Por que nunca me contaram sobre essas coisas? Eu teria facilmente julgado de maneira errada um outro homem na mesma situação? Eu poderia dizer: "Ele superou a perda. Ele esqueceu a esposa", quando a verdade era: "Ele se lembra melhor dela porque superou parcialmente a perda".

Será que isso contradiz minha noção de que a clareza das memórias visuais sobre as pessoas perdidas está relacionada à necessidade de procurá-las e encontrá-las? Penso que não. Em minha opinião, dois fatores contribuem para o aumento gradual na clareza das lembranças, como é relatado por viúvos e viúvas.

Em primeiro lugar, há a redução, com o tempo, do monitoramento consciente da procura. Assim como, com freqüência, é difícil nos lembrarmos de nomes quando nos esforçamos para isso, parece que um desejo consciente muito intenso para lembrar dos traços da pessoa morta inibe essa mesma lembrança. É impossível procurar quando estamos preocupados pensando como é impossível procurar. Diz Lewis: "Não é a própria intensidade do desejo que desce a cortina de ferro, que nos faz sentir como se olhássemos para o vazio quando pensamos nos mortos?". Com freqüência, quando paramos de lutar para nos lembrar, a lembrança volta, sem dificuldades.

Em segundo lugar, parece que leva tempo para começarmos a nos lembrar das pessoas "como um todo", principalmente se forem pessoas cujas vidas estiveram tão próximas da nossa que nós as conhecemos em milhares de partes fragmentadas. Tenho uma lembrança clara do sr. Harold Wilson,* a quem nunca fui apresentado, olhando para mim, de meu aparelho de televisão, e falando com sua voz séria e pausada. Minha mulher, no entanto, tornou-se uma pessoa tão complexa e familiar que não posso vê-la como um todo. Suspeito que seria necessário um longo período de ausência para que eu pudesse colocar juntas as numerosas lembranças fragmentadas que tenho dela, e então construir uma imagem consistente. Estou próximo demais para enxergar a floresta a partir de algumas árvores.

CONSTRUINDO UMA NOVA IMAGEM DA PESSOA MORTA

A partir deste ponto de vista, o trabalho do enlutamento pode ser uma atividade criativa, um gradual colocar de peças de um quebra-cabeças que, ao final, nos terão permitido encontrar uma imagem e um lugar em nossas vidas para as pessoas que amamos e perdemos. Um aspecto desta tarefa é a reavaliação da pessoa morta, uma atividade às vezes denominada de "idealização", uma vez que são as lembranças felizes e os aspectos valorizados do relacionamento que guardamos e queremos perpetuar.

As lembranças dos aspectos negativos dos mortos são perdidas e a idealização tem lugar, iniciada pelas pessoas enlutadas e apoiada pela sociedade. As tentativas para estabelecer a fidedignidade do que a viúva falava acerca de seu casamento, por meio de entrevistas com outros membros da família, tiveram de ser abandonadas logo de início na Pes-

---

* Harold Wilson, ex-primeiro-ministro britânico. (N. do T.)

quisa de Londres, porque ficou claro que fazer perguntas sobre uma questão tão carregada de significados poderia criar dificuldades, e a informação obtida por meio de outros familiares poderia ser tão distorcida quanto aquela fornecida pelas viúvas. Não é possível, portanto, fazer qualquer estimativa confiável sobre o grau de idealização que era esperado.

Uma mulher de 59 anos discutia freqüentemente com seu marido e o abandonou muitas vezes durante a vida de casada. Ela culpava o alcoolismo e o vício de jogar pelos problemas no relacionamento, e ficou muito surpresa ao perceber o quanto sentia saudades dele, segundo contou na primeira vez em que a entrevistei. "Eu não deveria dizer isto, mas estou muito mais tranqüila agora, depois que ele morreu." Ao longo do primeiro ano do luto, suas duas filhas mais novas casaram-se e saíram de casa. Ela ficou sozinha no apartamento e tornou-se cada vez mais solitária e deprimida. Falava com nostalgia dos velhos tempos e, na última entrevista, um ano depois da morte do marido, disse-me que queria casar-se novamente: "com alguém tão bom quanto meu marido".

Enquanto ele era vivo, esta mulher ficou envolvida em uma longa série de brigas que deram o tom à visão que tinha sobre ele. Se "idealização" significa pintar o mundo de cor-de-rosa, o oposto também é possível. Esta viúva parecia tê-lo pintado como um monstro e, quando ele morreu, pouco havia de bom que ela visse nele. Mais tarde, arrependeu-se dessa distorção e a nova imagem do marido era agora tão distorcida de forma positiva quanto antes havia sido distorcida negativamente. Uma vez que ninguém pode ser totalmente bom ou ruim, a oportunidade para idealizá-lo ou transformá-lo num monstro está sempre presente; talvez o que precise ser feito quando alguém morre é restabelecer o equilíbrio em outra direção. Na maior parte das vezes, isso não traz problemas, mas, como veremos na página 156, isso pode acontecer.

ENCONTRANDO O EQUILÍBRIO: APROXIMAÇÃO E AFASTAMENTO

Para um psiquiatra, é muito fácil entender o processo mental pelo qual a pessoa enlutada controla um pouco da dor do luto como "defesas". O conceito freudiano de defesa surgiu de estudos sobre as neuroses, e Freud usou o termo pela primeira vez em um artigo chamado "As neuropsicoses de defesa", publicado em 1894. Como a repressão e outros mecanismos de defesa têm um papel importante nas neuroses e porque a psicanálise foi desenvolvida como um meio para ajudar os pacientes a abandonar suas defesas, uma visão um tanto negativa sobre elas ainda prevalece nos dias de hoje. Insinuou-se em muitas de nossas concepções uma ética sútil que considera as defesas egóicas como "ruins", de maneira que ficaríamos muito melhor sem elas.

As pesquisas sobre o luto colocam dúvidas nessa afirmação. Em resumo, acredito que a maioria dos fenômenos que categorizamos como defesas tem uma função importante para ajudar a regular a quantidade de novas informações desorganizadas e, de certa forma, desorganiza-doras, de que um indivíduo tem de dar conta em um período específico. Vemos isso com clareza no parque infantil, onde as crianças estão ex-plorando, conhecendo, manipulando um ambiente cuja complexidade varia muito. Quando ocorre um estímulo maior, novo ou ameaçador, elas se afastam, escondem-se, ou, então, pedem a ajuda da mãe; aos poucos vão se familiarizando com aqueles estímulos que a princípio pareciam tão assustadores.

Assim, a viúva cujo mundo mudou de forma tão radical, e tão de repente, afasta-se de uma situação que traz complexidade além do que pode suportar, e que também tem perigo potencial. Na falta de sua habitual fonte de segurança e apoio, ela se tranca em casa e só recebe as pessoas, a família ou os amigos com os quais se sente segu-ra. Evita os estímulos que possam lembrá-la da perda, e tenta, assim como descrevi, resgatar algum aspecto do marido perdido. Ao mesmo tempo, e de forma crescente, com o passar do tempo, passo a passo ela começa a examinar as implicações do que aconteceu, familiari-zando-se e mantendo controle sobre as várias áreas de incerteza que agora existem em seu mundo.

Temos, então, duas tendências opostas: uma, inibitória, que por meio de repressão, evitação, adiamento retém ou limita a percepção dos estímulos perturbadores, ao lado de uma tendência facilitadora, pronta para testar a realidade, que amplia a percepção e os pensamentos sobre os estímulos perturbadores. A qualquer momento, o indivíduo pode res-ponder mais a uma dessas tendências do que a outra e, ao longo do tempo, poderá oscilar entre períodos de dor intensa e períodos de evitação, conscientes ou inconscientes.

Assim considerada, a "defesa" pode ser vista como parte do pro-cesso de "ataque" do problema, de se haver com ele de maneira segura e efetiva. Pode não garantir que o indivíduo consiga resolvê-lo, mas, às vezes, torna-se distorcida ou patológica, não atingindo plenamente sua função que é, presume-se, a de restaurar o controle distanciando o indi-víduo de uma situação que pode tornar-se avassaladora.

O termo "enfrentamento" é hoje preferido em lugar de "defesa", mas há também problemas quanto ao seu uso. O enfrentamento implica um elemento de escolha. Escolhemos enfrentar desta ou daquela maneira. No entanto, as pessoas enlutadas que experienciam uma sensação de entorpecimento ou irrealidade diante do luto avassalador não estão escolhendo conscientemente que irão enfrentar essa dor deixando-a do lado de fora. Sua reação é automática e não está sob controle consciente.

Os psicoterapeutas, às vezes, falam de uma pessoa como "altamente defendida" ou "inadequadamente defendida". A afirmação subjacente é a de que existe uma "defesa" geral, ligada, talvez, ao fator "g" da inteligência. Isto poderia nos levar a supor que as pessoas que se defendem contra a dor do luto, utilizando um entorpecimento intenso durante as primeiras fases do luto, teriam também maior dificuldade em aceitar o fato de que a perda ocorreu e uma tendência maior a evitar lembranças da perda. Dessa forma, medidas de "entorpecimento", "dificuldade em aceitar a realidade da perda" e "evitação de lembranças" estariam correlacionadas. Na Pesquisa de Londres, porém, não houve correlação significativa entre as avaliações quantitativas dessas três defesas (ver Anexo, seção 9).

Outra hipótese seria a de que essas defesas são alternativas. Por exemplo, uma pessoa que não acredita na realidade da perda não precisa também evitar as lembranças. Se este for o caso, porém, seria de se esperar encontrar uma correlação negativa entre as defesas: viúvas com altas pontuações em "descrença" teriam baixas pontuações em "evitação" e vice-versa. Mas novamente não havia correlação negativa significativa entre as três defesas.

Pode ser que estas duas hipóteses estejam parcialmente corretas e que o efeito seja cancelar qualquer correlação, positiva ou negativa, que possa ter ocorrido, caso uma delas fosse aplicável. A única conclusão justificável seria a de que as defesas não são somente uma questão a mais, e que as avaliações baseadas em uma não nos permitem fazer afirmações sobre as outras formas de defesa ou sobre as defesas em geral.

O comportamento de procura descrito no Capítulo 4 pode ocorrer somente se a pessoa enlutada desconsiderar o fato de que a pessoa morta está permanentemente perdida. Isto é, então, uma conseqüência da defesa? Ao mesmo tempo, a procura é um processo muito doloroso, associado a uma ansiedade intensa, tanto que os esforços conscientes são freqüentemente utilizados para evitar situações que possam provocar a pressão pela busca. As pessoas enlutadas estão, neste momento, defendendo-se contra as conseqüências de uma defesa?

OSCILAÇÃO

O problema, neste caso, é que o morto se foi e o enlutado o quer de volta. O teste da realidade nos diz que isso é impossível. Mas aceitar logo o fato envolveria mudanças importantes e imediatas em sua identidade, ou uma série de mudanças que não poderiam ser feitas ao mesmo tempo, o que demora. Para ganhar tempo, a mente tem seus próprios recursos para limitar a quantidade de informação desorganizadora. Se essa limitação for incompleta, o indivíduo não poderá começar a ajustar-se ao problema e adquirir uma nova identidade. Na maior parte do tempo, entretanto, as defesas são bloqueios parciais que se alternam ou coexistem com a consciência dolorosa. O "Processo Dual" da oscilação, que foi descrito nas páginas 72 e seguintes, é, portanto, parte de um processo gradual de tomada de consciência. Neste contexto, a procura que se segue à perda é uma forma de facilitar o comportamento que tem por função recuperar o objeto perdido. Não é em si uma defesa, embora dependa de uma defesa (negação parcial da permanência da perda) para que ocorra.

Fica claro que, neste momento, o comportamento não elimina a dor ou a ansiedade; pode reduzi-lo, mas pode também prolongá-lo. Se ficar garantido o equilíbrio entre facilitação e defesa, o trabalho de elaboração do luto continuará, os padrões de pensamento e de comportamento que tiverem sido reconhecidos como excessivos serão incorporados ao hábito, e novos padrões adequados serão desenvolvidos.

De modo semelhante, a revisão repetida dos acontecimentos que levaram à perda, como descrito a seguir, é uma tentativa de atacar o problema da perda que seria inapropriada se os indivíduos tivessem aceitado plenamente a realidade da perda. Ao negar a realidade da perda, eles dão a si mesmos a oportunidade de se prepararem para ela.

REVENDO E OCUPANDO-SE

Para as pessoas enlutadas, o tempo foge ao relógio. Elas podem saber, pelo calendário, que um ano se passou desde a perda, mas suas lembranças da pessoa que se foi são tão vivas que "parece que foi ontem". Das 22 viúvas de Londres, dezoito disseram que o tempo passou muito depressa e que o primeiro ano do luto havia sido reduzido a uma série de atividades sem sentido.

Muito mais reais, porém, eram as lembranças do período que havia antecedido a morte, e as pessoas enlutadas costumam repetidamente rever em sua mente os acontecimentos que antecederam a perda, como se fazendo isso pudessem reverter ou alterar os acontecimentos. "Fico revendo a última semana no hospital, sem parar. Parece que está fotografada em minha mente", disse uma viúva.

As reminiscências invadem a mente, assim como as preocupações que ocupam o pensamento das pessoas que temem uma desgraça. E, uma vez que, como já vimos, os recém-enlutados raramente conseguem aceitar totalmente a realidade do que aconteceu, pode ser que tenham necessidade de se preparar para desastres, assim como aqueles que ainda não passaram por um. Este tipo de antecipação foi chamado de "elaboração de preocupação" (Janis, 1958) e quando ocorre antes de uma infelicidade tem o efeito de focalizar a atenção em possíveis perigos e de oferecer oportunidade para o planejamento que for apropriado. Também capacita as pessoas a alterar sua visão de mundo e a desistir de algumas crenças e expectativas que estavam estabelecidas. Este é um processo doloroso, é claro.

Os seres humanos raramente se surpreendem. Sua habilidade para antecipar mudanças importantes na vida permite que façam as mudanças necessárias nas expectativas e que experienciem a emoção apropriada ao desastre antes que ele ocorra. Quando ocorre, estão de certa forma preparados, tanto intelectual quanto emocionalmente; seu comportamento é correto e a emoção é controlada de maneira adequada. É a capacidade de se preocupar que torna esse processo possível.

CONSCIENTIZAÇÃO*

Uma vez que a mudança tenha ocorrido, pode-se pensar que não há mais necessidade de se preocupar com ela, o que é verdadeiro quando se trata de mudanças menos importantes. Já vimos, porém, que uma mudança de maior importância, como é o caso do luto, não pode ser totalmente conscientizada de uma única vez. As pessoas enlutadas continuam a agir, muitas vezes, como se a pessoa morta ainda fosse recuperável, e preocupam-se com a perda, que se mantém na mente. Esta

---

* O termo "conscientização" é aqui utilizado no sentido de aperceber-se, perceber um sentido em sua totalidade. (N. do T.)

atividade foi chamada por Freud (1917) de "trabalho de luto" e assume-se que tenha a mesma função da elaboração de preocupação para preparar os indivíduos enlutados para uma plena aceitação da perda. Uma diferença importante entre a elaboração da preocupação e o trabalho de luto é que a primeira se baseia na antecipação, enquanto a segunda, nas lembranças. As pessoas que antecipam um acontecimento podem enganar-se, podem fingir para si mesmas que o final não era exatamente aquele, ou podem preocupar-se desnecessariamente com perigos que jamais acontecerão. O trabalho de luto, por outro lado, surge em grande parte da memória, embora as pessoas enlutadas possam usar a imaginação para preencher as lacunas e recriar cenas que esqueceram ou que nunca viram.

Nesse período, há uma necessidade consciente de "pôr em ordem", que não se trata apenas de lembrar-se do fato traumático com perfeição, mas inclui a necessidade de "dar sentido" ao que aconteceu, explicar, classificar, comparar com outras situações, que fazem com que se encaixe nas expectativas que a pessoa faz do mundo. "Eu fico pensando que, se ao menos tivesse acordado mais cedo, poderia tê-lo salvo." Tentar novas soluções, buscar pistas que expliquem "por que isto aconteceu comigo?", e repetida e monotonamente lembrar a seqüência de fatos que levaram à morte são os passos que compõem o processo de elaboração do luto. As reminiscências dolorosas têm sido descritas, depois de experiências traumáticas como batalhas em guerras e, como já vimos, são um aspecto proeminente do Distúrbio Pós-Traumático. Existe a mesma necessidade sem fim de lembrar-se e descrever a situação traumática e, sob o efeito de drogas catárticas, ou em estado de hipnose, a batalha pode ser revivida de forma dramática, como se o paciente a estivesse enfrentando novamente.

Freud descreveu, no trabalho de luto, como cada lembrança que liga o sobrevivente ao objeto perdido precisa ser ativada e "hipercatexizada". Com isto, ele quer dizer que a "energia" deve ser usada para cortar a ligação com o objeto perdido e, em conseqüência, deixar livre a energia a ele associada (catéxis). É importante ter em mente que Freud não está falando aqui de energia física real, mas de energia psíquica hipotética (libido) que obedece a leis similares. Sua teoria da libido, da qual isto é uma parte, é um modelo cibernético útil na proporção em que corresponde aos dados, mas que não deve ser levado longe demais.

Em anos recentes, modelos de energia desse tipo têm sido avaliados (ver, por exemplo, a crítica de Bowlby (1969) sobre a teoria da libido) e parece-me que pouco acrescentam à nossa compreensão sobre o luto. Ninguém pode negar que a energia física real está presente em todos os processos mentais, mas o conceito de energia psíquica levanta muitas questões. Parece muito razoável que, quando acontece algo ameaçador a nossa vida, ou que produz uma mudança importante em nossas crenças a respeito do mundo, precisamos dedicar-lhe tempo e energia física para poder avaliar esse acontecimento e suas conseqüências. Se acontecer repentina ou inesperadamente, esta avaliação só poderá ocorrer após o evento.

Suspeito que se lembrar repetidamente de experiências traumáticas tem algo dessa mesma função e a extensão com que persiste pode refletir a extensão na qual o indivíduo falhou ao completar o processo doloroso de replanejar, exigido por essas experiências. Pode-se presumir que a avaliação do trauma normalmente capacite a pessoa a deixar entrar em sua mente, de modo tão real quanto possível, a situação externa verdadeira, de maneira que possa fazer planos apropriados para enfrentá-la. Se não conseguir se ver com planos adequados para enfrentar a nova situação, poderá ser incapaz de completar esse processo de avaliação. Pode, então, perceber-se repetindo sempre a mesma cadeia de lembranças, em vez de dar lugar à depressão que viria se admitisse a própria impotência. Vistas desta maneira, as reminiscências pós-traumáticas são semelhantes às obsessões, ruminações e compulsões; esses padrões recorrentes de pensamento ou de atividade parecem permitir às pessoas se afastar da ansiedade enquanto simultaneamente tentam enfrentar o problema.

COMPONENTES DO TRABALHO DE LUTO

Parece, portanto, que há vários componentes no processo de elaboração do luto:

1. A pessoa ocupa-se com pensamentos sobre o ser perdido que, como considero, derivam da premência de procurar essa pessoa.
2. Há dolorosas lembranças repetidas da experiência de perda, que são equivalentes ao trabalho de elaboração da preocupação e precisa ocorrer se a perda não tiver sido totalmente aceita como irremediável.
3. Há a tentativa de encontrar um sentido para a perda, para encaixá-la no conjunto de crenças sobre o mundo, ou para modificá-las, se necessário.

Estas não são três explicações para o mesmo fenômeno, mas três componentes independentes de um mesmo quadro mais amplo. As tentativas de buscar sentido para o que aconteceu podem ser vistas como uma forma de restaurar o perdido, se for possível encaixar a ausência em um outro padrão. Estas tentativas podem ou não dar resultado. Se não derem, a preocupação aumentará e pode tornar-se uma obsessão.

EXISTE O PESAR ANTECIPATÓRIO?

Alguns autores levantaram dúvidas quanto à validade dos conceitos de luto (ou pesar) antecipatório e de elaboração de luto. Levy (1992) mostrou que pessoas com pontuações elevadas em uma medida de "Pesar Antecipatório" ficavam mais deprimidas depois da perda do que aquelas com pontuações mais baixas. Conclui que "Pesar Antecipatório pode ser um fator de risco para o ajustamento inicial à perda". Esta pesquisa, porém, ficou restrita aos parentes de pacientes com câncer que, normalmente, têm muitas oportunidades para antecipar a morte do paciente e, mesmo que este não fosse o caso, não deveríamos ficar surpresos se também apresentassem maior sofrimento posteriormente.

Na mesma linha, Wortman e Silver (1989) citam dados de meu trabalho, assim como do deles, que indicam que o desejo intenso de encontrar a pessoa perdida e preocupar-se com pensamentos sobre a perda no período inicial do luto predizem problemas futuros no ajustamento à perda. Isto é considerado por eles como um aspecto que deixa dúvidas sobre o valor de elaboração do luto. De fato, minhas próprias pesquisas sugerem que graus elevados de dor e preocupação freqüentemente refletem um tipo de vínculo dependente, que interfere no trabalho de elaboração do luto e leva a uma forma de luto crônico, que será descrito em mais detalhes no Capítulo 8. Por sua vez, pessoas que expressaram pouco ou nenhum luto também não têm bons resultados. São os enlutados moderados que parecem enfrentar melhor e obter melhores resultados no trabalho de elaboração do luto. (Mais detalhes desses resultados são apresentados na página 170 e Anexo, seção 17.)

PERDA E CRIATIVIDADE

Rochlin (1965) escreveu profusamente sobre a hipótese de que muita atividade criativa e pensamentos filosófico-religiosos tinham o objetivo de restaurar de certa forma os objetos de amor que tememos perder ou que já perdemos. "Nós nos encontraremos na vida após a morte" ou "Ele sobreviverá nos trabalhos que realizou" ou, ainda, "Eles morreram para que o mundo se tornasse um lugar melhor para aqueles que vieram depois deles" são sentimentos que refletem um desejo de preservar ou restaurar alguma parte da pessoa perdida. O quanto isto é mesmo possível é questão para ser debatida e não vou sugerir que essa atividade esteja totalmente desprovida de sentido. Ao contrário, podem existir muitas maneiras de a pessoa sobreviver à dissolução física, e os recursos que os que sobrevivem a ela utilizam para lidar com seu luto podem influir nesse resultado. Em uma pesquisa com 121 pessoas enlutadas por acidente, suicídio, homicídio ou morte natural, Smith *et al.* (1992) identificaram que as que acreditavam em vida após a morte tinham melhor recuperação, mais bem-estar e menos evitação do luto do que aquelas que não tinham essa crença.

Lifton *et al.* (1979) dizem:

Um *sentido* de imortalidade não é simplesmente a negação da morte. Na verdade reflete uma busca universal e determinada por uma relação simbólica contínua entre nossas vidas individuais finitas e aquilo que se foi antes, e que virá depois. É a busca de continuidades simbolizadoras, apesar das descontinuidades da morte.

Lifton prossegue descrevendo os cinco modos genéricos pelos quais esta busca pode ser expressa: biológico, teológico, criativo, natural e da transcendência experiencial. Qualquer destes (ou todos estes) modelos pode se tornar parte da tentativa de encontrar significado para a perda.

No entanto, para a maioria das pessoas no início de um luto, o mundo é um caos. Como elas lutam para encontrar o que não pode ser encontrado, ignoram o que pode ser encontrado. Sentem como se a parte mais importante, mais central delas tivesse ido embora, ficando apenas o que é sem significado e irrelevante, o que faz com que o próprio mundo fique insignificante e irrelevante. No fundo do coração, acreditam que a pessoa morta não voltará e, no entanto, estão envolvidas na tarefa de recuperar o que está morto. Não é de surpreender que sintam que o mundo tenha perdido seu propósito, e não faça mais sentido.

6
RAIVA E CULPA

Soprai, ó ventos! até que as vossas faces rebentem! Soprai com violência! Trombas d`água e cataratas, vomitai torrentes, submergindo os nossos campanários até aos coruchéus! Ó chamas sulfurosas, rápidas como o pensamento, precursoras do raio que fende os carvalhos, incendiai "os meus cabelos brancos!" E tu, trovão, que estremeces tudo, arrasa o mundo; quebra os moldes da natureza; extermina num relance os germes que procriam o homem cheio de ingratidão.*

Rei Lear

A irritabilidade e a raiva no luto variam de pessoa para pessoa, de família para família, e de períodos para períodos. Às vezes, é dirigida a outras pessoas, e ao próprio enlutado, como auto-acusação ou culpa.

PROTESTO

Por meio da observação de crianças pequenas, separadas de suas mães quando foram internadas em hospital ou recolhidas a uma creche, Robertson (1953) cunhou o termo "protesto" para descrever a primeira

---

* Blow, winds, and crack your cheeks; rage, blow. / You cataracts and hurricanes, spou / Till you have drench'd our steeples, drown'd the cocks. / You sulph'rous and thought-executing fires, / Vaunt-couriers of oak cleaving thunderbolts, / Stringe my white head. And thou, all-shaking thunder, / Strike flat the thick rotundity o' the world; / Crack nature's moulds, all germens spill at once, / That makes ingrateful man.

fase da resposta dada por elas. Em outra pesquisa, na qual eram comparadas crianças com idades que variavam dos dezesseis aos 36 meses, em uma creche para permanência diária e também residencial, as crianças residentes mostraram uma violenta hostilidade, de um tipo raramente visto na creche para permanência diária (Heinicke e Westheimer, 1966). Bowlby (1961) apresentou exemplos de comportamento agressivo em animais, como forma de reação à separação, explorando os processos psicológicos envolvidos no luto e em suas raízes biológicas. Ele cita o caso de Stasi, uma cadela mestiça descrita por Lorenz (1954), que, depois de separada de seu dono pela segunda vez, tornou-se desobediente, não atendia às regras e tornava-se cada vez mais feroz. Ele também cita os macacos de Yerkes, que gritavam e esbravejavam quando afastados à força de seus companheiros (Yerkes, 1943).

Bowlby considera o protesto como o meio pelo qual a criança pune sua mãe por tê-la abandonado, e acrescenta que a experiência é tão desagradável para a mãe que a possibilidade de abandonar a criança de novo é altamente reduzida. Por esse motivo, a fase de protesto tem valor de sobrevivência e, efetivamente, fortalece o vínculo entre mãe e filhos. Como parte integrante da reação normal à separação, é esperado, também, que aconteça como reação à perda na vida adulta.

A partir dos dados encontrados na Pesquisa de Londres, parece que em adultos humanos a irritação e a raiva são aspectos da fase inicial (de procura) do luto e que a perda da agressividade ocorre em uma fase posterior, de desespero. Raiva excessiva foi encontrada em quase todas as viúvas de Londres, exceto em quatro delas, algum tempo, durante o primeiro ano do luto. No entanto, apenas sete mostraram sua raiva na época da primeira entrevista, e somente duas das quatro evidenciaram a raiva nas entrevistas que se seguiram. A raiva não deve ser, portanto, considerada um estado contínuo.

AMARGURA

A forma mais freqüente, descrita pela metade das viúvas, foi de irritação generalizada e amargura. Isso foi geralmente associado a uma sensação de que o mundo havia se transformado em um lugar inseguro e perigoso, atitude que persistiu ao longo do primeiro ano de luto.

A raiva foi estreitamente associada à inquietação e à tensão e, como apontado no Capítulo 2, as viúvas que se mostraram mais irritadas e amargas, em geral, diziam não estar fisicamente bem, ainda que não se queixassem de sintomas físicos mais do que as outras.

A impressão geral era a de um intenso impulso para a ação, em geral agressivo, que estava sendo rigidamente controlado. As viúvas inquietas tendiam a inflamar-se a qualquer hora para preencher a vida com atividades. "Sinto como se houvesse uma revolução dentro de mim"; "Estou no fim de meus limites"; "Qualquer bobagenzinha me aborrece" ou, mesmo: "Estou à beira de um ataque de nervos" são afirmações que ilustram o estado de espírito de irritação generalizada. Quando a tensão era muito forte, um tremor suave e irregular estava presente e, às vezes, um gaguejar.

Essas características são parte de uma reação geral, não específica do estresse, como foi descrito no Capítulo 3. Tudo o que podemos concluir delas é que os indivíduos enlutados estão se comportando como se estivessem em uma situação de perigo. Mas, que perigo é esse? Fica claro, a partir do que foi dito nos capítulos precedentes, que, até que a realidade da perda tenha sido totalmente aceita, um perigo é o da perda de si mesmo. A pessoa enlutada ainda sente que a pessoa morta é recuperável e qualquer coisa que traga à tona a perda é entendida como uma grande ameaça.

RESISTÊNCIA

Os parentes e amigos que tentam induzir uma viúva a parar de se lamentar antes que ela esteja pronta para isso, ou mesmo aqueles que dizem que o pesar vai passar, são surpreendidos com uma resposta indignada. É como se estivessem obstruindo a procura pela pessoa que morreu. Marris (1958) cita o caso de uma viúva que agrediu o médico que lhe deu a notícia da morte do marido. Apesar de esses acontecimentos serem raros, o impulso de resistir aos portadores de más notícias é forte e qualquer pessoa que o enlutado encontre pode sinalizar com a perda para ele. Os que tentam consolar a viúva reconhecem sua antipatia e são impedidos por ela: "O que posso dizer?". Em tais situações, há um acordo tácito não para evitar a palavra "morte", mas para falar do morto em voz baixa, como se ele estivesse dormindo logo ali, ao alcance da mão. Os encarregados dos funerais aprendem a tratar o morto como se ele estivesse dormindo, e os procedimentos funerários da Igreja anglicana lidam com o morto como se ele estivesse descansando, à espera do eventual dia da ressurreição. Nessas cerimônias, a palavra "descanso" é mencionada três vezes e "ressurreição", treze.

Falar da bondade do morto e ignorar seus atributos negativos diminui o risco daquele que oferece conforto ser visto como um inimigo.

Talvez dê a certeza ao enlutado de que vale a pena sofrer com pesar por aquele que morreu, que ele não é abandonado de forma hostil. "Por que ele fez isso comigo?", disse uma viúva. Outra, lembrando-se nove meses depois que seu marido estava realmente morto, gritou: "Fred, por que você me abandonou?". E, mais tarde, acrescentou: "Se você soubesse o que eu sofro (sic), nunca teria me deixado".

CULPA

Pode-se ver nestas afirmações algumas das reprovações ou protestos aos quais Bowlby se refere, que é verdade que as viúvas tendem a considerar a dor do pesar como uma punição injusta, e ficam com raiva daqueles que pensam ser os autores dessa punição. A morte é personificada como algo que foi feito para elas e procuram alguém para culpar. A culpa é dirigida contra qualquer pessoa que possa ter contribuído para o sofrimento ou para a morte do marido que, por sua vez, pode ser acusado. Uma viúva culpava o marido por não ter contado ao clínico geral sobre suas dores de cabeça. Outra ficou furiosa com os responsáveis do hospital, por terem mandado seu marido para casa, de ônibus, quando ele não estava em condições. Ela ficou muito brava com uma enfermeira, por ter rasgado uma vestimenta do marido, e também com Deus, por tê-lo levado embora. Deus e os médicos foram duramente criticados por ela, pois eram vistos como detentores de poder sobre a vida e a morte : "Eu ainda fico pensando e repensando sobre a maneira como aqueles médicos se conduziram", disse uma viúva que os acusava de ignorar os sintomas significativos.

O erro ou a demora em dar o diagnóstico, com freqüência, são causas de queixas. Embora muito dessa raiva possa ser justificada, pode parecer tão irracional quanto uma adulação desprovida de crítica a respeito da profissão médica.[1] Uma viúva que estava muito brava com a equipe do hospital, na época da perda do marido, retratou-se mais tarde e acrescentou: "Eu desejava ter alguma coisa para culpar".

Procurar alguém para culpar tem sido freqüentemente associado com repassar lembranças de acontecimentos que levaram à morte, como foi descrito no Capítulo 5. Presume-se ainda que exista um sentimento que, se a pessoa responsável pudesse ser encontrada, a perda poderia ter sido evitada ou desfeita. Essa sensação é vagamente expressa pela necessidade de descobrir o que deu errado, como se a vida tivesse sido

---

1. A adulação parecia ser uma maneira de agradar essas pessoas poderosas, e era mais comum do que seu oposto, a punição por difamação.

redirecionada de repente, saindo de seu curso original, e precisasse ser colocada novamente nele.

A raiva é uma emoção que nem sempre é dirigida para o objeto que a causou. É expressa em diversas direções, muitas das quais são até mesmo banais. Surgem brigas com velhos amigos "que não conseguem entender", ou que não deram o apoio esperado. Uma viúva estava constantemente em atritos com sua filha adolescente, que fora muito ligada ao pai; outra brigava com a mãe sobre o que fazer com um carro, que pertencia a ambas, e que provocou uma série de discussões com seu patrão, e das quais veio a arrepender-se mais tarde.

A EXTENSÃO DA RAIVA

O que diferenciou este comportamento daqueles que qualquer um de nós pode ter, quando briga ou fica com raiva de alguém, foi a freqüência das brigas e a atmosfera de amargura e irritabilidade que se instalou. Pode-se apenas considerar que isso faz parte das reações do processo de enlutamento. É triste que outros membros da família, que poderiam ter ajudado a viúva a ver a situação com mais clareza, estivessem freqüentemente incapazes de ser mais objetivos do que a própria viúva. Eles também estavam enlutados e tinham dificuldade em conter a própria irritação e a raiva. Dessa forma, uma sogra, que por muito tempo tinha antipatia pela nora, acusou-a de ter sido responsável pela morte do filho. A viúva magoou-se muito e reagiu, dizendo à sogra o que pensava dela. As duas passaram a acusar-se, e a família ficou dividida. Os parentes do marido alinharam-se com a sogra, e os da esposa, com esta. Começou, então, uma série de discussões a respeito do que estava certo ou errado naquela situação, e a viúva ficou sem o apoio e a amizade das pessoas de quem ela gostava. Este exemplo ilustra a maneira pela qual as divisões familiares podem ocorrer; as reputações podem ser atingidas e as fontes de apoio podem ser retiradas.

Fica claramente evidente, na Pesquisa de Londres, que as viúvas que expressaram mais raiva ficaram mais isoladas socialmente do que aquelas que tiveram raiva menos intensa (ver Anexo, seção 9). Por terem afastado os amigos e os parentes, ou por terem-se isolado em casa, o resultado foi o mesmo: insegurança e solidão.

AUTO-ACUSAÇÃO

A raiva, no início do processo de enlutamento, foi freqüentemente associada à auto-recriminação. O componente irracional de sua raiva era reconhecido por muitas viúvas, que se sentiam culpadas pelo seu comportamento. "Fico furiosa comigo mesma", disse uma delas. Outra se recriminava: "Você tende a exagerar, sai em busca de problemas".

Treze das 22 viúvas londrinas expressaram idéias de auto-recriminação, em algum período, ao longo de um ano. Na manifestação mais leve, não era mais do que uma tendência a pensar repetidas vezes sobre os acontecimentos que cercaram a morte, para se reassegurarem de que haviam feito todo o possível e necessário. "Eu fico pensando: 'Será que fiz tudo? O que mais poderia ter feito? Será que fiz o certo?', e minha amiga diz: 'Você não poderia ter feito outra coisa' e eu penso se não haveria alguma coisa que eu pudesse ter feito antes, a tempo, ou que eu pudesse ter visto antes." Aqui, novamente, o que se vê é a viúva tentando, em retrospectiva, colocar as coisas no lugar para achar um motivo para a catástrofe, de maneira a instalar ordem no caos e restaurar sua fé no significado da vida.

Sete viúvas expressaram idéias de auto-reprovação centradas em alguma ação ou omissão que pudesse ter causado dano ao marido ou perturbado sua paz de espírito. Elas ficavam agonizantes de tanto sofrimento a respeito de eventos que, com freqüência, eram muito banais, e pareciam estar procurando uma chance para se castigar, como se, ao aceitar a culpa, pudessem de alguma maneira reverter o curso dos acontecimentos e ter de volta o marido perdido. Uma delas atribuiu a doença do marido ao excesso de cansaço, e culpava-se por não ter aprendido a dirigir. "Se eu soubesse dirigir, hoje ele provavelmente estaria aqui", disse ela. Outra teve de fazer uma histerectomia um pouco antes de seu marido ser diagnosticado portador de um câncer de cólon, e pensava que a doença dele poderia ter sido causada por ter-se preocupado muito com ela, culpando-se por ter feito a cirurgia. Muitas se reprovavam por não terem suportado a tensão do último período de doença do marido. Uma delas havia cuidado do marido, em casa, por um ano, até sua morte. Uma vez, irritou-se com ele, por tê-la acordado durante a noite. Ela desculpou-se, ele aceitou as desculpas, e morreu alguns dias depois. "Sinto como se Deus o tivesse dado a mim para tomar conta e, quando não pude mais agüentar, tirou-o de mim."

O arrependimento por fracassar em atingir as expectativas foi fonte de auto-acusações em uma outra viúva, que se sentia culpada porque nunca fizera um pudim de pão para o marido. Outra acusava-se por não ter encorajado o talento artístico do marido, o que ela tentou reparar, após a morte dele, procurando colocar suas pinturas no mercado. A respeito do relacionamento, ela disse: "Nós estávamos sempre na defensiva. Agora posso ver que, com freqüência, ele tinha razão".

INSEGURANÇA

A morte da pessoa amada é um acontecimento tão importante que é difícil dar de ombros e considerá-lo um mero resultado de um acidente ou do azar. Aceitar o fato de que a morte pode ocorrer em qualquer lugar, e que a doença não respeita pessoas, lugares ou tempos, mina a fé que se tem no mundo como um lugar seguro e em ordem. Todas as viúvas da Pesquisa de Londres tinham menos de 65 anos de idade, e seus maridos não eram muito mais velhos do que elas. Isso significa que muitas das mortes ocorreram prematuramente, antes de o ciclo vital ter sido completado. As mortes prematuras causam dúvidas quanto às "expectativas razoáveis" sobre as quais todos nós construímos nossa vida. Sabemos que desastres acontecem, mas não agüentamos nos preocupar com possibilidades que estatisticamente têm pouca chance de acontecer. Continuamos a atravessar a rua, apesar do risco potencial que isso representa. Andamos de carro, de trem, de avião, sabendo perfeitamente bem que podemos nos envolver em um acidente. Preocupando-nos com essas possibilidades, tornaríamos nossa vida insuportável. A maioria das pessoas apóia-se nas estatísticas de que os acidentes são raros, e sente que pode proteger-se de desastres.

Um luto importante, porém, põe em xeque a confiança nesse tipo de segurança. A tendência é a de superar os acontecimentos que levaram à morte e encontrar alguém para culpar, mesmo que esse alguém seja a si próprio. Se pudéssemos encontrar alguém para culpar, ou se houvesse alguma explicação que evitasse a morte, teríamos, então, a chance de retomar o controle. É mais fácil acreditar que o destino é indiferente ou, ao contrário, positivamente maléfico, do que aceitar nossa impotência diante dos fatos. Deus não está sujeito às leis da probabilidade estatística, ele é um "sádico cósmico" que pune injustamente (C. S. Lewis, 1961). Brigar com o destino ou com Deus é, naturalmente, uma outra forma de tentar controlar os acontecimentos. Não é tanto a expressão de impotência, mas a tentativa de influir nos fatos, acusando seu autor. O pensamento de que a morte da pessoa amada tenha sido acidental é inaceitável, porque nos faz sentir muito impotentes.

TEORIAS PSICANALÍTICAS

Em *Mourning and Melancholia* (Luto e melancolia) (1917), Freud afirma que há impulsos sádicos em todas as relações ambivalentes. Na melancolia, que ele considerava uma forma patológica de luto, esses impulsos sádicos são geralmente voltados contra o *self*. Como evidência para isso, Freud diz que o sofrimento que o paciente impõe a si mesmo sempre se adapta ao objeto perdido, não ao paciente. A ambivalência, para Freud, sempre leva ao desejo da morte do outro, mas não é incomum o ego tolerar um desejo não danoso, se for possível mantê-lo apenas na fantasia, e se ele parece impossível de se realizar, mas irá defender-se quando esse desejo puder ser realizado ou ameaçar tornar-se realidade.

Para defender-se daquilo que Melanie Klein (1940) chamou de "triunfo" sobre o morto, as pessoas enlutadas voltam a raiva para si, ou para outras pessoas que estejam próximas. Daí considerar-se que raiva e culpa andam juntas; após a dissolução de uma relação ambivalente, por causa de sua natureza destrutiva, apresentam-se sob a forma de luto patológico.

Quanto às viúvas da Pesquisa de Londres, não é possível dizer com certeza que as auto-acusações refletiam alguma consciência, mesmo que mínima, do desejo de morte em relação a um marido amado de forma ambivalente. Minhas entrevistas raramente permitiram uma análise em profundidade da motivação inconsciente. Tornou-se evidente, no entanto, que ao menos uma mulher da Pesquisa de Londres e uma grande parte das mulheres da Pesquisa de Bethlem expressaram intensos sentimentos de culpa que poderiam ser entendidos por essa via. Na verdade, a freqüência e a intensidade dos sentimentos de culpa distinguiram mais claramente os pacientes psiquiátricos enlutados da Pesquisa de Bethlem das viúvas não selecionadas da Pesquisa de Londres. Voltaremos a este assunto nos Capítulos 8 e 11.

PASSIVIDADE E DEPRESSÃO, UMA TEORIA ETOLÓGICA

Em contraste com os sentimentos de raiva e culpa, vou agora considerar o fenômeno oposto, a perda da agressividade, que parece ocorrer juntamente com sentimentos de apatia e desespero, quando as crises intensas de dor do luto já tiverem passado.

Lorenz continua sua descrição do comportamento do ganso que perdeu o parceiro: "A partir do momento [que o parceiro desapareceu] ...perde toda a coragem e foge até mesmo do ganso mais fraco". Afundando rapidamente na fila hierárquica do bando, o ganso enlutado torna-se tímido, assustado e entra em pânico.

John Price (1967) dá uma explicação, em termos teológicos, para esse comportamento que, segundo ele, também ocorre com o homem. De acordo com ele, o homem é um animal social cujo lugar na hierarquia da dominação é mantido por meio de alianças com o parceiro e com outras pessoas amadas. A perda dessa pessoa pode levar a uma queda no *status* e a um declínio que apresenta falta de coragem e depressão. Para ser eficiente, uma hierarquia de dominação precisa ser estável. A liderança precisa ser clara, e os membros do grupo social precisam estar conscientes do lugar que nele ocupam. Isto torna desnecessária a determinação de uma nova precedência, cada vez que há conflito entre os interesses de dois membros. Uma hierarquia de dominação forte é encontrada, de acordo com Price, em praticamente todas as espécies que não limitam sua agressão com uma divisão rígida de território. Atitudes, por um lado, de submissão e afastamento ansioso de indivíduos de *status* superior e, por outro lado, de irritação e ameaça para com aqueles de *status* inferior garantem que a hierarquia seja mantida e, na ocorrência de conflitos, que os indivíduos de *status* inferior sejam derrotados sem derramamento de sangue.

As mudanças na estrutura social, no entanto, ocorrem quando a idade ou a doença reduzem o poder dos indivíduos de *status* superior, ou quando as alianças são dissolvidas. Nessas circunstâncias, Price diz que aqueles cujo *status* está declinando são tomados por um estado depressivo que atinge sua tendência normal para lutar e defender sua posição, e permite ter o *status* rebaixado sem o perigo de ter de combater com cada indivíduo do grupo que quiser superá-lo. As vantagens desta solução pacífica para o problema da mudança de *status* são óbvias e, a longo prazo, tendem a aumentar as chances de sobrevivência dos indivíduos e do grupo social do qual fazem parte.

Infelizmente, ainda não foi feita nenhuma tentativa para avaliar sistematicamente a extensão na qual pessoas enlutadas se desprendem do que as interessava e adotam uma atitude submissa, derrotada. A experiência sugere, porém, que elas geralmente fazem isso durante os períodos de afastamento apático que se seguem às crises de dor do luto. Parece-me, embora ainda precise ser confirmado, que a raiva tende a ser expressa com freqüência durante os períodos de dor mais intensos pela perda. Entre esses episódios e depois que a crise de dor intensa tiver passado, surgem a depressão e uma atitude de derrota. "Não quero lutar mais", disse uma viúva, nove meses após a perda. Ela estava muito apegada a um amigo do falecido marido: "Eu deixo que Bob me conduza", ela dizia, mas às vezes tornava-se agressiva e o atacava "porque ele não é o John". Outras viúvas que estavam deprimidas descreviam sentimentos de pânico em momentos nos quais tinham vontade de sair correndo, se tivessem para onde ir.

EXISTE UMA FASE DEPRESSIVA?

É difícil confirmar a afirmação de que a fase de procura e de protesto é normalmente seguida por uma fase de depressão e submissão. Não há um ponto final preciso para a fase de procura, e as crises de dor do luto podem ser evocadas mesmo anos após a perda. Parece verdade, porém, que à medida que o tempo passa, a raiva e a dor diminuem, enquanto os episódios de apatia e depressão continuam ocorrendo. A situação é complicada, dada a variada gama de formas pelas quais o indivíduo mostra sua agressão. Temos razão para acreditar que dominação/submissão estejam intimamente relacionadas à personalidade e que há indivíduos que expressam atitudes agressivas enquanto há outros que são mais submissos. As pessoas são também muito sensíveis às expectativas e às atitudes dos outros, de maneira que há muitos fatores interagindo para influir na expressão de agressão após uma perda.

Por fim, há o problema da mensuração. Na Pesquisa de Londres, foram feitos todos os esforços para avaliar a intensidade da raiva expressa e não foi possível verificar se excedia o normal das pessoas. Mas não foi feita qualquer tentativa para medir a raiva que fosse menos do que o normal. O fato de raiva e luto serem componentes do luto normal não significa, é claro, que não possam ter um papel significativo no luto patológico.

7
OBTENDO UMA NOVA IDENTIDADE

Você é ela, duas vezes ela
Em sua face morta, metade de você vê;
Ela era a outra parte, assim fazem
As que se cultivam amigas, tornam-se uma.

Tal amizade, quem não venera
Em você, que é tudo que ambas eram,
Tudo não, pois algo perece,
Mas sim tudo contraído em você
De tudo isso, embora parte feneça
*A essência pura de ambas permanece.**

John Donne, "To the Lady Bedford"

Chega a ser interessante ouvir uma viúva de Londres, a sra. J., pessoa sem qualquer sofisticação, descrever seus sentimentos de identificação com o marido morto, usando as seguintes palavras: "Meu marido está em mim, inteiramente. Posso senti-lo fazendo de tudo. Ele costumava dizer: 'Você vai fazer isto depois que eu tiver partido, não vai?' ...Eu gostava das coisas que ele costumava fazer... Fico sempre pensando o que ele iria dizer ou fazer se estivesse aqui". Ela dizia

---

* You that are she and you, that's double shee, / In her dead face, half of your self shall see; / Shee was the other part, for so they doe / Which build them friendships, become one of two. / [...] / For, such a friendship who would not adore / In you, who are all what both were before, / Not all, as if some perished by this, / But so, as all in your contracted is. / As of this all, though many parts decay, 'The pure which elemented them shall stay...

113

por exemplo, que gostava de assistir às corridas de cavalo na televisão, simplesmente porque o marido, também gostava. É uma sensação estranha... Minha irmã mais nova disse-me: 'Você está ficando idêntica ao Fred, em tudo o que faz...' Estávamos conversando sobre comida e eu fui logo dizendo: 'Não quero nem tocar nisso'. E ela continuava dizendo: 'Não seja boba, você está ficando igualzinha ao Fred'... Há muitas coisas que eu faço, que nem sequer pensaria em fazer (antes da morte de Fred)... Fico supondo que ele esteja me guiando o tempo todo."

Muito já foi escrito em literatura, inclusive em literatura psicanalítica, a respeito das pessoas que sofreram uma perda às vezes parecerem incorporar certos aspectos da pessoa morta. Freud, uma época, considerou a identificação como a única condição na qual o id pode abrir mão de seus objetos (1923). Dez anos mais tarde, porém, ele disse: "Se uma pessoa tiver perdido um objeto de amor ou tiver abdicado dele, *com freqüência* irá se compensar identificando-se com esse objeto..." (1933; os grifos são meus).

Tais afirmações descrevem, mas não explicam, o fenômeno da identificação com a pessoa perdida, que permanece tão mistificado para nós quanto era para John Donne. Como meu marido pode ser parte de mim? O que uma viúva quer dizer com "Meu marido está em mim, por mim toda"? Como pode o marido estar guiando-a o tempo todo?

Igualmente mistificadora é a experiência da perda de si mesma, como relatada por muitas viúvas. "Sinto como se metade de mim tivesse desaparecido", disse uma viúva. Uma outra falava de "um enorme vazio". O que isso significa? Como uma pessoa pode estar "cheia" ou "vazia"? Como pode a perda de alguém "fora de mim" causar a experiência da perda de alguma coisa "dentro de mim"?

Pode ser que a experiência do luto ilumine algumas das questões fundamentais quanto à natureza da identidade. Meu objetivo neste capítulo é apresentar alguns dados e formular algumas hipóteses que parecem começar a dar sentido a esse fenômeno.

TRANSIÇÕES PSICOSSOCIAIS

Antes de discutir a mudança de identidade que ocorre após o luto, vamos verificar quais são essas mudanças. Quando alguém morre, uma série de concepções sobre o mundo, que se apoiavam na existência da outra pessoa para garantir sua validade, de repente, passam a ficar sem essa validade. Hábitos de pensamento que foram construídos ao longo de muitos anos precisam ser revistos e modificados, a visão de mundo da pessoa precisa mudar. Essa mudança é denominada Transição Psicossocial (TPS) e, inevitavelmente, consome tempo e esforço.

A TPS não se restringe somente ao luto, e ocorre sempre que precisamos fazer mudanças importantes em nossas concepções sobre o mundo. A pessoa que teve uma perna amputada tem de aprender a parar de usar a perna que não está lá mais para poder usar a prótese que será colocada; a pessoa que ficou cega precisa aprender novas formas de perceber o mundo; e o paciente de câncer precisa parar de contar com algumas das garantias que sempre teve. Cada uma dessas situações faz com que a pessoa desista de antigos hábitos e desenvolva novos, em seu lugar.

A perda da pessoa amada inevitavelmente cria uma série de discrepâncias entre nosso mundo interno e o mundo que agora passa a existir. Isto é verdadeiro não apenas superficialmente (Quem vai estar lá quando eu chegar em casa à noite?), mas também de forma mais profunda, acerca das concepções básicas (Se não sou mais uma pessoa casada o que sou, então?). As pessoas enlutadas estão sempre se surpreendendo com os hábitos de pensamento que envolvem a outra pessoa e a extensão de significado que essas coisas adquirem a partir da existência dessa outra pessoa. (Com freqüência a pessoa que morreu é aquela para quem nos voltaríamos quando estivéssemos em dificuldade, e aqui estamos, vivendo o momento mais difícil de nossa vida, sempre buscando por essa pessoa que não está lá.) Não é de surpreender que a pessoa enlutada pense que o mundo perdeu totalmente seu significado.

Mudando o mundo de concepções

Todos nós, desde que nascemos, construímos internamente um modelo de mundo, um conjunto de concepções que servem de base àquilo que reconhecemos como mundo, e, então, planejamos nosso comportamento de acordo com esse mundo. Como ele é baseado na realidade, representa uma base sólida e útil para pensamentos e comportamentos. Confiamos na precisão dessas concepções para nos manter orientados no mundo e para controlar nossa vida. Qualquer coisa que coloque em dúvida esse modelo nos incapacita. No entanto, surgem discrepâncias entre o mundo que é e o que deveria ser (com base em nosso modelo interno), que não podem ser ignoradas. Nosso modelo interno precisa ser constantemente monitorado e atualizado.

Mudanças pouco importantes não ameaçam nossas concepções básicas, e podem ser feitas com alguma facilidade. Outras, podem até mesmo ser prazerosas e nos dar a sensação de que aumentamos nosso conhecimento e ampliamos nosso repertório de formas de enfrentar o mundo. Vemos aí a razão do sucesso das férias e da participação em esportes e passatempos.

Somente quando a mudança é muito grande e importante ou quando ameaça profundamente as concepções já arraigadas é que pode trazer dificuldades ou causar resistência. Uma TPS não somente nos leva a rever um grande número de concepções sobre o mundo, como a maior parte dessas concepções torna-se hábitos de pensamento e comportamento que agora são virtualmente automáticos. Uma viúva pode sentar-se para o café da manhã e constatar que pôs a mesa para dois, quando há apenas uma pessoa. Diante de um problema, vai se pegar pensando: "Preciso perguntar a meu marido sobre isto". Em ambos os casos, ela continua operando um conjunto de concepções que se tornaram obsoletas. Por algum tempo, terá de cuidar do que pensa e fala; nada mais tem as garantias de antes. O mundo conhecido, subitamente, transforma-se em desconhecido. Os hábitos de pensamento podem decepcioná-la, ela perdeu a confiança no que possuía de mais simples, seu modelo interno de mundo, e por isso pode perder a confiança em si mesma.

Uma vez que confiamos na posse de um modelo interno acurado do mundo para nos manter em segurança, as pessoas que tiverem perdido a confiança nesse modelo sentem-se inseguras. E porque a ansiedade e o medo embaçam nosso julgamento e prejudicam nossa concentração e memória, nossa tentativa de dar sentido ao que aconteceu tende a ser lenta e ineficiente.

Isso não significa que o luto afete todos os aspectos de nosso mundo. As pessoas que trabalham fora ou que exercem outras atividades que não envolvam o parceiro percebem que podem continuar agindo com relativa facilidade. De fato, podem sentir que, quando estão trabalhando, são capazes de fugir, por algum tempo, do problema do luto. De maneira semelhante, uma mulher que perdeu o marido pode perceber que cuidar dos filhos dá a ela um sentido de propósito e significado à vida, que contrasta com a desolação que emerge quando eles vão se deitar, à noite.

Nestas circunstâncias, como já vimos no Capítulo 5, as pessoas podem tentar evitar as lembranças para aliviar a dor do luto. No entanto, muita evitação significa que não estamos enfrentando o problema de reaprender o que é necessário, se quisermos adaptar nosso modelo de mundo para encaixá-lo no que existe agora. Freud chamou esse processo de revisão do mundo interno de "elaboração do luto" (1917) e, de modos diversos, cada TPS é um trabalho de elaboração que precisa ser feito. Mas *a mente que está fazendo a revisão é também o objeto que está sendo revisto*. Uma pessoa pode estar literalmente perdida em sua própria TPS; e quanto mais desorganizado for seu pensamento, mais difícil será sair e ver com clareza o que foi perdido e o que permaneceu.

Resistência à mudança

Só podemos trazer para situações novas as concepções surgidas das antigas e por esse motivo não podemos abandonar o passado com facilidade. Por essa razão, as mudanças importantes sofrem resistência, e isso não é necessariamente ruim. Nosso modelo antigo de mundo pode ser imperfeito mas é o melhor que temos e, se abandonado, poderemos ficar sem nada. Nosso primeiro esforço, portanto, diante da mudança, precisa ser o de interpretá-la à luz de nossas antigas concepções. "Não posso acreditar que seja verdade" é uma reação compreensível a uma mudança, e não devemos nos surpreender se as pessoas recém-enlutadas considerarem difícil aceitar os fatos. Nesse período, elas estão desarticuladas e incapacitadas pela perda. Podem precisar da proteção e do apoio de outros, cujo mundo tenha sido também desorganizado, para receber a segurança que irá capacitá-las, pouco a pouco, a aceitar a realidade do que aconteceu e torná-la real. Assim, torna-se possível modificar nossas crenças e, com elas, nosso sentido de identidade.

Uma exposição mais detalhada no campo das Transições Psicossociais é apresentada em Parkes (1993b).

O *SELF* EMPÍRICO

Qual é essa identidade? Esse *self* que pode ser invadido, mudado ou perdido? William James (1892) distinguiu o "*self* empírico", que pode ser objeto de auto-avaliação, do "*self* consciente", que faz a avaliação, que experiencia, e por um paradoxo, não pode ser nunca experienciado. Podemos experienciar o mundo que nos atinge e podemos experienciar as lembranças e pensamentos derivados desse mundo, mas podemos apenas inferir o "eu" que vive esses fenômenos. Quando falamos de mudanças no *self* portanto, estamos falando de mudanças que James chamou de *"self* empírico". Como as pessoas chegam a reconhecer esse *self*, e a ver-se como que separadas e diferentes dos demais seres humanos?

Os seres humanos são organismos multicelulares. Isso quer dizer que são grupos de organismos vivos individuais, mais ou menos ligados, com proximidade para formar uma única estrutura. Dentro dessa estrutura, e sendo parte dela, há um subgrupo de células nervosas, o cérebro, organizado para receber sinais do resto do organismo e do mundo externo, que o capacita a fazer previsões sobre o mundo e levar o organismo a se comportar apropriadamente. Entre os sinais recebidos do mundo, há alguns que indicam a presença de outros organismos multicelulares semelhantes a nós mesmos. A semelhança é tão grande que as células nervosas de uma pessoa podem ser capazes de ver o mundo pelos olhos do outro. Podem, também, tornar-se capazes de se ver pelos mesmos olhos. O ser que cada um de nós infere a partir da observação do nosso próprio organismo e do comportamento, comparando-o com os outros, é o que chamamos de *"self"*.

Componentes do *self*

Vejo-me como psiquiatra, marido, passageiro de trem e escritor. Cada um desses aspectos de minha identidade vem de meus papéis. Sou também identificado pelas características de meu corpo — alto, branco, homem etc. — e por meu comportamento — estou sempre atrasado, tenho temperamento tranqüilo, gosto de gatos. Por fim, tenho os atributos de meu grupo social, pertenço à classe média e sou inglês. Cada uma dessas características define tanto semelhanças quanto diferenças em relação às outras pessoas. Elas fazem com que eu seja identificado e indicam para o mundo e para mim que tenho certo *status*, alguns poderes e responsabilidades e certas posses que são essencialmente minhas.

Quase todos esses papéis, características corporais, poderes e posses podem ser afetados por uma perda importante, como a morte. Vejamos o caso da sra. B., de trinta anos, mulher de um corretor de imóveis, que teve de enfrentar as mudanças decorrentes da morte repentina do marido. Em seu caso, as mudanças consideradas mais problemáticas foram as de papel. Ela ficou com dois filhos pequenos, um menino de oito anos e uma menina de cinco. Depois da morte do marido, ficou profundamente triste e emagreceu cerca de sete quilos. Ela continuava com uma forte sensação da presença dele e não conseguia parar de pensar no corpo do marido morto. Seu pesar chegou ao máximo mais ou menos duas semanas após a morte e apresentou uma sensível melhora na quarta semana, quando foi passar uns dias na praia, com os amigos.

Nessa época, e durante os seis meses seguintes, sentia-se "totalmente inadequada", tensa, fisicamente cansada e irritada. Permanecia em casa a maior parte do tempo, e começou a apoiar-se muito em um homem mais velho do que ela, que era seu amigo havia muitos anos. Ao mesmo tempo, não gostava de sua dependência, brigava com a sogra e com outras pessoas da família do marido, e considerava o mundo como "perigoso" e potencialmente hostil.

Mais ou menos na metade do ano, começou a perceber que era mais forte do que pensava. Arrumou um emprego de meio período em uma loja e estava gostando do que fazia. Começou a ter aulas de judô "para dar um pouco de risada" (e também porque queria ser capaz de se defender se algum homem fosse mais ousado). Os episódios de pesar tornaram-se menos freqüentes, assim como aumentou o prazer que sentia na vida independente recém-descoberta. Isto reduziu o apoio que buscava no velho amigo que havia feito muito por ela nos primeiros meses. Apesar de insistir que o relacionamento não era "romance", ele ficou muito aborrecido quando a viu bebendo com outro homem e colocou um fim na amizade.

Um ano após a morte do marido, a sra. B. disse: "Na maior parte do tempo, acho que superei a dor, mas se for ver em detalhes... entro em pânico novamente". Seu peso se manteve estável, sua saúde não apresentou problemas, embora ainda sentisse "dores de cabeça alucinantes", e até tivesse pensado em pedir ao médico que lhe receitasse um fortificante. Sua felicidade apresentava altos e baixos, mas era otimista quanto ao futuro. Embora ainda tivesse muitos problemas para resolver, achava que conseguiria superá-los. Sempre que podia saía para passear e considerava a possibilidade de que, se aparecesse o homem certo, poderia pensar em se casar novamente.

Pode-se ver neste relato a seqüência de fases pela qual um novo conjunto de papéis começou a ser estabelecido pela sra. B. No início, a dor pela morte do marido só deixou espaço em sua mente para os problemas mais urgentes. Após um período de recolhimento, sob os cuidados dos amigos, voltou a um mundo que considerava inseguro e perigoso, e no qual sentia-se "totalmente inadequada". Por um período, apoiou-se no amigo, enquanto se fortalecia e planejava sua nova vida. Sua decisão de ter aulas de judô refletia tanto o medo dos perigos do mundo como sua determinação em controlá-lo. À medida que sua confiança aumentou, a necessidade de apoiar-se no amigo diminuiu, e ela experienciou uma sensação de conquista e realização que eram visivelmente diferentes da inquietação e da tensão verificadas nas entrevistas anteriores.

PAPÉIS E SOLUÇÕES

Os papéis que uma pessoa desempenha na vida são feitos por uma série complexa de padrões de ação focalizada que constituem o repertório para a solução de problemas. Esse repertório, por ser baseado na experiência, entende que expectativas razoáveis do mundo serão atendidas. À medida que o tempo passa, aumenta o estoque de "soluções para todas as eventualidades" e ficam cada vez mais raras as situações que requerem soluções novas.

No entanto, uma mudança importante, como a causada pela morte do cônjuge, não somente altera as expectativas do padrão de ação focalizada (quantas xícaras colocar na mesa do café da manhã?), mas altera também os planos genéricos e papéis que dele fazem parte. A viúva não é mais a mulher; ela é uma viúva. De repente, e até certo ponto inesperadamente, o "nós" transforma-se em "eu", o "nosso" transforma-se em "meu"; a parceria é dissolvida, e as decisões serão tomadas apenas pelo enlutado. Mesmo quando as palavras são apropriadas, seu significado não é mais o mesmo: "família" não é mais o mesmo objeto, assim como "lar", e "casamento" também não o são. Até mesmo a "velhice" passa a ter agora um novo significado.

A viúva recente defronta-se com problemas semelhantes aos do jovem que sai do colegial. Há novas expectativas e papéis para enfrentar e ela precisa aprender um novo modelo de mundo e um novo repertório de soluções de problemas para que possa voltar a sentir-se segura e à vontade. Como um adolescente, a viúva pode achar que muito está sendo esperado dela, e pode reagir a isso com ansiedade, insegurança e irritação. Ela pode apegar-se à idéia de que ainda é a mulher, que recebe os cuidados do marido, que a protege dos perigos do mundo. Mesmo quando muda esta concepção, ainda há aspectos da nova situação que ela não aceita. "Odeio quando as pessoas usam a palavra 'viúva'", disse uma senhora. A palavra, em si, evocava uma realidade que ela não queria assumir.

DESORGANIZAÇÃO

Além de assumir uma nova identidade, é necessário abrir mão da anterior, e, como já disse, esta pode ser uma tarefa difícil e dolorosa, que nunca se completa. Mas à medida que a dor diminui e cada papel ou padrão de ação é reconhecido como inadequado, parece vir em seqüência um período de incerteza, de falta de objetivo e de apatia que Bowlby (1961) chamou de fase de desorganização e desespero. A emoção característica é a depressão, e a viúva tende a manter-se afastada do contato com os que vão solicitá-la de alguma forma e a se aproximar de parentes e amigos que podem protegê-la. Apenas quando as circunstâncias a forçam ou quando a depressão é mínima, ela se aventura a procurar um emprego, conhecer pessoas, ou restabelecer seu lugar na sociedade hierárquica à qual todos os animais sociais pertencem.

Este período de desorganização é nítido no processo do luto, e ocorre repetidas vezes em um contexto ou outro. Quando antigas concepções e modos de pensar tiverem sido deixados de lado, o indivíduo sente-se livre para recomeçar. Começar de novo significa encontrar novas soluções e novos meios para predizer e controlar o que pode acontecer na vida. Isso também significa buscar um novo lugar na hierarquia, reassegurando-se dos próprios poderes e características e percebendo como é visto pelo resto do mundo.

O *SELF* SOCIAL

Cooley (1909) definiu o *self* como uma dessas coisas que os indivíduos entendem como pertencentes particularmente a eles. O *"self* social", como definido por William James (o que penso que o mundo pensa de mim), foi chamado por ele de "o *self* que se olha no espelho". É evidente que essas duas visões são aliadas próximas, uma vez que muitas das características e atribuições que chamamos de nossas são nossas somente por consentimento. O trabalho de Lifton e outros, a respeito da "reforma do pensamento" ou "lavagem cerebral", revelou que a extensão da visão que os indivíduos têm de si mesmos depende da confirmação dos outros. Ao escrever sobre a Revolução Cultural na China, Lifton (1961) observou:

> Na reforma do pensamento, como a praticada na China comunista, em geral, o mundo é dividido em dois: o "povo" ...e os "reacionários" ...Esse processo de reforma é o meio pelo qual os não-povo têm permissão, por uma mudança de atitude e caráter pessoal, para se tornarem parte do povo. O exemplo mais literal desta dispersão entre existir e não-existir é encontrado na sentença dada a alguns criminosos políticos: execução dentro do período de dois anos, a

menos que durante esse período eles tenham demonstrado progressos genuínos em sua mudança...

Para o indivíduo, o conflito polarizado é o máximo do conflito existencial entre "o ser e o nada". Ele tende a ser arrastado para uma experiência de conversão, que vê como o único meio para trilhar um caminho de existência para o futuro.

Enquanto varia grandemente a extensão, a penetração e a duração das mudanças subjetivas sobre as visões que os indivíduos têm a seu respeito, a partir das circunstâncias da vida e da experiência prévia, a influência poderosa de pressões sociais extremas como as citadas não podem ser negadas. Não é surpresa, portanto, verificar que as mudanças na visão que o mundo tem a meu respeito estão associadas às mudanças em minha visão sobre mim mesmo. Isso acontece muito mais quando a mudança ocorre nas questões que eu considerava como as minhas mais íntimas.

Enquanto há muito em que basear a distinção entre minha visão de mundo e minha visão a meu respeito, os instrumentos pelos quais atuo no mundo, "minhas mãos", "minha linguagem", "meu carro", transpõem as fronteiras entre mim e o mundo. Se posso compartilhar muitas dessas posses, qual é minha fronteira?[1] Meu dedinho faz parte de mim? Minha mulher é uma parte de mim? E eu sou uma parte dela?

À primeira vista parece que, embora eu julgue me conhecer, há uma zona cinzenta entre o *self* e o *outro* que não é bem definida e pode mudar. Se meu dedinho for amputado, deixará de ser parte de mim; se eu perder meu emprego, deixarei de ser psiquiatra; se perder as estribeiras, deixarei de ser uma pessoa equilibrada; se minha mulher morrer, deixarei de ser seu marido.

Essas mudanças podem ser impostas a mim ou posso escolher fazê-las. Posso dissociar-me de meu controle, divorciar-me de minha mulher ou doar todo o meu dinheiro. Por outro lado, posso recusar-me a reconhecer as mudanças que me levariam a ser outra pessoa. Posso viver

---

1. Gardner Murphy (1958) descreveu os vários limites existentes entre a pessoa e o mundo. Mesmo a fronteira (ou limite) física que há entre o corpo e seu meio não é tão definida como parece: "Oxigênio nas células vermelhas pode ser considerado tanto uma parte de nós como do meio" e os aspectos de uma resposta que são adequadamente considerados como pessoais e "os que são ancorados no meio chegam a se encontrar em um campo dinâmico organizado". A autoconsciência, diz Murphy, é o meio pelo qual o indivíduo experimenta as barreiras à sua volta, mas "os contornos do *self* são, com freqüência, imprecisos e a distinção entre *self* e não-*self* torna-se indistinta".

acima de minhas posses, fingir jogar golfe melhor do que faço na realidade, ou recusar-me a ser viúvo depois da morte de minha mulher. Quem é o eu verdadeiro? Sou a pessoa que acredito ser ou a pessoa que o mundo acredita que eu seja? Existe um eu essencial e inalterável?[2]

Meu corpo está em constante mudança. As células velhas morrem e as novas nascem para substituí-las. Apenas uma pequena parte dos seres vivos que constituem meu organismo multicelular estava viva há cinco anos. Em meu cérebro as mudanças são ainda mais lentas. À medida que envelheço, as células nervosas morrem e não são substituídas. Minha parte que percebe, dirige e se recorda vai, gradualmente, se enfraquecendo. A idade vai realizando uma série de pequenas lobotomias em mim, e minha personalidade aos poucos se modifica. Felizmente, a mudança é gradual e posso manter a ilusão de que eu sou a pessoa que pensava ser há cinco anos. No entanto, alguma coisa acontece e mostra que não sou mais como era.

Se as posses e os papéis pelos quais controlo, peço e faço previsões sobre o mundo puderem ser partilhados, mudados ou dissolvidos, então isso pode significar que o *self* que depende tanto desses instrumentos e tarefas para garantir sua imagem é também capaz de experienciar mudanças. Se eu perder minha habilidade para predizer e agir apropriadamente, meu mundo começará a se desfazer, e, uma vez que minha visão de mim mesmo está inextricavelmente ligada à minha visão de mundo, esta também começará a se desintegrar. Se eu tiver confiado em outra pessoa para predizer e agir de muitas maneiras como uma extensão de mim mesmo, então é esperado que a perda daquela pessoa tenha o mesmo efeito sobre minha visão de mundo e de mim mesmoque a perda de uma parte de mim.

MUTILAÇÃO DO *SELF* E A DOR DO LUTO

A partir deste ponto de vista, podemos começar a entender por que as viúvas falam como se tivessem perdido uma parte de si mesmas. Quando a perda foi repentina, grande e impingida à atenção do enluta-

---

2. Carl Rogers (1961) considerou que o objetivo da psicoterapia é o de ajudar o paciente a descobrir seu "verdadeiro *self*" tirando as máscaras que o escondem. Sua postura sobre esta ficção psicológica, porém, sugere que, para ele, a pessoa "real" é a identidade que é mais apropriada às potencialidades do indivíduo. A consciência do ajuste entre forma e função dá segurança às pessoas e as fortalece em sua crença de que descobriram o *self* "real" e autêntico. Por outro lado, uma falta de ajuste é sentida como um *self* "irreal" ou falso.

do, são usadas palavras relacionadas a mutilação e violência. Uma viúva descreveu seus sentimentos quando viu o corpo do marido: "É como se eu estivesse virada do avesso, com uma horrível ferida". Muitas vezes, a comparação é feita com amputação. As viúvas falam que o marido foi "arrancado', "como se metade de mim tivesse desaparecido".

Em termos menos violentos, a perda do *self* é sempre relatada como uma "falta": "é um grande vazio", "uma lacuna infeliz". Estas palavras ilustram como as pessoas que amamos se tornam parte de nosso *self*, uma visão familiar para os poetas, mas que pode ser de difícil aceitação para os outros, talvez por nos deixar mais vulneráveis. É mais fácil pensar no *self* como uma entidade separada, independente — e, portanto, segura —, do que aceitar, como disse John Donne, que "a morte de cada pessoa me diminui."[3]

Além desta conjectura, ainda não temos uma explicação satisfatória para o motivo de as viúvas se referirem à experiência do luto em termos físicos. "É uma sensação horrível aqui" (apontando para o peito), disse uma viúva de 65 anos. Outra descrevia uma dor na garganta.: "Como se alguma coisa estivesse puxando... Acho que era porque eu não me permitia chorar... se eu chorasse, ficaria aliviada". Pode-se apenas tentar adivinhar por que umas colocam a "dor" em uma parte do corpo, e outras, em outra parte. Na maioria dos casos, a dor do luto é considerada psicológica e parece não ter uma localização física definida. Em face disto, parece haver justificações empíricas para a crença de Grinberg (1964) de que a dor do luto, assim como a dor física, é a experiência de dano ao *self*.

REORGANIZAÇÃO

Como ficará claro nos próximos capítulos, leva tempo até que os indivíduos se apercebam e aceitem a mudança em si mesmos a partir de uma perda importante. Os objetos externos podem mudar rapidamente, mas serão necessárias muitas semanas até que as mudanças correspondentes possam ocorrer nos planos e concepções que são seus equivalentes internos, e as mudanças que ocorrem podem nunca se completar. As viúvas continuam a pensar em seu marido como se ele ainda estivesse vivo, embora saibam que está morto. O sentimento correspondente ao

---

3. De certa forma, escolhemos onde colocar fronteiras à nossa volta. De maneira semelhante, escolhemos onde colocar nossos limites territoriais e o quanto faremos com que sejam permeáveis. Isto está de acordo com a visão aqui apresentada que considera o território uma extensão do *self*. É mais fácil compartilhar território do que compartilhar partes mais íntimas do *self*.

self foi expresso por uma delas: "Não me sinto como se fosse uma viúva".

No entanto, a ilusão de que nada mudou pode ser mantida apenas enquanto a viúva evitar se colocar em situações nas quais a lacuna é evidente. Ela olha para o passado e não faz planos para o futuro; em certo sentido, pode tentar parar de viver, parar o tempo. A saída deste estado foi descrita pela viúva que havia falado anteriormente que se viu virada pelo avesso: "Penso que estou começando a acordar agora", disse ela, um ano após a perda. "Estou começando a viver, em lugar de apenas existir. É a primeira vez que tenho pensamentos positivos. Sinto que tenho de começar a fazer planos. Sinto-me como se estivesse me recuperando de uma doença grave ou de uma grande cirurgia e, de repente, acordasse. É físico, sinto como se tivesse um buraco dentro de mim, como se meu coração tivesse sido rasgado e deixado com um buraco. Agora me sinto mais como uma pessoa."

Kuhn (1958) afirma que os enlutados têm a sensação de que não foram os mortos, mas eles mesmos, que foram ejetados do mundo que, até então, lhes era familiar. O mundo "real" lhes parece "irreal", desolado, vazio e comportam-se de maneira cuidadosa, silenciosa, assim como as pessoas fazem à noite: "O enlutado voltou-se do mundo real, da vida cotidiana, para o passado". É fato que o enlutado foi ejetado de seu mundo de concepções, que existia antes do luto, e os movimentos cuidadosos e a voz sussurrante, às vezes adotados pela pessoa, poderiam ser entendidos como o mesmo fenômeno do comportamento temeroso de quem está fisicamente doente. Em ambos os casos, os pacientes, assim como seus parentes e amigos, têm medo de machucar aquele que sofre, caso imponham alguma realidade muito dura à dor, com conseqüências para a identidade.[4] Ou, como disse uma viúva: "Sinto-me terrivelmente frágil. Se alguém me desse um tapinha, eu desmoronaria em mil pedaços".

MUDANÇAS NOS PAPÉIS FAMILIARES

Vamos mudar agora destes problemas psicológicos difíceis para olhar mais de perto as mudanças nos papéis, como geralmente ocorre após uma perda. Se considerarmos a família como um sistema social que perdeu um de seus membros, então há quatro conseqüências possíveis:

---

4. Os médicos, conscientes do dano psicológico que infligem, normalmente dão más notícias em voz baixa, como se assim pudessem reduzir a mutilação.

1. Os papéis e funções realizados previamente pelo membro perdido podem ficar sem ser realizados;
2. Um substituto para o membro perdido pode ser obtido fora do sistema familiar;
3. Os papéis do membro perdido podem ser assumidos por outros membros da família; e
4. O sistema social pode ir à falência.

Qualquer uma dessas situações pode ocorrer, assim como uma combinação delas.

Vamos considerar os efeitos da perda de um chefe de família. Embora fosse possível, apesar de consumir tempo, considerar esta perda a partir do ponto de vista da família como um todo, vou concentrar a atenção nas formas pelas quais a perda dos papéis de marido afeta a viúva.

1. PAPÉIS NÃO DESEMPENHADOS

Entre os papéis que tendem a ficar sem ser desempenhados estão o sexual e o de companheiro e protetor. A tendência é que as necessidades sexuais da viúva não sejam satisfeitas porque seu vínculo persistente com o marido morto tornam absolutamente proibidas as ligações sexuais com outros homens. Ela sente falta mais conscientemente da companhia, da segurança emocional e das oportunidades de interação com as quais contava antes da morte. Solidão foi uma queixa da maioria das 22 viúvas de Londres, e era mais pronunciada à noite. Um ano após a perda, nove ainda tinham problemas de sono e cinco delas tomavam sedativos.

2. SUBSTITUTOS EXTERNOS À FAMÍLIA

Os substitutos para um marido de quem se tem saudade não são facilmente aceitos. Somente uma viúva na Pesquisa de Londres ficou noiva no primeiro ano de luto. Três outras disseram ter esperança de se casar novamente. Motivos como idade e a dificuldade em encontrar um parceiro adequado foram apresentados para justificar a falta de interesse em se casar novamente, mas muitas das viúvas ainda se consideravam casadas com os maridos já mortos, e um novo casamento, então, poderia constituir-se uma forma de infidelidade. Os filhos, em geral, não aceitavam outro homem, pois este estaria usurpando o lugar do pai morto. Por sua vez, os viúvos com freqüência se casam novamente e Helsing (1981) e seus colegas encontraram evidências de que ao menos metade dos viúvos que pesquisaram haviam-se casado ao longo de doze anos de viuvez.

Apenas três das 22 viúvas mudaram-se da casa em que viviam com o marido, e o número de viúvas que vivia sozinha aumentou de cinco para sete durante o primeiro ano do luto (em decorrência do casamento dos filhos). Apesar da solidão, somente quatro viúvas agora passam mais tempo em contato social, com parentes e amigos, em relação ao que faziam quando eram casadas. Sete disseram que passam menos tempo em contato social. Assim sendo, parece que não procuravam relacionamentos sociais como substituição para a companhia do marido. Pode ser, no entanto, que um acompanhamento dessas viúvas ao longo do segundo e terceiro ano de viuvez revelasse uma mudança neste padrão.

3. SUBSTITUTOS INTERNOS À FAMÍLIA

O papel de principal provedor da casa foi geralmente assumido pela viúva. Metade (treze) das famílias enlutadas de Londres sofreu uma queda em seus rendimentos após a morte do provedor, e em quatro casos essa queda foi grande e causou muita ansiedade. Em conseqüência, a maioria das viúvas arrumou um emprego, e catorze delas estavam trabalhando no fim do primeiro ano de viuvez (cinco a mais do que antes da perda); além disso, duas das que permaneceram em casa passaram a oferecer hospedagem paga. Metade delas tinha filhos com menos de quinze anos, que moravam em casa, o que representava uma preocupação a mais. As responsabilidades com as questões familiares, financeiras, com a casa e com os filhos pesavam igualmente, e muito, um ano após o luto.

Os papéis que foram necessariamente assumidos pela viúva incluíram: provedor principal, administrador e planejador familiar, e educador dos filhos. A responsabilidade geral pelo futuro da família ficou inteiramente sobre os ombros dela, sem poder contar com o diálogo e o processo conjunto de tomada de decisão que tinha com o marido.

O aumento da auto-estima que poderia ser resultante de assumir o papel de líder, com freqüência, parecia ser cancelado pela viúva, a partir dos próprios sentimentos de inadequação pessoal e pelo declínio do *status* da família como um todo, que resultou da perda do principal provedor.

4. DESINTEGRAÇÃO FAMILIAR

O quarto resultado, a partir da perda do líder da família, é a desintegração da família, até então uma unidade social bem tecida. Na Pes-

127

quisa de Londres ocorreu em cinco casos, nos quais os filhos já haviam deixado a casa antes da morte do pai, e, em três casos, logo depois, quando se casaram e deixaram a casa após a morte. Em outros cinco, parecia provável, um ano depois da morte, que os filhos deixariam o lar dentro de dois ou três anos. Assim sendo, mais da metade das famílias teve uma separação, ou estava prestes a tê-la, após a morte do pai, embora, em todos os casos, a viúva tivesse menos de 65 anos de idade. No caso de viúvas e viúvos mais velhos, o isolamento social causado pelo luto é um problema freqüente e a solidão é descrita como o problema constante da velhice.

Ficasse a família separada ou unida, uma lacuna era aberta com a morte do pai. Se permanecesse unida, era geralmente a viúva que preenchia essa lacuna, depois de algum tempo. Caso contrário, a sensação de haver uma lacuna persistia, mas muitos dos papéis anteriormente desempenhados pelo marido e pela mulher não eram mais necessários. Nessa situação, a viúva tendia a sentir-se desnecessária e indesejada. Embora não tivesse sido possível acompanhar as viúvas sem função por mais de um ano, a experiência de Cruse- Bereavement Care sugere que para muitas delas esse aspecto permaneceu um problema insolúvel por muitos anos.

IDENTIFICAÇÃO

Nos casos em que foi necessário que a própria viúva preenchesse a lacuna deixada pelo marido morto, as responsabilidades envolvidas significaram uma enorme fonte de tensão. Muitas viúvas, deliberadamente, modelaram-se à semelhança do marido e deixaram seus interesses para assumir os dele e desenvolver atividades da maneira que ele teria desenvolvido. Esses esforços eram acompanhados por uma sensação de satisfação e proximidade com o marido.

A necessidade prática que levou a viúva a assumir os papéis e atividades previamente assumidos pelo marido podem coincidir com os desejos dela e lhe oferecer oportunidade para manter sua sensação de proximidade com o marido, mas será que há mais do que isso? Desde que Freud (1923) desenvolveu, em "O Ego e o Id" a noção de que a retirada da libido que liga uma pessoa a outra pode acontecer apenas quando a pessoa morta estiver "reinvestida" dentro do ego, alguns psicanalistas consideram a identificação com o objeto perdido como um componente necessário do luto. Abraham escreveu, um ano depois, que via o objeto "escondido no ego": "O objeto perdido não se foi, pois agora eu o carrego dentro de mim e não poderei perdê-lo jamais".

Krupp (1963) considerava a identificação derivada das repetidas frustrações e perdas da primeira infância: "A criança tenta se tornar amada para prevenir futuras perdas... De partes da personalidade de outros [a criança em desenvolvimento cria] o mosaico único de si mesma." Nesta visão, a identificação com a pessoa perdida não é apenas a forma de adiar a consciência da perda; é a condição necessária sem a qual o pesar não terminaria e uma nova identidade não se desenvolveria. A pessoa nunca abdica totalmente do objeto; ele se transforma em uma parte do *self*. Desta forma, "figuras das quais a pessoa parece haver abdicado ou que foram perdidas são mantidas permanentemente ligadas por meio de vínculos que não poderiam ser ainda mais estreitos" (Rochlin, 1965).

Quais foram, então, as formas de identificação encontradas entre as viúvas pesquisadas? Na Pesquisa de Londres, uma das perguntas feitas regularmente era: "Você acha que acabou se assemelhando a seu marido de alguma forma?". A resposta mais freqüente era que a viúva admitia que se havia tornado parecida com o marido durante o casamento, mas que essa semelhança não havia aumentado depois da morte dele.

Esta resposta é fundamentada pelo trabalho de Kreitman (1964 e 1968), que mostrou que pessoas casadas tendem a desenvolver as mesmas neuroses; além disso, quanto maior for o tempo de casamento, mais semelhantes serão os sintomas. A explicação mais provável é que as pessoas casadas aprendem umas com as outras; gradualmente começam a entender o ponto de vista do outro e a adotá-lo. Atitudes, preferências por certos programas de televisão, gosto por comida, medos e esperanças em relação ao mundo, tudo isto tende a ser compartilhado entre marido e mulher, de maneira que se torna possível para qualquer um deles usar a palavra "nós" e falar pelos dois. Assim, a identificação entre marido e mulher dá-se ao longo da vida de casados e torna-se mais forte à medida que o tempo passa. Não é algo que ocorra somente após a dissolução da relação. Mesmo assim, na pesquisa de Londres, havia duas viúvas que mostravam muito claramente uma nítida tendência para se comportar e pensar como a pessoa morta, e ainda outras oito, entre as quais havia uma evidência não conclusiva dessa tendência em algum momento ao longo do primeiro ano do luto. Uma delas era a sra. J., a quem já fiz referência no início do capítulo. A respeito de outras duas apresentarei as evidências a seguir. Em nenhuma época, mais do que quatro das 22 viúvas admitiram ter tipo esse tipo de identificação.

O marido da sra. H. era jardineiro e um homem muito prático, cujos maiores interesses estavam em cuidar da casa e do jardim. Depois de sua morte, a esposa permaneceu em casa, com a filha e o genro. Nos três meses seguintes, porém, a sogra dela, de quem ela gostava muito, morreu, e a filha e o genro se mudaram, deixando-a sozinha na casa. Nos nove meses seguintes, a sra. H. passou a maior parte do tempo arrumando e decorando a casa: "Papai (sic) fazia isto muito bem", ela disse. "Tenho de fazer tão bem quanto ele." O advogado advertiu-a de que não poderia estar gastando tanto dinheiro com a casa, mas ela afirmou: "Se eu estiver fazendo tudo que meu marido queria, não me importo em gastar até o último centavo do que tenho". "Estou cada vez mais como ele; tenho de saber que ele não está aqui para fazer as coisas." Ela aprendeu a dirigir porque não queria vender a caminhonete de que ele gostava tanto.

Outra viúva, a sra. T., também gostava de decorar a casa. "Posso vê-lo fazendo isto", dizia ela. "Eu me vejo fazendo coisas pela casa da maneira que ele teria feito". Para ela, isso era tranqüilizador.

Outro fenômeno, que era muito forte quando ocorria, era a sensação da presença do marido dentro da viúva. A sra. D., cujas tentativas de ter de volta o marido morto foram descritas na p. 109), havia tido muitas dificuldades de relacionamento com ele durante todo o tempo em que foram casados, e chegou mesmo a sentir que sua segurança pessoal corria risco, pelo comportamento irresponsável dele. O marido, em algumas ocasiões, tinha sacrificado os interesses da família para poder satisfazer suas inclinações artísticas e a esposa tinha repetidas vezes pedido a ele que se assentasse. "Ao amanhecer, quatro dias depois da morte de meu marido, alguma coisa de repente se mexeu dentro de mim, me invadiu. Uma presença que quase me empurrou para fora da cama, terrivelmente assustadora", ela contou. A partir daí, ela teve uma forte sensação da presença do marido perto dela, às vezes dentro dela. Ela adotou o sentido de valores dele, aceitou as críticas que ele lhe fizera sobre atitudes burguesas e planejou tentar vender suas pinturas. No fim do primeiro ano, ela vê muitas coisas "pelos olhos dele".

A sensação da presença do marido morto é um fenômeno freqüente, já discutido no Capítulo 5. Às vezes, trata-se de uma sensação genérica, como se o marido estivesse bem próximo; é como se ele estivesse em um lugar específico, numa cadeira em particular, no quarto ou no túmulo em que seu corpo foi enterrado. Ocasionalmente, no entanto, o marido era sentido como se estivesse dentro da esposa.

Esta era uma sensação agradável, que servia para minimizar a dor do luto. "Não é uma sensação da presença dele", disse uma viúva. "Ele está aqui dentro de mim. É por isso que ando contente o tempo todo. É como se duas pessoas fossem uma só... embora eu esteja sozinha, é como se estivéssemos juntos, você me entende? Não acho que tenho a força de vontade para continuar sozinha, então, ele precisa estar aqui."

Esta viúva resolveu o problema de colocar o marido em algum lugar no espaço, colocando-o dentro de si mesma. Outras cinco o encontraram em outra pessoa. Por exemplo, uma mulher havia sido casada com um homem negro e teve dois filhos. O primeiro, um menino, tinha pele escura, enquanto a filha era clara. Essa filha havia nascido logo depois da morte do pai e "foi destinada a substituí-lo". A sra. H. estava muito perturbada, pois vivia identificando a filha com o marido: "Ela tem as mãos dele. Isto me dá arrepios".

A viúva que se casou oito meses depois da morte do marido, logo ficou grávida. Ela queria muito ter um bebê e identificou seu filho com Bill (o marido morto). "Dar a luz será como tirar Bill de dentro de mim". Com esta afirmação, ela parecia expressar seu desejo ambíguo de, ao mesmo tempo, ter e expulsar Bill.

Outro tipo de fenômeno de identificação, o desenvolvimento de sintomas semelhantes aos da doença que causaram a morte do marido é, obviamente, patológico, e será abordado no próximo capítulo.

A NOVA PESSOA

Em suma, parece que as maneiras pelas quais se dá a identificação com o marido atingem dois objetivos: permitem à esposa ter de volta, de alguma maneira, o homem que perdeu e a ajudam a assumir os papéis que eram desempenhados por ele. Mas, por mais atraentes que esses objetivos possam parecer, foi apenas uma minoria das viúvas que, em algum período durante o primeiro ano do luto, estava consciente da semelhança desenvolvida ou de conter o marido consigo. Estas viúvas não passaram pelo processo de luto mais depressa do que aquelas que não apresentaram sinais de identificação e não havia nada que sugerisse que a identificação era uma parte necessária no processo de recuperação. Parece, ao contrário, que a identificação com a pessoa perdida é um dos métodos utilizados pela pessoa enlutada para evitar a dolorosa realidade da perda; dessa forma, pode adiar a aceitação da situação verdadeira, mas, como em outros mecanismos de enfrentamento, é eficiente apenas intermitentemente. A sensação de ter o marido dentro de si é um fenômeno passageiro e aquelas que o experienciaram podem localizá-lo também em outra pessoa ou lugar. Da mesma maneira, a adoção de papéis ou atitudes da pessoa morta raramente torna-se permanente e nunca é total; episódios de proximidade agradável são seguidos por períodos de tristeza e solidão, e a identificação ocorre apenas de modo intermitente.

Golan (1975) fala desse processo como uma progressão de "ser uma esposa, que se torna uma viúva, que se torna uma mulher". O crescimento se completa quando ela abdica da visão de si, como uma "metade sem parceiro" e torna-se um indivíduo autônomo. Esta progressão é ajudada pelo retorno gradual dos apetites do corpo. O apetite por comida é geralmente o primeiro que se estabiliza, talvez porque a inanição leve à fome. O interesse sexual e outros chegam mais tarde e levam, por fim, a um novo interesse pelo mundo e a um desejo de fazer planos para o futuro.

As viúvas de Londres pareciam encontrar sua nova identidade a partir das novas situações de vida que tiveram de enfrentar. Novos amigos e companheiros de trabalho forneceram modelos de papel e muitas viúvas afirmaram que foram grandemente ajudadas quando conversaram com outras viúvas, com quem era mais fácil se identificar.

Isto não significa que a identificação com o marido, que cresceu durante os anos de casamento, tenha sido perdida por completo. Claramente, os pontos de vista, valores e modos de resolver problemas que haviam sido estabelecidos ao longo dos anos não deixaram de ser apropriados, e o primeiro pensamento de uma viúva, quando tinha de enfrentar um problema, era: "Como meu marido teria feito isto?". Mas a resposta a esta pergunta nem sempre é evidente, e o uso da lembrança do marido como uma referência onipresente tende a diminuir com o tempo. Assim como as antigas concepções sobre o mundo mostram-se ineficazes e um novo conjunto de concepções é construído, também a identidade antiga se dissolve e é substituída por uma nova e diferente.

8
LUTO ATÍPICO

*A dor enlouqueceu o meu julgamento.**

Rei Lear

Sabemos que uma proporção, mesmo que pequena, de pessoas enlutadas sofre um tipo de colapso, "desmonta" após a perda, e é encaminhada para atendimento psiquiátrico. Neste capítulo, são descritas as formas apresentadas por esse colapso, e no próximo capítulo faremos considerações a respeito das reações de algumas pessoas, enquanto a maioria passa pelo estresse do luto sem necessitar de ajuda psiquiátrica.

Como abordamos no Capítulo 2, os problemas que levam as pessoas a procurar ajuda psiquiátrica após uma perda classificam-se em duas categorias: os não-específicos e os específicos. Os não-específicos compreendem uma ampla classe de sintomas psiquiátricos que podem ser causados por vários fatores estressores. As condições específicas são formas de luto patológico e é esse grupo que estaremos examinando detalhadamente neste capítulo.

A situação agrava-se mais pelo fato de muitas das pessoas que apresentam sintomas do tipo não-específico também mostrarem características de luto patológico, e muitas das que apresentaram luto patológico apresentarem reações não-específicas. Quadros mistos, como sabemos, não são raros em psiquiatria.

Assim sendo, é absolutamente necessário estudar mais de perto os tipos de sintoma que surgem a partir do luto, se quisermos identificar

---

* The grief hath craz'd my wits.

aqueles que são característicos de patologia. Vamos, então, olhar a constelação de sintomas psicológicos experienciados por um grupo de pacientes que recebeu cuidados psiquiátricos após uma perda e compará-los com os sintomas apresentados por viúvas não-selecionadas.

COMO VIÚVAS COM PROBLEMAS PSIQUIÁTRICOS DIFEREM DE OUTRAS VIÚVAS?

Não há dados sistemáticos disponíveis que permitam uma comparação, e as comparações têm validade duvidosa quando são baseadas em diferentes pesquisas com populações diferentes, utilizando diferentes critérios para os sintomas e realizadas em diferentes intervalos de tempo após a perda. No entanto, avaliações quantitativas feitas em pesquisas com viúvas "normais" e com alterações psiquiátricas confirmam as observações feitas na prática clínica. Alguns destes resultados são apresentados no Anexo, seção 11.

Em primeiro lugar, esses resultados indicam que pacientes psiquiátricas viúvas tinham experienciado mais ou menos os mesmos sintomas de luto que as viúvas das amostras normais estudadas. Apenas um sintoma, idéias sobre culpa ou auto-acusação, era marcadamente mais freqüente no grupo psiquiátrico.

Entretanto, quando se avaliava a intensidade e a duração dos sintomas, os dois grupos eram claramente distintos. Dois tipos de reação tornaram-se aparentes no grupo com distúrbios. O primeiro era a tendência para prolongar o período de pesar. O outro era a tendência em adiar a reação ao luto. Algumas das reações adiadas eram também prolongadas.

LUTO CRÔNICO

Dos 21 pacientes psiquiátricos enlutados (quatro homens, dezessete mulheres) entrevistados na Pesquisa de Bethlem (ver p. 47) havia quinze cujo luto parecia mais prolongado do que se esperava. Esses pacientes sofriam, segundo Anderson (1949) de "luto crônico". Anos após a perda, ainda estavam ocupados com recordações da pessoa morta, sofrendo intensa e profundamente, e se alteravam com qualquer lembrança que trouxesse o morto à mente. Oito pacientes choravam descontroladamente, enquanto vários diziam estar "muito machucados para chorar". Rompantes de agitação e agressividade ocorreram em quatro casos, e quatro admitiram ter pensado em suicídio. A intensidade do luto atrapalhava a capacidade de trabalho em oito casos e levou muitos a se trancar em casa ou a se afastar, de alguma forma, do contato com amigos e parentes. Osterweis *et al.* (1984) indicaram uma característica que distinguia estes de outros pacientes enlutados: "Não somente não há qualquer movimento, mas há a sensação de que a pessoa não permitirá qualquer movimento. O que torna a reação patológica é a intensidade com que são sentidas a raiva, as auto-acusações e a depressão".

"Sinto saudade dele o dia todo"; "Quero meu marido a cada minuto do dia, mas nem você nem ninguém pode trazê-lo de volta". Essas afirmações seriam totalmente normais se tivessem sido feitas algumas semanas após a perda, mas, de fato, a primeira foi feita um ano e meio depois, e a segunda, nove anos e meio depois (aliás, esta foi a reação de luto crônico mais prolongada de que tive conhecimento). Mesmo permitindo algum exagero, essas reações refletem uma situação muito triste, que pode não ser incomum. Gorer (1965), em sua pesquisa com uma amostra randômica de pessoas de todas as partes da Inglaterra, entrevistou oitenta pessoas que haviam estado no funeral de um familiar próximo nos cinco anos anteriores. Ele identificou nove pessoas (11%) que ainda estavam gravemente deprimidas um ano ou mais após a perda, e ficou perplexo com a solidão dessas pessoas, que ficavam em casa sozinhas e não tinham procurado ajuda psiquiátrica.

Gorer faz distinção entre as pessoas que sofrem tais reações depressivas crônicas, e as que dizem "Você nunca supera", ao mesmo tempo que levam uma vida razoavelmente satisfatória. Estas últimas, para ele, são pessoas que consideram o enlutamento ilimitado como um dever para com o morto, mas não estão exatamente enlutadas mesmo quando continuam a se comportar como se o estivessem.[1] É claro que é difícil fazer essa distinção, e acredito mesmo que as duas categorias se sobreponham consideravelmente. No caso da rainha Vitória, que pode ser considerada um caso exemplar de luto crônico, a dor intensa, aparente nos primeiros anos após a morte do príncipe Albert, diminuiu gradualmente, embora ela continuasse a se apresentar enlutada pelo resto de sua vida (Longford, 1964). Entretanto, não seria verdadeiro considerar seu luto perpétuo como nada mais do que um dever ao morto.

A sra. S. viveu durante nove anos com um homem vinte anos mais velho do que ela. Descrevia seu relacionamento como: "Ideal em tudo... ele era ótimo, era tudo muito bom... eu me encontrei completamente".

---

1. "Pesar" é utilizado para falar da experiência de tristeza profunda ou violenta, enquanto que "luto" implica a expressão dessa tristeza.

Ela não tolerava qualquer separação dele, e quando ele morreu, após um longo período de doença, ela não parou de chorar durante meses. "Durante anos eu não podia acreditar, e mal posso acreditar agora." "A qualquer minuto, do dia e da noite, eu não podia aceitar ou acreditar". Ela ficava no quarto, com as cortinas cerradas: "Durante semanas, eu não tolerava a luz". Este relato me faz lembrar da viúva que falava sussurrando, com medo de tornar a realidade muito real.

A sra. S. tentava evitar coisas e lugares que pudessem fazê-la lembrar-se da perda: "Em todos os lugares, andando na rua, eu não podia ver os lugares onde fomos felizes juntos... Nunca mais entrei em nosso quarto... não posso olhar para animais, porque nós dois gostávamos muito de animais. Não podia ouvir rádio". Mas ela conseguia manter uma imagem muito clara de seu marido *de facto*, que era incapaz de afastar: "Está presente em tudo na vida, tudo me faz lembrar dele." Por muito tempo ela repassou na mente os acontecimentos que levaram à morte.

De início, ficava muito angustiada, lembrando-se de pequenas omissões e falhas que havia cometido, que aos poucos foram diminuindo, e tentou reconstruir sua vida. No entanto, não conseguia concentrar-se no trabalho e relacionar-se com as outras pessoas: "Elas têm seu lar, seu marido e seus filhos. Eu estou sozinha, e elas não. Estou tão infeliz, elas não". Ela tentava se desligar ouvindo música e lendo muito, mas isso apenas colaborava para aumentar seu isolamento.

Um religioso amigo aconselhou-a a procurar ajuda psiquiátrica, mas ela pensava que os psiquiatras não podiam ajudar com problemas da vida real. Seu clínico geral tratou de seus problemas intestinais (cólon espástico), "mas você tem apenas três minutos e não se pode falar de problemas psicológicos nesse tempo." Por fim, ela buscou ajuda em uma organização voluntária e foram as pessoas de lá que a convenceram a procurar ajuda psiquiátrica.

LUTO ADIADO

A segunda característica que distinguiu os pacientes psiquiátricos de outras pessoas enlutadas foi a tendência em adiar a reação ao luto. Oito pacientes da Pesquisa de Bethlem apresentaram luto adiado. Em todos esses casos, um período de duas semanas ou mais se passou entre a morte e o início das reações de luto. Em três casos, parecia ser o prolongamento da fase de entorpecimento descrita no Capítulo 5, mas os cinco restantes comportaram-se como se nada tivesse acontecido, e nem mesmo o entorpecimento foi reconhecido.

Quando foi informado sobre a morte do marido, a sra. K. disse: "Oh, você poderia me dar um cigarro?". Continuou fazendo suas atividades domésticas e a irmã pensou: "Não entrou na cabeça dela. Vai ser horrível quando isso acontecer". A sra. K. disse: "Eu simplesmente não conseguia acreditar. Eu não aceitava que ele não voltaria". Mais ou menos duas semanas mais tarde, ela se deprimiu, mas ainda não conseguia chorar: "As lágrimas vêem aos meus olhos, mas não deixo que saiam". Sua depressão foi piorando gradualmente, e ela se afastou do convívio social, preocupando-se muito com idéias de auto-acusação em relação a uma outra viúva, com quem havia sido indelicada durante o período de doença do marido. Ela estava neste estado quando foi internada em uma unidade psiquiátrica, seis meses após a perda.

Neste caso, a depressão e os pensamentos suicidas levaram a paciente aos cuidados psiquiátricos. De fato, todos os pacientes que vi com reações adiadas, em algum momento, acabavam por apresentar depressão. Não é surpreendente que alguns psiquiatras prefiram considerar que se trata de uma doença depressiva, causada pelo luto, do que um luto adiado (Osterweis *et al.*, 1984, p. 56).

Em seu trabalho que é considerado um clássico, *"The Symptomatology and Management of Acute Grief"* (A sintomatologia do luto agudo e como lidar com ele), Lindemann (1944) descreveu várias formas frustradas de luto, que podem ocorrer durante o período de adiamento, e em meus próprios trabalhos encontrei pessoas que se queixavam de insônia, ataques de pânico, rompantes de raiva irracional e afastamento social. No entanto, esses sintomas podem ocorrer após um período de adiamento e não são suficientes para levar à indicação de auxílio psiquiátrico.

As formas de luto atípico apresentadas por pacientes enlutados, na Pesquisa de Bethlem, foram com freqüência associadas a ataques de pânico, de culpa persistente e intensa, ou de um tipo específico de hipocondria, na qual o paciente desenvolvia sintomas muito semelhantes àqueles da doença da pessoa que havia morrido.

ANSIEDADE E ATAQUES DE PÂNICO

Os ataques de pânico foram descritos por seis dos 21 pacientes estudados. Eles eram causados por lembranças do morto e pela solidão, em razão da falta de apoio, incluindo "sensação de choque", crises de falta de ar e outras expressões somáticas de medo.

A sra. C. tinha 56 anos quando o marido morreu de câncer no pulmão. Sua mãe havia morrido no ano anterior, e sua única filha havia deixado o lar para casar-se, mais ou menos na mesma época. Em conseqüência, quando o marido morreu, ela ficou sozinha na casa. "Tentei continuar como antes. Eu dizia: 'Boa noite, bem', como se ele estivesse lá." Algumas semanas depois, ela conseguiu um emprego como cozinheira, e assim podia sair de casa durante o dia. Começou a dormir mal e a ter medo de voltar para a casa vazia. Tinha ataques de tremor, com transpiração, palpitações e dores de estômago. Estes sintomas eram causados por pensar na casa vazia e pelas lembranças relacionadas à perda. Ela se tornava cada mais deprimida, tensa e agitada, sentindo que decepcionava as pessoas por estar deprimida e culpando-se por estar daquele jeito.

Foi internada em uma unidade psiquiátrica nestas condições, seis meses mais tarde. "Está totalmente ligado à morte dele", me contou. "Eu o amo pra valer, amo muito, e é por isso que dói tanto. Fico pensando que não adianta ir para a cozinha, pois ele não vai voltar." Ela ainda sofria muito com as lembranças e ficava tentando evitá-las, mas achava que havia alguma coisa errada nisso. "Não consigo pensar nele agora como acho que deveria... Não falo sobre ele. Evito pensar nele. É mais fácil morrer do que continuar assim".

A solidão e o isolamento social pareciam tornar mais difícil para a sra. C. suportar a dor do luto. Ela tentava continuar como se nada tivesse acontecido, assim como tentava evitar pensar ou falar sobre o marido, mas não conseguia controlar seus pensamentos, e os ataques de ansiedade que tinha pareciam revelar a intensidade de seu medo de ser tomada pelo luto.

A ansiedade de separação intensa e forte, só parcialmente bem-sucedida na tentativa de evitar as manifestações do luto, eram evidentes em todas as formas de luto atípico que vim a conhecer. O grau de descrença e evitação variou consideravelmente, mas, qualquer que fosse, havia sempre a impressão de que a angústia de separação subjacente era grave.

AUTO-ACUSAÇÕES DE CULPA

Idéias de culpa ou auto-acusações de culpa em relação ao morto foram expressas por catorze dos pacientes psiquiátricos enlutados. Às vezes, eram auto-reprovações leves, como no caso da viúva que sentiu que poderia ter feito mais pelo marido quando ele estava à beira da morte. Outros pacientes estavam convencidos de que eram diretamente responsáveis pela morte.

Mais da metade (oito em catorze) dos pacientes que expressaram idéias de auto-acusação também expressaram forte hostilidade em relação a outros indivíduos, em geral médicos, enfermeiros ou religiosos, que haviam cuidado da pessoa em seu último período de doença. Isto algumas vezes causou problemas, pois levou a rompantes descontrolados. Felizmente, o controle social na sociedade ocidental parece forte o suficiente para evitar acessos de raiva mais exagerados, o que pode ser um risco em outras culturas. Westermeyer (1973) descreveu o caso de dezoito que perderam o controle e explodiram granadas em locais públicos. Dezesseis deles haviam sofrido perdas pouco tempo antes do fato (cinco haviam perdido a esposa). Não havia muita diferença entre as formas de culpa e raiva expressas pelos pacientes psiquiátricos enlutados que estudei e as apresentadas por viúvas de grupos não-psiquiátricos, como já descrevi. Mas tanto a culpa e, em escala menor, a raiva, eram relatadas com maior freqüência no grupo psiquiátrico e também eram vistas como um problema significativo.

O sr. M. tinha 68 anos quando a sua mulher morreu. Eles estavam casados havia 41 anos e, de acordo com um membro da família, "ele mimou-a e agradou-a" durante todo esse tempo. Ela morreu, inesperadamente, após um curto período de doença. Durante vários dias ele ficou "atordoado". Tomou todas as providências para o funeral, e depois trancou-se em casa, recusando-se a ver quem quer que fosse. Dormia mal, comia pouco, e perdeu o interesse por tudo aquilo que lhe dizia respeito. Estava tomado por pensamentos de auto-recriminação e tinha crises de choro durante as quais se culpava por ter falhado com ela. Acusava-se por tê-la levado ao hospital (com medo de que ela tivesse contraído uma infecção no caminho) e sentia muito remorso por não ter sido um bom marido e por tê-la deixado muito ansiosa a partir de uma doença dele.

Ao mesmo tempo, irritava-se por qualquer coisa, culpava os filhos por terem magoado a mãe no passado, e acusava o hospital pela morte da mulher. Quando passou a freqüentar reuniões na comunidade em que morava, indispôs-se com um dos participantes. O filho o levou em uma viagem para o exterior, esperando tirá-lo da depressão, mas ele ficou mais perturbado do que nunca e interrompeu as férias para voltar para casa, da qual cuidava sem descanso, desde a morte da esposa.

Dez meses após a perda, foi internado num hospital psiquiátrico. Fez psicoterapia por algum tempo, consegiu falar sobre a morte da mulher, e melhorou consideravelmente. Foi nessa época que o atendi. Fiquei impressionado com a maneira como ele falava a respeito das deficiências da esposa, ao mesmo tempo que negava qualquer forma de ressentimento. "Eu não via a hora de me aposentar, e esta foi uma das coisas que estragaram tudo. Eu queria viajar para o exterior, mas não conseguia que ela concordasse comigo. Ela foi educada para acreditar que é melhor não ter do que ter. Nunca a curei disso". Ele havia-lhe dado uma casa de presente, mas "ela a considerava um fardo". Mesmo assim, veio a gostar muito da casa, "ficava feliz lá, como em nenhum outro lugar". Sua atitude refletia medos de muitos tipos. "Ela sentia medo do mar. Eu nunca a pressionei para ir ao exterior. Quando os filhos lhe pediam alguma coisa, ela automaticamente respondia 'Não'. Homem algum poderia desejar ter tido uma esposa melhor."

Seria de se esperar que este homem agora se sentisse livre das amarras dos 41 anos de casamento com uma esposa difícil, mas sua atitude consciente pode ser resumida em suas próprias palavras: "Apoiar minha esposa me deu um propósito na vida. Sempre fui capaz de externar minha vontade por intermédio dela. Agora não preciso mais disto". Podemos especular que a raiva, que se tornou tão marcante no enlutamento, tinha sido desviada da esposa para os outros, inclusive ele mesmo. A viagem ao exterior com o filho poderia ter sido um aceno de liberdade, mas foi derrotada porque este homem ainda estava influenciado pelas concepções e expectativas construídas ao longo da vida de casado. Tirar partido da morte dela para fazer as coisas que havia fracassado em convencê-la a fazer teria sido uma agressão para a parte dela que ainda sobrevivia em sua mente.

SINTOMAS SOMÁTICOS E IDENTIFICAÇÃO

Se a raiva e a culpa expressas pelo sr. M. tiverem sua contrapartida nas recriminações expressas pelas viúvas não-selecionadas (ver Capítulo 6), os sintomas hipocondríacos que serão considerados a seguir parecem estar relacionados aos fenômenos de identificação discutidos no Capítulo 7. Esses sintomas foram encontrados em cinco dos 21 pacientes da Pesquisa de Bethlem, e a partir daí já encontrei outros seis casos nos quais parecia haver uma relação entre os sintomas hipocondríacos e aqueles que o parente próximo apresentava antes da morte. Em geral, havia queixa de dor no mesmo lugar em que havia dor forte durante a doença do parente, cuja morte precedeu o aparecimento da queixa.

Seis desses onze pacientes com sintomas hipocondríacos queixavamse de dores no peito, e quatro deles apresentavam dor semelhante a trombose das coronárias; um paciente tinha dores como as do câncer de pulmão, e outro ainda apresentava dores que julgava terem sido sofridas pelo filho que havia morrido em um acidente de carro. Outros três mostravam efeitos aparentes de derrame cerebral, e havia um caso de vômitos freqüentes.

Em poucos casos, parecia que o sintoma de identificação era uma forma exagerada dos sintomas que são comuns após uma perda. Assim, com freqüência, as palpitações acompanham a ansiedade, e uma mulher cujo marido acabara de morrer de problemas cardíacos pode facilmente imaginar que tem o mesmo sintoma. A sra. I., por exemplo, ficou em pânico depois que o marido morreu em conseqüência de uma trombose coronariana. Ela pensava que as palpitações e a falta de ar que sentia na ocasião, bem como a sensação de que seu coração iria explodir, indicavam que também tinha uma trombose coronariana.

Muitos dos sintomas apresentados, no entanto, não têm qualquer semelhança com aqueles que comumente resultam das perturbações fisiológicas que ocorrem em seguida à perda. (Em linguagem psiquiátrica, os indivíduos assim preocupados poderiam ser considerados histéricos, não hipocondríacos). A sra. H., por exemplo, quando soube da morte do marido, ficou sem voz durante dez dias. Seu marido havia morrido em conseqüência de um segundo derrame, e o primeiro deles o havia deixado afásico.

A ligação entre a doença em fase terminal e o sintoma de identificação apareceu mais claramente em uma mulher que estava se submetendo a psicoterapia. Seu pai morrera em conseqüência de um derrame, que paralisara o lado esquerdo do corpo. Ela havia cuidado dele, em casa, durante muitas semanas antes que ele morresse. No dia seguinte, contou ao psicoterapeuta um sonho que tivera. No sonho, ela via o pai deitado no caixão. Ele se levantava e dava um golpe no lado esquerdo de seu corpo. Nesse momento, ela acordou e notou que o lado esquerdo de seu corpo estava paralisado. A paralisia cessou na primeira hora seguinte, e ela não teve mais sintomas desta natureza.

Este exemplo mostra claramente como em um sonho, com conteúdo de luto, foi expressa a força necessária para conscientizá-la, para tornar real a doença do pai e sua morte. O pai, nem vivo nem morto, levanta-se e, num gesto que contém e expressa a ambivalência do relacionamento entre eles, golpeia a filha e passa para ela o "golpe" que o matara. Não era uma coincidência esta mulher ter voltado repetidas vezes à psicoterapia, antes e depois da perda do pai, com o sentimento de ter sido atingida por ele.

Em dois pacientes psiquiátricos enlutados, as queixas hipocondríacas assemelhavam-se muito à apresentada por um parente próximo.

141

Assim foi com a srta. O., uma mulher solteira, de meia-idade, que havia vivido com a irmã durante muitos anos. Com a morte desta, ela adiou o luto por três meses, quando se apresentou com muita intensidade. Ela não se havia recuperado dessa fase quando, sete meses depois, ficou paralisada e sem sensibilidade da cintura para baixo. Estes sintomas dramáticos não tinham qualquer semelhança com os da doença da irmã, mas, sim, com os da doença de sua mãe, como uma aparente reação ao luto. Essa doença havia afetado muito a vida da paciente. A mãe teve uma paralisia em ambas as pernas após a morte de dois de seus filhos. Ficou inválida, sob os cuidados da família, e acabou por dominá-los. Se a doença da mãe era ou não uma reação de luto, a família acreditava que era, crença que era compartilhada pela paciente. Após sua morte, a mãe foi substituída pela irmã, que se parecia com ela em muitos aspectos. A doença da srta. O. perpetuou o padrão e causou grande preocupação à família.

O segundo caso de doença hipocondríaca foi o de uma mulher cujo pai vomitava todas as manhãs, durante trinta anos. Quando atendida, sete meses após a morte do pai, ela disse ter desenvolvido esse mesmo hábito. Em suas lembranças dizia: "Faço exatamente o mesmo que meu pai".

Os exemplos citados ilustram algumas das formas que os sintomas de identificação podem tomar. Assim como em outros sintomas freqüentemente apresentados por pacientes psiquiátricos enlutados, eles têm uma semelhança muito próxima com os fenômenos apresentados pelas viúvas não-selecionadas da Pesquisa de Londres. Na verdade, uma das viúvas de Londres tinha uma doença hipocondríaca, descrita por seu clínico geral como "imitação da doença do marido", enquanto outras quatro, uma vez ou outra, queixavam-se de sintomas muito semelhantes aos de seus maridos. Quatro dentre elas também apresentaram fenômenos de identificação[2] dos tipos descritos no último capítulo.

CONCLUSÃO

Dos sintomas apresentados por pacientes psiquiátricos enlutados, como os descritos neste capítulo, fica claro que alguns, tais como depressão, sintomas hipocondríacos, sintomas fóbicos e insônia podem fazer

---

2. Uso o termo "fenômenos de identificação" para definir aquelas condições de reação ao luto que parecem indicar identificação com o morto. "Sintomas de identificação" reservo para sintomas hipocondríacos tais como os descritos. Dessa forma, "sintomas de identificação" são uma forma de "fenômenos de identificação".

parte de formas especiais de luto. Outros, como alcoolismo, asma e queda de cabelo, não estão especificamente relacionados ao luto. À semelhança dos vários quadros psicossomáticos descritos no Capítulo 2, poderiam ter ocorrido em várias situações de estresse, e não havia nada sobre eles, em si, que nos levasse a suspeitar de luto patológico. Somente quando olhamos para a história das situações e reações que levaram ao sintoma apresentado é que a natureza do problema fica clara.

A conclusão geral que este capítulo nos dá é a de que, entre as muitas doenças mentais que podem ser provocadas pelo luto, as mais freqüentes tendem a envolver formas atípicas de pesar embora difiram em intensidade e duração das reações mais comuns do luto, com aspectos que podem ser exagerados ou distorcidos, e não diferem quanto ao tipo. Não há sintomas que sejam peculiares ao luto patológico, ainda que pareça razoável considerar expressões extremas de culpa, sintomas de identificação (opostos a outros fenômenos de identificação) e adiamento do início do luto por período superior a duas semanas, como sendo indicadores de que a reação à perda poderá tomar um curso patológico.

O que causa essas reações e por que algumas pessoas passam pela experiência de luto sem se desarticular, enquanto outras necessitam de ajuda psiquiátrica ou de outra área médica, são alguns dos temas do próximo capítulo.

9
DETERMINANTES DO LUTO I
RELAÇÃO, GÊNERO E IDADE

Não muito diferente das galinhas, eu disse
É essa gota protoplasmática. Você, porém,
Chorou sabendo ser absurdo tudo isso.
E soube que eu chorei também.

Eu precisei dizer algo. E era
Tão pouco o que havia a ser dito.
Que a vida já antes no ventre estivera
E tinha-se ido?

É a nossa vida. Porém, os que morreram
Ao serem lembrados tornam-se irreais
Como recordar os que não nasceram?
O tempo cura tudo, mas

Hoje, não posso trazer conforto. Ao descer
Reafirma o doutor: "Caso sem complicação.
Mas é óbvio que um pouco ela vai sofrer."
E você ganhou um vazio na sua expressão. *

David Sutton, "Not to be born"

---

* No different, I said, from rat's or chicken's, / That ten-week protoplasmatic blob. But you / Cried as if you knew all that was nonsense / And knew that I did, too. / Well, I had to say something. And there / Seemed to be little anyone could say. / That life had been in women's womb before / And gone away? / This was our life. And yet,

Aqueles que se preocupam com os efeitos do luto têm de levar em consideração os muitos fatores possíveis quando tentam explicar as diferenças entre as respostas das pessoas a esse acontecimento. Não basta dizer que a perda de um objeto de amor causa pesar e deixar como está. O pesar do luto pode ser forte ou fraco, breve ou prolongado, imediato ou adiado. Seus aspectos particulares podem ser distorcidos e os sintomas que geralmente causam poucos problemas tornam-se grandes fontes de sofrimento. Esses aspectos foram abordados nos capítulos anteriores, e os casos citados já devem ter esclarecido algumas das influências prévias que parecem ter um papel importante na determinação da reação das pessoas ao luto.

Em alguns casos, pode parecer que uma resposta em particular é a conseqüência de uma série de circunstâncias, cada uma contribuindo para o resultado. Em outras, parece que um único fator é o determinante principal.

Por exemplo, no caso da jovem mulher com uma história anterior de distúrbio psiquiátrico, cujo marido morreu de repente, há muitos fatores — sua pouca idade, sua predisposição para distúrbios mentais e a falta de oportunidade de se preparar para o luto —, que poderiam ter tido uma influência determinante em sua reação à perda.

Por outro lado, uma causa única é exemplificada pela rainha Vitória. Seu forte vínculo de dependência com o príncipe Albert era tal que ela sofria muito com qualquer separação que ocorresse durante a vida de casados. Este fato, isoladamente, já é suficiente para explicar a gravidade de sua reação à morte dele, embora outras considerações também devam ser levadas em conta, para explicarmos a forma que aquela tomou. Também teremos de esclarecer, primeiramente, por que ela desenvolveu essa forma de apego ao príncipe.

Uma explicação completa para qualquer acontecimento psicológico só seria possível se soubéssemos tudo o que o precedeu, o que nem sempre é possível. Nunca seremos capazes de entender em sua totalidade qualquer aspecto do comportamento humano, assim como não podemos esperar identificar os aspectos mais importantes da conduta resultante em todos os casos de luto. Acredito, porém, que podemos aprender alguma coisa acerca dos fatores que atuam sobre a maior parte dos casos e que são fundamentais em alguns deles.

---

when the dead / Are mourned a little, then become unreal, / How should the never born be long remembered? / So this in time will heal / Though now I cannot comfort. As I go / The doctor reassures: 'Straightforward case. / You'll find, of course, it leaves her rather low.' / Something is gone from your face.

Dados relevantes podem ser obtidos a partir de estudos detalhados com poucas pessoas ou em análises estatísticas com amostras maiores. Idealmente, os dois tipos de estudo deveriam se completar, pois apenas quando estudamos um grande número de pessoas é que podemos generalizar e somente estudando intensivamente um número reduzido é que podemos avaliar o significado dos resultados quantitativos dos grandes grupos.

Assim sendo, na Pesquisa dos Prontuários (ver Capítulo 2 e o Anexo, seção 7), os dados estatísticos foram obtidos em prontuários de 94 pacientes psiquiátricos enlutados. Uma informação mais detalhada foi obtida a partir de entrevistas feitas com 21 pacientes psiquiátricos da Pesquisa de Bethlem, 22 viúvas não-selecionadas da Pesquisa de Londres, além de dezenove viúvos e 49 viúvas da Pesquisa de Harvard (ver Capítulo 2 e Anexo, seções 6, 9, 11 e 12). Farei referência neste capítulo a várias outras pesquisas que foram desenvolvidas nos últimos anos. Consideradas em conjunto, essas pesquisas indicam os determinantes mais importantes dos resultados do processo de luto.

Ficou claro, no último capítulo, que muitos dos pacientes que procuram ajuda psiquiátrica por luto estão sofrendo de formas intensas e prolongadas de luto. Parece razoável, portanto, considerar em primeiro lugar quais são os fatores que afetam a magnitude geral do luto, antes de tentar explicar algumas variáveis específicas.

APEGO

Poderia parecer banal dizer que a intensidade do luto é determinada pela intensidade do amor. É mais fácil afirmar isto do que prová-lo. Em nossa sociedade, o "amor" é uma virtude tão valorizada que raramente se encontra uma viúva ou um viúvo dizendo que não amava o cônjuge. Além do mais, o que é "amor"? O significado é impreciso.

Uma vez que o amor é um vínculo e o aspecto forte do vínculo é sua resistência às separações, poderíamos supor que a intolerância à separação fosse considerada uma medida do luto. No entanto, com isto estaríamos equiparando o amor ao tipo particular de apego que vemos em crianças pequenas que não deixam suas mães saírem de seu campo visual. Como Bowlby (1953) já indicou, uma relação de amor bem-estabelecida é aquela na qual a separação ou o afastamento podem ser bem tolerados, porque existe a confiança de que a pessoa amada voltará quando necessário. Ainsworth define isto como "segurança do apego" (Ainsworth e Wittig, 1969).

A situação torna-se ainda mais confusa pela ambigüidade do termo "dependente", que às vezes é usado para significar "intolerância à separação" e outras para significar "confiança em alguém que desempenha papéis ou funções específicos". Dessa forma, posso ser dependente de minha mulher porque não suporto estar afastado dela ou porque preciso que ela me acorde pela manhã.

Finalmente, há a questão do "envolvimento". Com esta palavra, refiro-me à extensão na qual os papéis, os planos e o repertório de soluções de problemas de uma pessoa dependem da presença da outra para sua importância e execução. Assim sendo, quanto maior a área ocupada por A no espaço vital de B, maior será a ruptura resultante da partida de A.

Determinantes do resultado do luto

ANTECEDENTES

Relação com o morto
    Parentesco (cônjuge, filho, pais etc.)
    Força do apego
    Segurança do apego
    Grau de confiança
    Envolvimento
    Intensidade da ambivalência (amor e ódio)
Experiências na infância (especialmente maternagem insegura e perda de pessoas significativas)
Experiências posteriores (especialmente perdas de pessoas significativas)
Doença mental prévia à perda
Crises vitais prévias à perda
Tipos de morte:
    Prematura
    Mortes múltiplas
    Avisos anteriores à perda
    Preparação para o luto
    Mortes violentas ou horrendas
    Lutos não autorizados
    Mortes que geram culpa

SIMULTÂNEOS

Gênero
Idade
Personalidade
Tendência ao pesar
Inibição de sentimentos
Status socioeconômico (classe social)
Nacionalidade
Religião (crenças e rituais)
Fatores culturais e familiares influindo na expressão do pesar

POSTERIORES

Apoio social ou isolamento
Estresses secundários
Oportunidades emergentes (abertura de opções)

Relação com o morto

Seria muito difícil tecer a contribuição dos quatro componentes das relações humanas — força do apego, segurança do apego, confiança e envolvimento — em uma relação em particular. Tudo o que podemos esperar fazer é examinar as instâncias nas quais um ou outro componente parece predominar.

Em nossa sociedade, os parceiros, sejam eles casados ou não, tendem a formar pequenas unidades familiares fortemente vinculadas com seus filhos e a ter um grau menor de envolvimento com seus pais e irmãos do que tinham no passado. Os papéis, planos e problemas da mulher tendem a centrar-se na família e no marido, e ela geralmente confia mais no parceiro para questões de dinheiro, *status* e companhia do que ele nela. Não é surpresa, portanto, ver que a perda do marido é o tipo mais freqüente de perda de relacionamento que dá margem a problemas psicológicos. Entre as 171 pessoas que me foram encaminhadas nos últimos anos para tratamento de problemas psiquiátricos conseqüentes ao luto, 45% tinham perdido o cônjuge (35%, o marido e 10%, a mulher), 22% tinham perdido um dos pais, 14% um filho, e 11% outras pessoas. Os restantes 9% tinham tido perdas múltiplas.

Em minha Pesquisa de Prontuários inicial, o número de pacientes psiquiátricas do sexo feminino, cuja doença tinha surgido em seguida à morte do marido (25) era sete vezes maior do que seria esperado se o luto não fosse o fator determinante da causa da doença. Por outro lado, o número de homens cuja doença se manifestou após a morte da esposa (seis) era apenas quatro vezes maior do que o esperado; a doença que se manifestou após a morte de um dos pais raramente excedia à expectativa.

As perda de filho, as Pesquisa dos Prontuários, não foram suficientemente numerosas para permitir cálculos de probabilidade estatística de distúrbios mentais, mas não tenho dúvidas de que podem causar problemas psicológicos. Neidig e Dalgas (1991) mostraram que pais enlutados apresentaram resultados mais elevados no "Texas Inventory Grief" (Inventário Texas para Luto) do que os encontrados em outros tipos de luto. Wretmark (1959) afirma que "reações muito graves e incapacitantes foram encontradas em mães que haviam perdido filhos pequenos", e Gorer (1965) descreve a perda de um filho de qualquer idade como "o luto mais duradouro e que causa mais sofrimento".

Clayton (1980) descobriu que a morte de um filho havia ocorrido no período anterior a seis meses em um número surpreendentemente elevado de pacientes psiquiátricas deprimidas, e Mann (1987) relatou que 8% das mulheres que perderam um filho tentaram ou efetivamente cometeram suicídio.

A reação dos pais à morte de um filho adulto em acidentes de trânsito foi estudada por Shanfield e seus colegas (1984a e 1985). Embora de maneira geral os pais concordem que a morte de um filho é mais dolorosa do que a morte de um irmão ou dos pais, aqueles que perderam um filho adulto *e* o cônjuge não consideraram que uma era mais dolorosa do que a outra. Lundin (1984b), no entanto, em um estudo longitudinal com duração de oito anos, encontrou mais evidências de choro e luto persistentes em pais que haviam perdido filhos do que entre viúvos e viúvas, mas este último grupo apresentou tendência maior a continuar pensando na pessoa morta e a expressar sentimentos de culpa.

Em uma pesquisa com 35 mulheres e cinco homens que procuraram ajuda psiquiátrica após a perda de um filho (Parkes, 1996a), a proporção de sete mulheres para um homem sugere que as mulheres são mais vulneráveis do que os homens à morte de um filho. Mesmo assim, as reações psiquiátricas não foram semelhantes às do luto comum, e nenhum desses pais havia perdido o filho por uma doença potencialmente fatal. Todos mostravam sinais de vulnerabilidade prévia (ver o Capítulo 11) e/ou tinham sofrido perdas significativas e traumáticas, cujos detalhes verificaremos no Capítulo 10.

Foi somente neste século que a morte de um filho tornou-se um acontecimento raro. Há evidências de que, em tempos passados, quando a maioria dos pais poderia esperar perder metade do número de filhos que tivesse, quando bebês ou na primeira infância, eles aceitavam essas perdas mais prontamente do que hoje. Por isso, Montaigne escreve: "Perdi dois ou três filhos pequenos, não sem lamentar, mas sem muita tristeza".

Uma vez que houve uma mudança na reação à morte de filhos, como isso pode ser explicado? As famílias têm menor número de filhos hoje do que no passado e, com isso, o vínculo entre mãe e filhos pode ser maior. Poderia ser que cada mãe tem um total disponível de afeto para se vincular e, portanto, é mais fácil perder um filho em uma prole de dez (10% dos filhos)? Outro fator importante está relacionado à preocupação com a expectativa da morte. Em uma sociedade na qual a expectativa de morte de crianças é menor, tendemos a estar menos preparados para ela.

Por comparação, *a morte de um dos pais para o filho adulto* parece, como regra, causar muito menos sofrimento, mas é naturalmente muito mais freqüente do que a morte de um filho. Moss e Moss (1995), revendo a literatura a esse respeito, afirmam que esse tipo de perda é "raramente patológico". Mesmo assim, problemas psiquiátricos podem ser provocados em adultos pela morte de um dos pais e são a segunda razão mais freqüente para as pessoas procurarem ajuda no Cruse — Bereavement Care. (Em ambos os casos, a morte do cônjuge é a mais comum.)

Pesquisei 22 mulheres e cinco homens que foram indicados para tratamento psiquiátrico após a morte de um dos pais (Parkes, 1995b). Um terço deles nunca havia-se casado; entre os que tinham-se casado, apenas um teve um casamento satisfatório. Quase a metade se considerava muito dependente do pai (ou mãe) falecido, o que ocasionou problemas no casamento. Setenta por cento tinham baixa autoconfiança e, sem uma relação conjugal solidária, tiveram muita dificuldade em enfrentar a morte do pai (ou mãe). Por outro lado, a perda lhes deu a oportunidade de descobrir que não eram tão fracos e desamparados como temiam, e muitos deles, por fim, se deram bem, um resultado que confirma a conclusão de Moss de que a morte dos pais na vida adulta é, freqüentemente, uma oportunidade para crescimento pessoal.

Birtchnell (1975b) verificou que entre pacientes encaminhados para atendimento psiquiátrico no nordeste da Escócia, com queixa de depressão, a proporção de mulheres que haviam perdido o pai e de homens que haviam perdido a mãe nos cinco anos anteriores era por volta

150

da metade da população geral. A morte do pai era também freqüente em pacientes alcoolistas de ambos os sexos.

De maneira geral, o casamento parece proteger as pessoas dos efeitos traumáticos da morte dos pais. No estudo de Jacobsen e Ryder (1969) a respeito do casamento de noventa pessoas que haviam perdido os pais, foi verificado que a morte de um pai na adolescência ou na vida adulta era associada com aumento na proximidade com o parceiro, enquanto as pessoas que haviam perdido um dos pais no começo da vida eram menos próximas. No entanto, uma minoria (aproximadamente 19%) de mulheres que tiveram experiência de luto mais tarde na vida era incapaz de ter prazer sexual e alguns homens haviam "se recolhido a atividades infantilizadas e afeminadas" após a morte do pai.

Mais evidências acerca dos efeitos traumáticos da morte de um dos pais são fornecidas pelo estudo feito por Bunch *et al.* (1971) sobre suicídio. Entre homens solteiros que cometeram suicídio, 60% haviam perdido a mãe nos três anos anteriores. Esse resultado é comparável com 6% dos homens solteiros que não haviam cometido suicídio. A perda dos pais entre homens casados suicidas e entre mulheres suicidas era relativamente incomum. Pode-se concluir, a partir desses estudos, que os homens adultos que permaneceram solteiros e continuaram a viver com a mãe são particularmente vulneráveis ao suicídio quando ela morre.

Muitas pesquisas não indicam que a *perda de um dos irmãos*, em idade avançada (quando geralmente isto acontece), seja uma perda importante para a maioria das pessoas. Uma exceção parece ser a morte do irmão gêmeo, mais ainda se for gêmeo idêntico. Segal e Bouchard (1993) estudaram a intensidade do luto em 49 gêmeos monozigóticos (idênticos) e dezenove dizigóticos (não-idênticos), após a morte do gêmeo e de outros parentes. A intensidade do pesar expresso pela morte do irmão gêmeo excedeu significativamente a expressa pela morte da mãe, do pai, do avô, da avó e de outros parentes. Os gêmeos monozigóticos sofreram muito mais intensamente pela morte do irmão do que os dizigóticos. Os autores consideram que estes resultados mostram o quanto a intensidade do luto tem implicações na relação genética, o que confirma a teoria de que o luto evoluiu como um mecanismo de adaptação darwiniano. Isto pode não ser tão forçado como parece se aceitarmos a teoria proposta no Capítulo 3, que considera que a essência do pesar do luto é o choro pela pessoa perdida, e a raiz desta afirmação está na relação de apego, que nos permite — e à nossa família — sobreviver.

A perda de um irmão no meio da vida foi considerada um "impacto considerável". Perkins e Harris (1990) e Moss e Moss (1995) enfatizam o papel dos irmãos em preservar o significado da família e a identidade das pessoas mais velhas.

A morte de um neto é rara, mas pode ser traumática. Ponzetti e Johnson (1991) afirmam que os avós ficam enlutados pelo neto que morreu, mas também por seus filhos, que são os pais do neto que morreu. Roskin (1984) relatou que os avós, em Israel, sofrem particularmente pela morte de um neto nas condições de guerra.

Gênero

De uma forma ou de outra, as mulheres sempre saem da experiência de luto com mais problemas psicológicos do que os homens. Por contraste, são os homens que apresentam maior tendência a morrer de ataque cardíaco depois da morte do cônjuge. Havia apenas um homem, entre os 25 pacientes enlutados, que freqüentaram o Serviço de Aconselhamento da Universidade McGill, no período de 1945-1951 (ver Stern, Williams e Prados, 1951), e 83% de 171 pacientes enlutados, que foram indicados para o ambulatório psiquiátrico sob minha responsabilidade, eram mulheres. Nessas situações, as mulheres superam os homens em todas as categorias de luto em uma proporção de quatro ou cinco para um. Uma pesquisa com quarenta pais de pacientes que morreram em um hospital de St. Louis mostrou que as mulheres tiveram uma freqüência significativamente maior de choro e um consumo mais elevado de sedativos e tranqüilizantes do que os homens (Clayton, Desmarais e Winokur, 1968).

Na Pesquisa de Harvard, com 49 viúvas e dezenove viúvos com menos de 45 anos que viviam em Boston, Massachusetts, ficou evidente que as mulheres apresentam mais sofrimento por luto do que os homens, e que seu ajustamento psicológico e social, um ano após a perda, era pior do que o dos viúvos. No entanto, uma medida de ajustamento social e psicológico também revelou amplas diferenças entre homens e mulheres casados em um grupo de controle, comparado a pessoas casadas, e quando isto é levado em conta, parece que as viúvas não mostraram diminuição no ajustamento após o luto em maior freqüência do que os viúvos. Além do mais, em um estudo de acompanhamento realizado de dois a quatro anos após a perda, o homem apresentou mais dificuldade de se recuperar do que a mulher. Isso sugere que grande parte da diferença acima mencionada pode ser atribuída à tendência masculina de esconder seus sentimentos e à relutância em pedir ajuda, o que foi identificado por Brabant *et al.* (1992) e por Tudiver *et al.* (1991), que realizaram pesquisas dirigidas aos viúvos.

Não se sabe por que os viúvos têm maior tendência a morrer de ataque cardíaco do que as viúvas. É possível que os homens reprimam suas manifestações de luto mais rigorosamente do que as mulheres, e que o aumento na mortalidade reflita algum efeito psicossomático do coração diante dessa repressão. Esta hipótese é apoiada pelo estudo de Bonnano (1994) a respeito do luto conjugal, que mostrou que pessoas enlutadas com índices *baixos* de sintomas relacionados ao luto tiveram batimentos cardíacos mais rápidos do que as pessoas com índices elevados.

Após uma perda, os homens procuram menos ajuda psiquiátrica do que as mulheres, e freqüentemente se vêem com a responsabilidade de conter suas manifestações de luto para cuidar da esposa. Isso ocorre especialmente quando o casal perde um filho. Thomas e Striegel (1995), que pesquisaram 26 casais que haviam passado pela experiência de ter um filho natimorto, concluíram que "Mães e pais ficam enlutados de maneira diferente: as mães sentem por seus filhos, os pais sentem por suas esposas".

Idade

Outros fatores que podem afetar a magnitude da reação ao luto são previsibilidade e imprevisibilidade, além das oportunidades de preparação para a perda. Isto é mais evidente na *idade avançada*. Há muita diferença entre a morte tranqüila, como um se apagar, da pessoa idosa, e o corte trágico e repentino do jovem, em seu desabrochar. Isto se reflete nas reações de luto do sobrevivente.

Stern, Williams e Prados (1951) descreveram as reações ao luto de 24 mulheres e um homem, com idades entre 53 e setenta anos, que freqüentaram o Serviço de Aconselhamento para Terceira Idade, da Universidade McGill, em Montreal. Esses autores encontraram "uma falta de manifestações mentais evidentes de luto". De maneira semelhante, em minha pesquisa sobre as consultas que 44 viúvas de Londres tiveram com seus clínicos gerais (ver pp. 38-9) verifiquei que, enquanto viúvas com menos de 65 anos de idade freqüentemente consultavam o clínico geral em busca de ajuda para problemas emocionais durante os seis primeiros meses após uma perda, o mesmo não ocorria com viúvas mais velhas. Além disso, o consumo de sedativos entre as viúvas mais velhas não aumentava, em relação ao que havia sido antes da perda, enquanto havia um consumo sete vezes maior no consumo de sedativos pelas viúvas do grupo com idade inferior a 65 anos, nos seis meses após o luto, sendo que esse consumo diminuiu só ligeiramente ao longo do primeiro ano. Esses casos não foram acompanhados por mais do que oito meses. (Ver Anexo, seção 4, para obter detalhes estatísticos).

Esses mesmos resultados foram confirmados pela pesquisa de Maddison e Walker (1967) com 132 viúvas americanas, com idades entre 45 e sessenta anos. Elas responderam a um questionário sobre sua saúde física e mental treze meses após a perda. Apesar de o questionário abordar nada menos do que 65 fatores sociais, cada um deles podendo contribuir para o estado de "saúde", os únicos dois que, estatisticamente, tinham relação com o estado atual delas foram a idade da viúva e a idade do marido (estes dois eram também estreitamente relacionados). Viúvas mais novas tinham uma pontuação para doença mais elevada do que viúvas mais velhas.

Nem todos os estudos chegam a esses mesmos resultados, e a associação entre idade jovem e resultado do luto não foi confirmada quando Maddison *et al.* (1969) replicaram a pesquisa em Sydney, Austrália, e nem na pesquisa feita por Sable (1991), na qual viúvas mais velhas tinham graus mais elevados de sofrimento um a três anos após a perda do que as viúvas mais novas. Nenhum desses estudos pesquisou grupos de controle de não-viúvas, o que pode levar a pensar que o aumento do número de doenças se deve à idade avançada, explicando, assim, alguns desses resultados.

Por outro lado, Kay, Roth e Hopkins (1955), que examinaram 184 pacientes psiquiátricos com mais de sessenta anos de idade, com distúrbios afetivos (depressivos ou maníacos), descobriram que a incidência de luto como causa foi mais elevada naqueles cuja primeira crise da doença ocorreu quando já tinham mais de sessenta anos, do que aqueles que a tiveram quando eram mais jovens. É claro que isto pode ocorrer assim porque as perdas se tornam mais freqüentes à medida que as pessoas envelhecem, mas foi relatado que mesmo nesse grupo etário o distúrbio emocional da doença "foi além do que seria considerado normal para esse tipo de perda". Parece que o luto na idade avançada, apesar de esperado, foi ainda capaz de precipitar distúrbios emocionais avaliados a ponto de serem considerados "doenças". Van Rooijen (1978) observou que, embora viúvas mais velhas não mostrassem menos depressão do que as mais novas, a intensidade de seu luto e os distúrbios somáticos que o acompanhavam eram menos graves nas mais velhas do que nas mais novas.

Parece, então, que enquanto menos idade é associada com maior intensidade de pesar, as reações patológicas não ficam restritas aos mais no-

154

vos. O luto é, certamente, a causa de depressão na idade avançada e ao menos três pesquisas mostraram ser esperado que entre 10 e 17% das viúvas mais velhas ocorram níveis de depressão equivalentes àqueles encontrados em clínicas psiquiátricas, em algum período do primeiro ano do luto (Clayton *et al.*, 1972; Duran *et al.*, 1989 e Lund *et al.*, 1989). Clegg (1988) relatou que entre os 71 pacientes internados em uma enfermaria psicogeriátrica, 22 (31%) haviam sofrido uma ou mais perdas por morte e outros dez (45%) haviam tido outros tipos de perda, como da saúde ou da função. Além disso, a influência do luto na taxa de mortalidade, como descrito no Capítulo 2, é maior nesta faixa etária, presumivelmente por causa da fragilidade do organismo, muito comum nesta idade.

Uma explicação possível para os problemas psicológicos em conseqüência do luto na idade avançada é a multiplicidade de perdas que ocorrem nesse período. Gass (1989) mostrou que viúvas que enfrentam outras ameaças, além da perda do marido, apresentam risco maior de ter dificuldades psicológicas do que aquelas para as quais a perda do marido foi a única situação de risco. A morte do cônjuge, neste grupo etário, geralmente traz consigo outras perdas (por exemplo, de renda, da casa, dos amigos) e estas podem vir a ser tão traumáticas quanto o luto em si.

Há, também, algumas evidências de que pessoas mais velhas são mais vulneráveis aos efeitos do luto na saúde física. Isto fica evidente no aumento da taxa de mortalidade e na diminuição da ingestão de nutrientes, como ficou demonstrado em viúvas mais velhas, após a perda (Rosenbloom, 1993). Há também evidências de que pessoas mais velhas, frágeis fisicamente, são mais vulneráveis à depressão após uma perda do que aquelas que estão bem fisicamente (Richards e McCallum, 1979).

No outro extremo de idade temos as *crianças,* que também podem sofrer por perdas. A questão é complexa e poderia nos levar além dos objetivos deste livro. As conseqüências foram revistas por Raphael (1984), que conclui:

> Há, portanto, muitos fatores estressores enfrentados pela criança que perde alguém com quem tem fortes vínculos de apego. A morte, em si, causa desorganização e, com freqüência, é assustadora para a criança. A ameaça à continuidade da vida familiar provoca maior insegurança. No entanto, com apoio adequado do pai ou da mãe sobrevivente, ou de outros parentes, poderá enfrentar o trauma. Sua vida e o desenvolvimento dentro da família continuarão.

Raphael concorda com Bowlby e Parkes (1970) quando estes dizem que "Uma vez garantido que suas perguntas e lembranças sejam encorajadas, as respostas de crianças pequenas, em torno dos dois anos e meio de idade, diferem pouco das de crianças de outra faixa etária". No entanto, com freqüência, o pesar é intermitente e pode haver períodos nos quais elas se isolem dos outros e não queiram tocar no assunto. É comum que os meninos, mais do que as meninas, reajam de maneira agressiva ao luto, enquanto as meninas, por sua vez, podem se tornar cuidadoras compulsivas. Raphael comenta sobre essa tendência comum das crianças de idealizar a lembrança do pai ou da mãe que morreu, comparando-a com aquele que está vivo, e tornando-o um monstro. Infelizmente, os pais que perderam um filho fazem o mesmo, esquecendo-se dos demais, desvalorizando-os em comparações com o que morreu. As crianças mais velhas, com freqüência, temem a própria morte e tornam-se superprotetoras em relação aos demais membros da família, temendo que eles também possam partir. Elas se tornam "muito crescidas", assumem papéis e responsabilidades parentais e, como alternativa, podem ligar-se intensamente a uma pessoa que será identificada com a pessoa perdida.

Os problemas tendem a ocorrer se a família mantiver o padrão de tratar a morte como um tabu, que não pode ser mencionado, se culpar um de seus membros pela morte, se parar de expressar calor e afetividade (a partir da idéia de que se não ligarmos para o outro, não sofreremos com sua ausência), fingir que as coisas podem prosseguir como se nada tivesse acontecido ou, ao contrário, desorganizar-se e cair no caos. Em todos estes casos, é necessária a ajuda de um profissional.

10
DETERMINANTES DO LUTO II
TIPO DE MORTE

Não há conforto para os que choram a perda,
Pois não é suficiente a fé
Para mitigar a dor da morte súbita
Que eu não me afogue na enchente de lamentos
Por todos os jovens que morreram cedo
E por esse que acabou de morrer
Ó quero embarcar de novo na canoa da vida
E não ser arrastada
Nas profundezas escuras do luto e da dor.*

Marjorie Pizer, "Lament for Glen" (morto em
um acidente de motocicleta, aos dezenove anos)

Entre as pessoas enlutadas que me procuravam querendo ajuda psiquiátrica após uma perda, *todas* haviam sofrido formas traumáticas e incomuns de luto e/ou já haviam apresentado sinais de vulnerabilidade antes da perda. Mortes repentinas e inesperadas, perdas múltiplas, mortes violentas e mortes envolvendo ação humana (suicídio, assassinato etc.) representam um risco especial para a saúde mental, mesmo na ausência de vulnerabilidade. Em comparação, as mortes naturais, em geral, não são traumáticas (Weinberg, 1994).

---

* There is no confort for those who are grieving / For faith is not enough / To assuage the tearing wound of sudden death. / O let me not drown in the flood of grief / For all young men who died before their time / And for this one so newly dead. / O let me catch the raft of life again / And not be swept away / In the darkest depths of grief and loss.

Vejamos, primeiramente, as *mortes inesperadas*. Os viúvos e viúvas jovens da Pesquisa de Harvard eram claramente mais perturbados, do ponto de vista emocional, em relação às mortes para as quais não estavam preparados e sua perturbação persistiu durante o primeiro ano de luto (ver Anexo, seção 13). "Doença terminal de curta duração" ocupou o primeiro lugar entre as 55 variáveis antecedentes como preditoras de mau resultado na elaboração do luto treze meses após a perda. Outras pesquisas realizadas na Inglaterra, nos Estados Unidos e na Suécia chegaram às mesmas conclusões (Duke, 1980; Vachon *et al.*, 1980 e Lundin, 1984a). Quando Lundin retomou contato com o grupo de 130 parentes de primeiro grau, oito anos após o enlutamento, identificou que os que tinham tido luto repentino choravam mais, faziam maior número de auto-acusações, sentiam-se entorpecidos e tinham mais saudade do que as outras pessoas (Lundin, 1984b). Uma recente pesquisa de Smith (1990) mostrou até que, em viúvas e viúvos jovens, a mortalidade crescente que segue o luto é maior se a morte tiver sido repentina e inesperada do que se ter sido esperada. Este resultado se mantém válido, em menor escala, para viúvos mais velhos, mas não para viúvas mais velhas, que não mostram diferença na taxa de mortalidade depois de uma morte repentina, em oposição a mortes esperadas.

Essas pesquisas que contêm uma considerável proporção de viúvas mais velhas (nas quais até mesmo uma perda súbita não seria totalmente inesperada) não mostram associação significativa entre morte repentina e desfechos ruins do processo de luto (Clayton *et al.*, 1972 e Fulton e Gottesman, 1980). Além destas, em uma pesquisa com homens e mulheres mais velhos (Gerber *et al.*, 1975), aqueles cujo cônjuge havia tido uma doença de longa duração tinham resultados piores no processo de luto do que outros, com uma história de doença mais curta. Os resultados sugerem que doenças longas, durante as quais a vida do parceiro fica centrada na doença do outro, podem dar margem a problemas especiais após a morte.

Outra categoria de morte súbita que recebeu mais atenção recentemente é a da morte súbita do bebê recém-nascido, a chamada "morte no berço". Osterweis *et al.* (1984), revendo a crescente literatura a esse respeito, afirmam: "O fato de a morte infantil repentina ser inesperada em bebês aparentemente saudáveis pode levar a outras dificuldades no processo de luto". Em geral, surgem mal-entendidos ao longo de inquéritos policiais, os pais podem se culpar mutuamente, enquanto alguns deles se envolvem em uma busca sem fim por uma causa que explique o acontecido (Raphael, 1984). Peppers e Knapp (1980) suspeitam que "a sombra do luto" continue a perseguir algumas mães, de tempo em tempo, pelo resto da vida.

Shanfield e seus colegas (1984a, 1984b e 1985) descobriram que mortes de filhos adultos, em acidentes de trânsito, foram associadas com luto mais intenso dos pais, mais sintomas de problemas de saúde, mais depressão e mais culpa do que em mortes de filhos adultos mais velhos, por câncer, que puderam ser tratados. Os pais de filhos com câncer não apresentaram mais sintomas psiquiátricos do que seria esperado na população normal; de fato, mais da metade relatou uma sensação de crescimento pessoal, aumento da espiritualidade e sensação de maior proximidade com a família.

Entre os pais que perderam um filho em acidente de trânsito, as mães reagem pior do que os pais. A morte de filhos jovens, solteiros, que ainda moravam com os pais, ou de jovens que morreram em acidentes automobilísticos quando estavam sozinhos no carro ou que tinham problemas de abuso de álcool ou problemas de relacionamento foram considerados preditores de problemas na elaboração do luto.

Mesmo quando há sinais indicadores de morte incipiente, não é fácil preparar-se adequadamente para o luto. Parte da dificuldade está no fato de, mesmo quando as pessoas sabem que o outro está morrendo, tenderem a suprimir seu luto antecipatório com medo de magoar e o moribundo.

Uma fala típica foi a da sra. I., que disse: "Meu marido me conhecia como se eu fosse um livro aberto; então, eu não podia mostrar qualquer sinal de tristeza. Quando o médico me contou que era câncer, fiquei chateada por meio dia, e fingi para ele, dizendo que era porque ele teria de ir para o hospital. A informação do médico foi tão terrível, que a deixei bem longe em minha mente". A falta de comunicação piorou, juntamente com o progresso da doença: "Eu parecia me distanciar dele. Ele não era a pessoa com quem eu havia-me casado. Quando tentei compartilhar com ele sua dor, foi muito terrível, e não consegui". Sua dissociação do paciente, o marido, foi tanta que quando ele morreu ela sentiu que "parecia que não era ele... ficava olhando e pensando quem ele era". Quando a vi pela primeira vez, três semanas depois, ela ainda estava confusa e estarrecida: "Continuo esperando que ele volte de algum lugar", ela disse.

A experiência nos *hospices* sugere que às vezes é possível para o marido e para a mulher trabalharem juntos na busca da aceitação da aproximação da morte de um deles. Se as circunstâncias forem propícias (como será discutido no próximo capítulo), poderão compartilhar um pouco do luto antecipatório, de acordo com a necessidade de cada um. O mais importante nesses casos é que, apesar da tristeza que é um componente inevitável do luto antecipatório, os casais que escolhem enfrentar o futuro desta forma, com freqüência, parecem crescer num período de calma e tranqüilidade, que persiste até o fim. Depois que ocorre a perda, aquele que ficou tende a olhar para esse período com uma satisfação que contrasta com o desgaste expresso por aqueles que escolheram esconder a verdade.

Na Pesquisa de Harvard foi descoberto que as mortes inesperadas e precoces deram origem a um tipo característico de resposta ao luto. A reação inicial de entorpecimento e descrença permaneceu por um grande período de tempo e foi associada ao afastamento e a uma contínua sensação da presença do morto. Isto não evitou que o enlutado se sentisse solitário, ansioso e deprimido, reação que se manteve presente em metade do grupo, por um período de dois a quatro anos mais tarde.

Os que sofreram perdas inesperadas ou precoces estão sempre envolvidos com lembranças da pessoa que morreu e, se a morte tiver sido de um tipo particularmente doloroso e testemunhada pelo enlutado, as lembranças serão dolorosas, conforme os critérios do Distúrbio do Estresse Pós-Traumático — PTSD. Schut *et al.*(1991) chegaram mesmo a identificar níveis mais altos de PTSD em conseqüência de mortes não-antecipadas do que em outros tipos de luto. Lembranças dolorosas e persistentes parecem impedir que surjam lembranças felizes e, desta forma, interferem com o trabalho do luto. É razoável assumir que esta é uma das razões para a longa duração dessas reações traumáticas de luto.

Pynoos *et al.* (1987a e 1987b), que desenvolveram seu próprio método para identificar e medir luto e PTSD em crianças que foram vítimas de ataques de um franco atirador, encontraram, como era de se esperar, que a magnitude do luto tinha correlação com a intensidade do apego ao amigo que havia morrido, enquanto a magnitude do PTSD tinha correlação com o grau de exposição ao perigo pessoal que a criança tinha experienciado. Quando ambos ocorriam, luto e PTSD , o PTSD tendia a prevalecer.

Mortes por violência (Horowitz, 1976 e Dillenberger, 1992), assassinato ou homicídio culposo (Parkes, 1993a), suicídio (Cain, 1966 e Silverman *et al.*, 1994), revoluções (Tyhurst, 1957 e Raphael, 1986) e ação militar (Sanua, 1974) têm sido objeto de muitas pesquisas. Todos mostram um grande risco para a saúde mental, como no caso da pesquisa de Dillenberger, que usou uma série de métodos padronizados de avaliação da saúde mental para avaliar grupos de viúvas enlutadas em condições violentas, na Irlanda do Norte, e encontrou resultados elevados na maioria das medidas de problemas psicológicos. Em todos esses casos, o luto tende a ser complicado por fortes sentimentos de raiva e culpa. Se o perigo persistir, como no caso de assassinatos sem identificação dos criminosos ou revoluções civis ou militares, a decepção com o poder das autoridades que devem manter a segurança e a ordem pode gerar uma série de temores. No entanto, tempos de guerra não são associados com aumento dramático no número de casos de neurose, e o apoio social específico para as famílias daqueles que morreram "pelo país" pode ajudar a atenuar a dor. Rubin (1992), que acompanhou pais que haviam perdido filhos na Guerra do Yom Kippur, relata que treze anos depois os pais enlutados não apresentavam mais sintomas do que os não-enlutados. Por outro lado, continuavam a ter lembranças vívidas do filho morto, que permaneceu como um importante membro da família. Rubin faz referência a este fato como um segundo curso no "modelo de luto de dois cursos".

Algumas mortes violentas, mas não todas, são resultantes da ação humana, causando reações de raiva e culpa muito compreensíveis. Na tentativa de focalizar a questão da culpa, Weinberg (1994) realizou uma pesquisa pelo correio com duzentas pessoas que relataram ter tido no luto sua experiência de maior sofrimento. Destas, 47% acusavam alguém pela morte, mas essa acusação só era associada a um mau resultado no processo do luto se houvesse também um desejo persistente de vingança. Parecia que "o desejo de vingança mantinha os sobreviventes com um constante foco na perda".

Certamente, isto foi o que aconteceu com muitos dos dezessete pacientes encaminhados à minha clínica psicológica, enlutados em razão de homicídio culposo ou *assassinato* (Parkes, 1993b). Muitos dos fatores de risco associados ao mau resultado na elaboração do luto podem ser encontrados nestes casos, que representam uma das formas mais traumáticas de luto. A combinação de morte repentina, inesperada, horrível e precoce, com toda a raiva e suspeita que a seguem, mais a lentidão do processo legal, que geralmente leva a uma sentença que parece banal em comparação com a magnitude da perda, podem levar a família ao estresse e deixar de apoiar seus membros, gerando problemas psicológicos duradouros. Isto ocorre de muitas maneiras: induzindo o PTSD, evocando raiva intensa, minando a confiança em outras pessoas, inclusive no sistema policial e legal dos quais se espera proteção, e evocando culpa por ter falhado em proteger o morto. Tais conseqüências colocam facilmente em movimento círculos viciosos que perpetuam os problemas.

Evitar lembranças e o afastamento depressivo podem levar ao isolamento social que agrava a depressão; a falta de confiança pode levar as pessoas a se voltar contra suas fontes de apoio; os rompantes de raiva podem afastar ainda mais os outros; e sentimentos de culpa podem levar a um comportamento de autopunição. Não é surpresa que muitas das famílias enlutadas por suicídio, que procuraram meu consultório, viam-se como se estivessem presas em um caminho do qual não conseguiam sair. Era muito importante que eu não me visse afundado nas mesmas condições dessas pessoas. Eu adotava uma abordagem calma e suave, insistindo para que lidássemos com um problema de cada vez, mantendo essa atitude de calma e de cuidado ao mesmo tempo, permitindo que o enlutado escolhesse por onde queria seguir. Com isso, era geralmente possível construir um lugar seguro no qual o enlutado podia gradualmente começar o processo de rever e reconstruir sua vida. Voltaremos a falar a esse respeito nos próximos capítulos.

A família do *suicida* geralmente se culpa e pode sentir-se estigmatizada socialmente. Por outro lado, de acordo com Cleiren (1992), 50% dos suicídios foram antecipados, de maneira que não deveríamos esperar que fossem todos igualmente traumáticos. Sua comparação entre pessoas enlutadas por suicídio, acidentes de trânsito e doença de longa duração indicam que os acidentes causam a depressão mais severa, seguida de suicídio e a doença de longa duração ocupa o terceiro lugar. Os enlutados por suicídio tendiam mais a sentir-se culpados e a ficar pensando o que mais poderiam ter feito, mas raramente este era o grande problema. Em geral, os pais de suicidas sofriam mais do que o marido ou a mulher (que tendiam a tornar-se mais deprimidos e a se afastar durante os primeiros quatro meses, e recuperavam-se mais depressa do que os pais).

Os psiquiatras e outros profissionais de saúde estão geralmente por perto quando alguém comete suicídio, mas poucos usam a oportunidade para oferecer ajuda às famílias enlutadas por suicídio. Em um estudo feito por Brownstein (1992), com doze famílias de pacientes psiquiátricos que haviam cometido suicídio, onze disseram que gostariam de ter tido algum contato com o psiquiatra que havia cuidado da pessoa que morreu, mas apenas um psiquiatra havia tentado esse contato. Isto pode ser o reflexo do constrangimento que os psiquiatras sentem quando seus pacientes se suicidam, o que tende a ampliar os problemas em lugar de ajudar a resolvê-los.

Há muita literatura a respeito de *desastres* e de revoluções civis e militares, cuja relevância, para nossa compreensão, foi estudada por Raphael (1986). Perdas múltiplas e simultâneas são mais traumáticas do que perdas isoladas. Além dos efeitos das perdas múltiplas, os desastres e as situações de revoluções podem minar as redes de apoio de que precisamos, e nas quais confiamos para nossa segurança, e mesmo aqueles que oferecem apoio nessas situações podem se encontrar em risco. Aqueles que testemunharam uma dessas situações e sobreviveram têm mais risco de PTSD que, como já vimos, pode coexistir e complicar o curso do luto. A intensidade, o alcance e as características dos desastres variam largamente e influenciam o dano psicossocial que causam e o tipo de resposta que é necessária (Parkes, 1991b).

Uma categoria de luto que causa problemas especiais é o "*luto não autorizado*", termo definido por Doka (1989) para designar as perdas que não podem ser abertamente apresentadas, socialmente validadas ou publicamente pranteadas. O exemplo mais óbvio é a morte por AIDS[1], mas há muitos outros. Doka os divide em:

1. Relacionamentos não reconhecidos: por exemplo, vínculos extraconjugais, relacionamentos homossexuais, ex-cônjuges ou amantes, pais biológicos de crianças adotivas e médicos e enfermeiras que se vincularam aos pacientes.
2. Perdas não reconhecidas: mortes perinatais, abortos, devolução de crianças adotadas aos pais biológicos, disponibilidade de filhos para adoção, morte de animal de estimação, perda social e psicológica sem morte, por exemplo, quando o parceiro desenvolve o mal de Alzheimer.
3. Enlutado não aceito como tal: crianças consideradas muito pequenas para estar de luto ou adultos considerados muito velhos ou com alterações cerebrais, por exemplo, quando a morte ocorre num asilo, num hospital psiquiátrico ou em uma instituição para pessoas com dificuldades de aprendizagem.

Em todos esses grupos, os problemas podem surgir na expressão do luto, que pode ser intensificado por ter sido ignorado ou reprimido; porque a raiva e a culpa podem surgir e complicar o curso do processo de luto; pela exclusão do enlutado dos rituais; e pela falta de apoio social para viver o processo de luto.

AIDS é um exemplo de tipo de perda que é sempre escondido, não reconhecido ou ignorado e Schneider *et al.* (1991) mostraram que ho-

---

1. Para uma revisão de 55 trabalhos sobre este assunto complexo, ver Bergeron e Handley (1992).

mossexuais que sofreram a perda do parceiro (em geral por AIDS) tendiam mais a apresentar tendências suicidas do que outros em situação diferente. Por trabalhar em um hospital no qual muitos pacientes HIV positivo são atendidos, fiquei surpreso ao constatar o número deles que haviam passado por múltiplos lutos. Esses pacientes sofrem tipicamente mais pela perda de parceiros e amigos do que pela ameaça de perda da própria vida. O hospital lhes oferece médicos, enfermeiros e terapeutas que podem atendê-los durante os períodos difíceis e não causa surpresa que, com freqüência, recorram a essa equipe em busca de apoio no período de luto.

As perdas não reconhecidas, como a morte de um feto, também recebem atenção da equipe que atende no hospital e é importante que assim seja. Uma visão ampla dos problemas que podem surgir e suas implicações para a organização do apoio a ser dado é relatada por Kowalski (1991).

Quando o bebê de Joan nasceu morto, ela perguntou à enfermeira o que seria feito do corpo. A enfermeira respondeu que, tecnicamente, não era um bebê e, sim, um feto, um aborto. O corpo seria levado para ser incinerado com outros detritos daquele andar do hospital. Joan, que se havia vinculado ao seu bebê, não conseguia aceitar o fato. Pediu para ver o bebê e, quando a enfermeira se recusou, ela ficou muito nervosa. Por fim, a enfermeira desistiu e trouxe o feto enrolado em uma toalha. Joan viu que ele tinhas dedos nos pés e nas mãos, e se assemelhava muito a um ser humano. Pediu para conversar com o capelão do hospital e ouviu, erroneamente, que nada havia a ser feito, pois não era costume fazer um funeral ou qualquer ritual para um aborto.

Neste momento, o sofrimento de Joan tornou-se maior do que nunca. Ela deixou o hospital e chegou em casa carregando seu bebê, em um estado muito alterado. Seu marido não a ajudou em nada e disse-lhe que o que ela havia feito era uma bobagem e que deveria voltar para o hospital. Ele se recusou a olhar para o bebê.

Joan, por conta própria, levou o bebê para o crematório onde, pela primeira vez, recebeu uma atitude de compreensão por parte de um atendente muito surpreso em vê-la ali. Ele conseguiu uma caixa de sapatos, para colocar o feto, acompanhou-a à capela, ouviram algumas fitas de música, e ficou com ela enquanto ela rezava pelo bebê. Por fim, ele acionou o mecanismo que transferiu a caixa de sapatos com seu triste conteúdo para o forno do crematório.

Atendi Joan dois anos depois, em minha clínica psiquiátrica. Ela ainda fervia de raiva com o que tinha acontecido e queria saber quem estava maluco, ela ou o mundo. Reassegurei-lhe de que não estava maluca e a encorajei a compartilhar seus sentimentos e pensamentos sobre o que acontecera. Seu casamento estava então ameaçado de terminar e era importante que ela conversasse com o marido e lhe explicasse a normalidade de sua reação. Uma queixa feita no hospital levou a direção a rever a instrução padrão dada à equipe com relação aos casos de aborto.

O caso de Joan não é raro, e os capelães de hospital agora reconhecem que devem oferecer um ritual e apoio emocional às mães que necessitarem. Peppers e Knapp (1980), que fizeram uma pesquisa com oitenta mulheres que tiveram abortos, verificaram que a maioria delas se queixava de não ter com quem falar sobre o que havia acontecido. A maioria havia negado ou suprimido o luto, mas havia exceções. O luto persistente era mais freqüente quanto mais adiantada estivesse a gravidez por ocasião da perda. Os católicos tendiam mais a ficar enlutados do que os protestantes. Além disso, a importância da gravidez em termos de idade e fertilidade da mãe, nível educacional e história de abortos anteriores contribuíam para agravar o processo de luto.

Outro tipo de luto não reconhecido ocorre quando a pessoa desenvolve o mal de Alzheimer ou outro tipo de demência. Neste caso, o cônjuge enluta-se não apenas antecipadamente pela morte do paciente, mas também pela perda da pessoa que conheceu e que está radicalmente mudada pela doença. Um estudo sistemático deste fenômeno, com o uso da "Anticipatory Grief Scale" (Escala de luto antecipatório) foi realizado por Theut *et al.* (1991).

O luto pode também ficar sem reconhecimento se a pessoa enlutada não consegue comunicá-lo ou pertence a um grupo no qual a perda não deve ser entendida. Estudos recentes com pessoas que apresentam dificuldades de aprendizagem mostraram que elas precisam expressar o luto tanto quanto as outras. Infelizmente, quase nunca participam de funerais ou têm oportunidades de compartilhar pensamentos e sentimentos sobre a morte do parente ou amigo.

Quais são os *outros eventos* anteriores ao luto que podem influenciar a natureza da reação a ele? Maddison e Walker (1967) sugerem que crises adicionais nas relações, que ocorram próximas à morte, podem ser associadas a problemas no processo do luto. Na Pesquisa de Londres, houve relação significativa entre a ocorrência de grande estresse nos dois anos que precederam a morte e um mau reajustamento geral depois (ver Anexo, seção 15). Os fatores de estresse apontados pelas viúvas de Londres foram: perda de pessoas (quatro), discordância familiar (quatro), ameaças de perda (três), mudança de domicílio (um) e más condições de moradia (um). Quando acrescentamos a estes os fatores de estresse secundários, que resultam do luto, tais como perda de rendimentos (treze em 21 viúvas), problemas profissionais (doze), preocupações com o futuro (cinco) e problemas com os filhos (não foram contados, mas foram numerosos), é surpreendente notar que quase metade dessas viúvas parecia ter feito um ajustamento satisfatório um ano depois da perda.

Embora fatores de estresse incidentais possam contribuir para resultados piores no processo de luto, seu efeito sobre a intensidade do luto em si não é absolutamente mais claro. Na Pesquisa de Londres, as viúvas que apresentaram mais estresse antes do luto apresentaram maior número (mas não muito elevado) de sintomas de luto do que o resto.

Uma exceção à regra geral que diz que mortes naturais levam a lutos menos graves ocorre quando os sobreviventes centram sua vida em cuidar de pessoas doentes. Seria de se esperar que após a morte, cujos cuidados foram extenuantes para a pessoa, esta buscasse um alívio desse estresse, mas Bass e Bowman (1990) perceberam que os cuidadores que consideraram muito estressante essa função sofreram *mais* dificuldades no luto e tiveram mais pressões contínuas do que aqueles que acharam os cuidados menos estressantes.

Os efeitos de *privação extrema* ficam evidentes nas pesquisas sobre o holocausto nazista. Na pesquisa de Kval (1951) sobre a vida no campo de concentração de Theresienstadt, onde os nazistas mantiveram presos 140 mil judeus, "era característico que assuntos sérios, como a morte de parentes ou amigos próximos, recebiam freqüentemente apenas atenção superficial, enquanto pequenas disputas... poderiam levar a brigas muito agressivas". Nesta situação, aprisionamento injusto, desesperança, segregação sexual, falta de privacidade, trabalho forçado, fome, e a constante ameaça de ser mandado para o extermínio, eram fatores de estresse sempre presentes. O luto e a depressão, nessas circunstâncias, poderiam ter pesado na balança contra a sobrevivência e as defesas psíquicas entram em operação para proteger as pessoas em situações-limite como esta. Depois da libertação, muitos sobreviventes tiveram reações depressivas sérias: "Um forte sentimento de culpa por ter sobrevivido, enquanto familiares e amigos haviam sucumbido foi uma das características mais marcantes". O pesar era às vezes expresso por meio de uma prolongada busca pelos túmulos das pessoas amadas, como se assim fosse possível tê-las de volta.

Kaminer e Lavie (1991), em uma pesquisa muito bem-conduzida sobre sobreviventes de campos de concentração, mostraram que os que foram bem-sucedidos em manter o equilíbrio entre recordar e reprimir as lembranças e emoções haviam-se ajustado melhor do que aqueles que continuaram a se envolver com essas lembranças, dia e noite. Esses resultados foram citados por Stroebe *et al.* (1994), para fundamentar o modelo de Processo Dual de Luto (ver pp. 72-3 e 97).

11
DETERMINANTES DO LUTO III
VULNERABILIDADE PESSOAL

Sofrer e sofrer se confortam, cuidar nasce do cuidar
*Tristeza gera tristeza, cada lamento tem seu par.**

Michael Drayton

Se a magnitude e o número de fatores de estresse podem influir na magnitude da reação de estresse, o que dizer da força ou da fraqueza da pessoa sob estresse? A expressão "pouca força de ego" é aplicada, com freqüência, como indicadora de falta de resiliência, de incapacidade de suportar o estresse. Seu uso não é satisfatório, uma vez que há sempre circularidade no argumento: eles não podem lidar com o estresse, portanto, têm um ego fraco. O próximo passo é assumir que explicamos a inabilidade de lidar com o estresse atribuindo-a a um ego fraco, enquanto tudo o que fizemos foi definir força de ego em termos de habilidade de enfrentamento. Por esse mesmo motivo, eram insatisfatórios os termos "falta de fibra moral" e "inferioridade psicopática". Todos eles tendiam a ser usados como julgamentos de valor para implicar uma incapacidade genérica de lidar com o estresse. O exercício desses julgamentos globais que ignoram a natureza do estresse, a situação em que ocorrem e os eventos que levaram a isto dificilmente podem ser justificados.

Um indicador de vulnerabilidade é, naturalmente, a *história prévia de doença mental* e foi demonstrada sua associação com riscos maiores em processos de luto (Nuss e Zubenko, 1992).

---

* Care draws on care, woe conforts woe again, / Sorrow breeds sorrow, one grief brings forth twain.

168

PERSONALIDADE

Outro determinante importante da magnitude do luto são os *fatores de personalidade* derivados da carga genética e das experiências prévias do indivíduo. Infelizmente, as tentativas para medir os fatores de personalidade após uma perda, como as realizadas por Vachon *et al.* (1982), pouco nos dizem sobre a personalidade antes do luto. As pontuações elevadas em instabilidade emocional e ansiedade que eles tendem a apresentar entre viúvas que mostram "alto sofrimento" dizem-nos pouco sobre as causas desse sofrimento. O que é uma pessoa "vulnerável ao luto"? Podemos responder de forma empírica, dizendo que é aquela que tende a reagir fortemente a separações, mas isto não nos leva muito longe. Precisamos descobrir, também, as causas para essas reações.

Não tenho dúvidas de que há pessoas *vulneráveis ao luto*. Cinco das viúvas de Londres que relataram reações muito intensas a perdas anteriores, depois da morte do marido eram as que estavam entre as mais perturbadas que entrevistei. Um ano após a perda, nenhuma delas havia-se recuperado ou apresentado um ajustamento psicológico que pudesse ser avaliado como "bom". Entre os 121 pacientes psiquiátricos enlutados na Pesquisa dos Prontuários e na de Bethlem, 21 haviam tido períodos de depressão designados pelo psiquiatra como "distúrbios afetivos" em algum período anterior de sua vida, e embora eu não tenha dados para comparar com a população normal, esta é obviamente uma proporção maior do que se esperaria com base no acaso. Parece, portanto, que experiência prévia de depressão e pesar excessivo prognosticam um mau resultado para a elaboração do luto.

Horowitz *et al.* (1993) classificaram as pessoas como "*repressoras*" ou "*ansiosas*". As repressoras geralmente evitam situações que venham a lhes causar ansiedade e negam estar ansiosas, mesmo quando suas reações corporais são evidentes e mostram o oposto. As pessoas ansiosas, por outro lado, são muito sensíveis ao perigo e tendem a estar sempre alertas e obsessivas a esse respeito. Quando têm de enfrentar traumas importantes, as repressoras evitam o que as possa fazer lembrar-se da perda e minimizam seu estresse, enquanto as ansiosas são assombradas por pensamentos que não lhes dão trégua, além do medo claramente expresso. Embora essas categorias não tenham sido totalmente investigadas no que se refere a pessoas enlutadas, certamente correspondem às duas categorias principais de luto patológico: o evitado e o adiado.

Esta classificação pode descrever dois tipos de pessoas, mas não as explica. Uma pesquisa que abordarei a seguir liga esses tipos de pessoas aos padrões de apego inseguro descritos por Ainsworth e Wittig (1969). Eles concluíram que crianças pequenas que se apegam fortemente a suas mães e choram muito em situações de separação podem ser colocadas em contraste com outras que mal percebem quando a mãe se afasta, e a evitam ou a ignoram quando ela retorna. Verificou-se, recentemente, que os evitadores têm um surpreendente aumento dos batimentos cardíacos durante todo o período de separação e têm mães que são insensíveis às necessidades do filho e intolerantes para com suas necessidades de atenção e proximidade. Os que ficam "grudados" à mãe, têm mães insensíveis às suas necessidades, mas, neste caso, elas são também inconsistentes em suas respostas à criança; às vezes as atendem e outras ignoram os pedidos de atenção. Isso faz com que a criança aumente suas solicitações (Main, 1991). É impressionante a semelhança com os tipos de personalidade descritos por Horowitz . Esses padrões de apego têm mostrado que são notavelmente estáveis e podem predizer o comportamento da criança não somente com a mãe, mas com outras pessoas também. Embora as crianças que foram pesquisadas em seu segundo ano de vida tenham sido acompanhadas por dez anos, há indicações de que os padrões observados eram tão fortes que persistiram na vida adulta.

REPRESSÃO E EVITAÇÃO DO LUTO

Como indicado no Capítulo 5, o alívio das fortes emoções do luto, por meio de *evitação* da realidade total da perda, é uma parte necessária do "distanciamento", de manter distância das implicações do desastre para que estas possam ser abordadas pouco a pouco. O trabalho de luto é o processo de aprendizagem pelo qual cada mudança resultante é progressivamente compreendida (tornada real) e é estabelecido um novo conjunto de concepções sobre o mundo. Ninguém absorve de uma só vez a realidade de um evento tão importante como um luto.

Como expliquei, há muitas maneiras de evitar a realidade da perda. Há, também, grande variação na duração e no grau da evitação. Algumas pessoas expressam seus sentimentos de maneira mais ou menos livre e aberta após a perda do cônjuge, enquanto outras tentam inibir seus sentimentos, mas tudo o que conseguem é adiá-los: poucas conseguem passar pelos três primeiros meses do luto sem expressar, em algum momento, um desespero intenso.

Na Pesquisa de Londres tentou-se, a partir de relatos e de observações, avaliar a gravidade do distúrbio emocional nos primeiros meses (ver Anexo, seção 17). Verificou-se que as viúvas apresentavam três padrões de expressão de luto.

Um grupo ficou seriamente perturbado uma semana após o luto; continuou assim durante o primeiro mês, e muitos deles ao longo do segundo mês. No terceiro mês, a maioria estava apenas levemente perturbada. Um segundo grupo mostrou emoções moderadas na primeira semana; uma semana mais tarde a maioria estava gravemente perturbada, mas o pesar logo cedeu e a recuperação foi mais rápida do que nos demais casos. As viúvas remanescentes mostraram pouca ou nenhuma emoção na primeira semana do luto, conseguiram evitar o pesar, mas por volta da quarta semana a maioria estava moderadamente perturbada. Três meses depois, estavam todas perturbadas, em graus maiores ou menores, mas certamente mais do que qualquer outra dos demais grupos.

Mesmo durante o primeiro mês, esse grupo de viúvas queixava-se de ter mais sintomas físicos do que aquelas que tinham tido uma crise na primeira semana; dores de cabeça, insônia, palpitações e dores diversas eram freqüentes e três delas tiveram queda de cabelo no primeiro mês. Cerca de um ano depois, a situação geral foi avaliada como boa em somente um dos casos, enquanto as outras ainda apresentavam sintomas psicológicos de um tipo ou de outro.

Por que esse grupo fracassou no que se refere a reagir emocionalmente ao luto? Muitos dos fatores já descritos tiveram relevância. Ou seja: essas viúvas eram, em média, nove anos mais novas do que as outras estudadas, e somente uma delas tinha mais de cinqüenta anos de idade. Os maridos haviam morrido de repente, de morte não esperada. Além disso, a maioria (cinco das sete) tinha antecedentes de distúrbios psiquiátricos, muito mais quando comparadas com um terço das demais viúvas. Após a perda, elas pareciam ter conseguido evitar as expressões iniciais do luto de várias formas. Por exemplo, haviam-se envolvido pouco em manifestações de luto formal (apenas uma usou roupas escuras) e nenhuma foi ao crematório ou ao cemitério depois do funeral.

Algumas mantiveram-se deliberadamente ocupadas para evitar sentimentos, como se dissessem: "Eu tinha tanto a fazer, que era como se estivesse sempre com a marcha engatada". Foram incapazes de chorar, embora algumas tivessem essa vontade: "Acho que se chorasse muito, poderia me sentir melhor".

ANSIEDADE E PESAR

Entre as pessoas que buscaram ajuda psiquiátrica depois de uma perda, a ansiedade é um sintoma muito freqüente e, em geral, ocorre simultaneamente ao luto crônico. Para examinarmos mais profundamente as razões pelas quais algumas pessoas ficam mais ansiosas do que outras, e também para estudar detalhadamente as influências da infância sobre o luto posterior, desenvolvi um questionário para medir retrospectivamente os padrões de apego entre filhos e pais, a partir da perspectiva da criança que, então, já era um adulto (Parkes, 1991a e 1995a). Este questionário foi respondido por sessenta pessoas enlutadas quando foram encaminhadas para tratamento psiquiátrico comigo, e foi completado, uma segunda vez, seis meses após o tratamento. Os resultados não somente confirmaram as expectativas de Bowlby quanto à perda de um dos pais na infância ser associada a uma maior tendência ao pesar e a um aumento do número de sintomas após uma perda na vida adulta, mas também mostraram que outras influências parentais negativas contribuíram para a reação que tiveram ao luto, quando adultos. Em especial, aqueles pais cujo comportamento poderia provocar medo na infância (por exemplo, quando eles mesmos eram muito ansiosos) tinham filhos que se descreviam como nervosos e inseguros e que reagiam a um luto na vida adulta com ansiedade e pânico. Por outro lado, a depressão é associada mais de perto à experiência de pais que causam sentimentos de desamparo, um resultado que pode indicar que depressão e câncer juntos (como sugerido na pesquisa descrita no Anexo, seção 2) têm maior tendência a ocorrer em pessoas com predisposição para o desamparo. Para mais detalhes sobre esta pesquisa, ver Anexo, seção 16.

DEPENDÊNCIA

Quando uma pessoa é muito dependente de outra ou mantém uma relação de apego inseguro com outra, o rompimento dessa relação tende a dar margem a problemas. Na Pesquisa dos Prontuários, os pacientes psiquiátricos enlutados que ainda apresentavam sintomas do luto quando foram internados no hospital, com muito mais freqüência, descreviam a pessoa morta como tendo sido "dependente" deles. Isso aponta para um aspecto recíproco nas relações. A é útil para B porque faz coisas para ela que ela não sabe ou não fará sozinha, mas B é útil para A porque o faz sentir-se útil. De alguma forma, as pessoas que perdem um parente que se apóia nelas estão em posição semelhante à da mãe que perde um filho.

A Pesquisa de Harvard teve resultados que indicam que a saudade, vista como o desejo intenso de encontrar a pessoa morta nas primeiras semanas, é preditora de luto crônico posteriormente. Também encontramos uma associação forte entre a intensidade da saudade sentida três semanas após a perda e as avaliações feitas pelos pesquisadores (com codificação das entrevistas que haviam sido gravadas em áudio) sobre a extensão na qual a pessoa havia sido "dependente" do morto. Um exemplo de muito envolvimento foi o caso da sra. J., que ficou intensamente pesarosa e saudosa durante muitos anos depois da morte do marido. A descrição feita por ela sobre a forte identificação com ele já foi mencionada (ver p. 89). Ela havia-se casado aos 37 anos com um homem dezoito anos mais velho. Após a aposentadoria dele, doze anos mais tarde, ele voltou-se totalmente para a casa, para o jardim e para a mulher. Ele detestava quando ela saía para trabalhar. "Ele ficava em casa, só se preocupando comigo". Nos últimos dez anos, havia começado a aparentar a idade que tinha, envelhecera muito, e ela cuidara dele em casa nos três anos finais do câncer de pulmão que o matou. "Quando nos casamos, ele não se parecia com os homens mais velhos, mas dez anos depois ele ficou doente, envelheceu muito e tive de tomar conta dele... Sentia que poderia protegê-lo... Satisfiz todos os seus caprichos, fiz tudo para ele... Dei tudo de mim para ele".

A devoção ao marido era tanta que, à medida que a dependência dele por ela aumentava, ela passava cada vez mais tempo à beira do leito. Parou de visitar amigos e familiares e, se tivesse de sair de casa, tinha muita pressa em retornar. Conseqüentemente, a morte do marido não somente a privou do papel principal que havia desempenhado na vida, mas deixou-a isolada socialmente e com uma sensação de fracasso.

O caso da sra. S. ilustra outra forma de relacionamento, que tem semelhanças com a da sra. J., pois ambos os casos de perda foram acompanhados por um luto patológico grave como vi em poucos casos. A sra. S., que havia crescido no exterior, fora uma criança doente, infeliz na escola e educada pelo pai a maior parte do tempo. A mãe era dominadora e ela cresceu nervosa e tímida, convencida de que era incompetente para qualquer tarefa prática. Quando deixou a escola, aos dezessete anos, permaneceu em casa com a mãe, levava os cachorros para passear e, o que lhe dava muita satisfação, ajudava a cuidar de uma criança doente. Deixou a casa da mãe aos vinte anos, mas continuou sendo sustentada por ela. Sua ocupação principal, nessa época, era cuidar de crianças, como babá.

Aos 28 anos, conheceu um homem vinte anos mais velho, separado da esposa. Ele havia-se aposentado da Marinha e tinha dificuldade em se adaptar à vida civil. "No início, nossa vida era absolutamente ideal. Tudo era tão bom, e ele era ótimo". Não havia necessidade de explicar coisa alguma, ele aceitava tudo. Ela percebeu que podia fazer muitas coisas que jamais havia feito. "Eu não tinha medo de nada com ele. Eu podia cozinhar, preparar novos pratos. Era tanta alegria! Não tinha a sensação de ser incompetente... Pude me encontrar totalmente". Passaram, então, a viver juntos e ela passou a assinar, por ato judicial, o nome do marido *de facto*. Ela se entristeceu muito por nunca ter engravidado, mas apesar disso e do fato de serem muito pobres, ela descreve esse período como o melhor de sua vida.

O sr. S tinha uma tosse de fumante que, embora angustiasse muito a mulher, foi mantida sob controle até 1959, quando fazia onze anos que estavam juntos. Nesse ano, ele teve uma hemorragia do pulmão e ficou internado no hospital durante seis semanas. Logo que retornou à casa, entrou em coma. O médico disse que ele havia tido um acidente vascular cerebral e que os rins e pulmões quase não estavam funcionando. Ele não conseguia mexer os membros, mas comunicava-se com ela pelos olhos. Naquela mesma noite a enfermeira a acordou para dizer que ele havia morrido.

A reação severa e duradoura desta mulher à perda do marido foi descrita na página 135. Ela ainda estava profundamente enlutada nove anos e meio depois, e havia perdido a confiança na habilidade de levar uma vida que valesse a pena, num mundo que percebia como perigoso e inseguro: "Não tenho muita fé na bondade das coisas", ela disse.

O mais importante na relação da sra. S. com o marido parecia ser não sua dependência dele, mas seu relativo controle da situação. Pela primeira vez na vida, ela sentia-se uma pessoa útil e competente. Considerava que ele a havia aceito sem fazer críticas e, talvez por não se sentir criticada, descobriu novas habilidades, que nunca pensou possuir. Ela "se descobriu", ou seja, encontrou um novo modelo de *self*, mais satisfatório. Por outro lado, precisava da presença do marido para manter em ação esse *self*. Quando ele morreu, não só ficou muito pesarosa pela falta dele, como regrediu a fases nas quais se sentia incompetente, como lhe havia sido impingido na infância. Todos os problemas daquele período, bem como os de sua juventude, voltaram a atormentá-la, e seu processo de luto, em lugar de ser a passagem de um estado de organização para um de desorganização e depois para o estabelecimento de um novo estado, tornou-se "congelado", fixado em um único estado.

O termo "fixação" define uma parada em uma série contínua de mudanças na organização e no planejamento psicológicos que são necessários para atendermos às demandas de um mundo em transformação. Aparentemente, a "fixação" ocorre em situações de grandes mudanças e o termo é usado com freqüência para identificar algumas formas de atraso no desenvolvimento na infância. Como Bowlby (1963) demonstrou, porém, pode ser usado adequadamente para significar um "atraso" no processo de mudança que segue uma mudança importante na vida adulta, inclusive uma perda. Assim sendo, uma pessoa que continua enlutada por mais tempo do que o esperado, como foi o caso da sra. S., pode ser entendida como "fixada".

Surgem algumas dificuldades, porém, que poderiam nos levar a usar de cautela ao empregar esse termo. Em primeiro lugar, fixação é mais uma descrição do que uma explicação. Se dissermos que a sra. S. sofre de luto crônico porque tem uma fixação na segunda fase do processo de enlutamento, pouco estaremos acrescentando à afirmação inicial a respeito do luto crônico. Além do mais, as fixações não são necessariamente tão "fixas" quanto o termo poderia nos fazer esperar. Às vezes, é possível distinguir o embotamento das crises de tristeza e também da depressão como um traço importante do luto crônico e, a partir daí, descrever os que sofrem como fixados na primeira, segunda ou terceira fases do luto, mas o que ocorre, com freqüência, é que oscilam entre as fases (da mesma maneira que faz o enlutado típico) e não há um ponto definido para a fixação. A sra. S., por exemplo, poderia ser considerada fixada na segunda fase do luto, de procura pelo marido, mas ao mesmo tempo mostrava um comportamento que poderia ser atribuído a uma fase muito anterior de fixação, a fixação na fase de dependência da mãe, da qual ela nunca havia saído totalmente.

Os resultados disponíveis nos permitem indagar: por que a sra. S. teria vivido o luto dessa maneira? Uma possibilidade a ser considerada é o ganho secundário derivado do luto. Ela usou o luto como uma desculpa para evitar encarar as responsabilidades e perigos da nova vida? Isso não seria nenhuma surpresa, pois sua mãe há muito tempo já tinha deixado claro para ela que sua atitude de fraqueza física e mental justificava essa atitude de dependência. O luto perpétuo é um preço alto que se paga pela auto-estima, principalmente se as outras pessoas não ficam convencidas desse luto por muito tempo. Os amigos e parentes da pessoa enlutada são, no início, muito presentes e dão atenção, mas essa atenção logo cessa se o luto não for amenizado, fazendo com que em pouco tempo o enlutado crônico seja deixado sozinho, com freqüência queixando-se de que "ninguém o entende". A sra. S. tinha uma vida solitária, pois conseguira afastar muitas das pessoas com quem tinha contato. Seu luto não fez com que as pessoas continuassem a apoiá-la, pelo que sei, embora desse isto como uma explicação e, conseqüentemente, como justificativa para seu fracasso em enfrentá-lo. Talvez fosse mais importante para ela justificar o fracasso aos seus próprios olhos do que aos dos outros.

No entanto, penso que esses ganhos secundários não constituem uma explicação satisfatória para mais do que uma parte da reação patológica ao luto. Conversando com pacientes como a sra. S., fica-se muito impressionado pela calorosa intensidade de sentimentos ainda vinculados à pessoa morta; parece que a magnitude do investimento psicológico total na relação torna difícil para o sobrevivente perceber e aceitar a possibilidade de continuar a existir sem o outro. "Ele era tudo", dizia a sra. S. e, contrastando, o resto do mundo era "nada". Outra maneira de ver esse tipo de problema foi desenvolvida por Horowitz *et al.* (1980). Eles sugerem que as relações atuais mantêm guardadas auto-imagens e modelos anteriores de relacionamentos que reemergem quando a pessoa está enlutada. O casamento permitiu que a sra. S. acreditasse em sua competência, mas quando terminou, a imagem prévia de si mesma como incompetente se reafirmou.

A experiência prévia de perda pode ser útil ou prejudicial, dependendo do resultado que tiver trazido. Há algumas pesquisas cujos resultados mostram que às pessoas podem aprender com a experiência de lidar com perdas (Bornstein *et al.*, 1973), mas, com freqüência, os psiquiatras atendem as pessoas que lhes foram encaminhadas após uma perda que parecia trivial e que acabou provocando uma reação que, na verdade, estava relacionada a uma perda anterior. Barnes (1987) concluiu que 48% dos 105 pacientes que procuraram atendimento na clínica *Bereaved in Trouble* (Enlutados em dificuldades) tinham perdas anteriores não resolvidas.

Bowlby (1963) sugeriu que as crianças que sofrem a perda de um dos pais, em especial da mãe, na infância, podem estar predispostas a um comportamento de apego excessivo e a apresentar pesar muito intenso mais tarde. Essas conclusões foram obtidas por meio de uma pesquisa comparativa com trinta pacientes psiquiátricos adultos, quinze dos quais haviam perdido a mãe antes dos quatro anos de idade, e quinze cujas mães morreram quando eles eram adolescentes. Treze do grupo de enlutados na infância (e só quatro do grupo dos enlutados na adolescência) "tendiam a ligar-se emocionalmente de forma desesperada a uma figura que representasse segurança". Infelizmente, esse tipo de comportamento levou exatamente à rejeição que se queria evitar (Barry *et al.*, 1965). Outros estudos (Birtchnell, 1975a) trouxeram confirmação para estes resultados, com o fato de que pacientes psiquiátricas que haviam perdido a mãe antes dos onze anos de idade apresentavam altas pontuações de "dependência". Muitos deles se tornaram pessoas cronicamente envolvidas com preocupações e vulneráveis à depressão na idade madura.

AMBIVALÊNCIA

Muito já foi escrito na literatura psiquiátrica sobre os efeitos da dissolução dos relacionamentos, nos quais os sentimentos de amor e ódio estavam presentes simultaneamente. Fenichel (1948), por exemplo, considera a *ambivalência* como causa de um processo de luto muito intenso. Nesses relacionamentos, o desejo de ferir o outro é freqüente, e a morte da pessoa pode ter sido desejada conscientemente. Quando o desejo de morte do outro é atendido, a pessoa que assim o desejou fica com um sentimento de culpa que pode ser difícil de suportar. Então, pode tentar expiar sua culpa por meio de luto intenso e prolongado.

A pesquisa com pacientes psiquiátricos enlutados traz resultados que dizem que a ambivalência realmente contribui para reações patológicas, mas é muito difícil de ser realizada. A distorção retrospectiva, em especial a idealização da pessoa morta, é tão comum após a perda que fica difícil saber o quanto se pode confiar nos relatos sobre a relação interpessoal com essa pessoa. Da mesma forma, se uma mulher tinha dificuldade em relacionar-se com o marido e também teve dificuldade em fazer novos relacionamentos após a morte dele, isto em si não é suficientemente convincente de que uma coisa leve a outra, pois ambas podem ser resultantes de uma outra, preexistente, de estabelecer relacionamentos. Mesmo assim, qualquer pessoa que tenha trabalhado clinicamente com pacientes psiquiátricos enlutados fica muito impressionada com a freqüência em que a ambivalência pelo morto é vista pelo paciente como um problema importante. Minha experiência confirma essa impressão.

Como foi apresentado no último capítulo, a culpa é relatada com mais freqüência pelas mulheres que tiveram uma doença mental após a perda, do que entre viúvas não selecionadas por essa especificidade. Mesmo assim, isto foi relatado por metade das viúvas da Pesquisa de Londres e não deve causar surpresa que aqueles que apresentaram mais culpa ao longo do primeiro ano do luto também tenham admitido que havia muitas brigas entre o casal (ver Anexo, seção 14). Além disso, elas relataram também um número significativamente mais alto de sintomas físicos e apresentaram uma tensão genérica maior do que as outras viúvas e tinham menos sensação confortante da presença física de seu marido por perto. Um ano após, tendiam a isolar-se socialmente, visitavam pouco os amigos e os familiares, e estavam menos felizes do que aquelas cujo relacionamento com o marido havia sido satisfatório.

Na Pesquisa de Harvard, viúvas e viúvos que relataram duas ou mais aéreas de conflito no relacionamento tendiam a apresentar pontuações mais baixas nas medidas acerca da situação final do processo do que aqueles que tinham menor número ou nenhum conflito. Isto foi particularmente notado nos casos em que foi possível prever a perda. Nesses casos, a existência de um relacionamento livre de conflitos com a pessoa morta permitiu que o parceiro se preparasse para a perda. A morte do parceiro com o qual a relação era conflituosa permitiu menos sofrimento durante as primeiras semanas do luto do que nos casos em que havia conflito. Os viúvos ou viúvas riam mais e procuravam fazer mais visitas do que os outros; superficialmente, não pareciam estar mais tocados pelo luto do que o esperado. No entanto, esta aparente recuperação tinha vida curta. Um ano mais tarde, o mesmo grupo apresentava sinais de tensão e ansiedade permanentes e, quando acompanhados, de dois a quatro anos após a perda, 82% ainda estavam ansiosos, 45% estavam deprimidos e 61% tinham dificuldades em enfrentar suas responsabilidades. O mais marcante é que quase dois terços estava desejando a volta do parceiro com o qual haviam vivido em conflito (comparado com menos de um terço dos demais).

Uma pessoa que apresentou muita dificuldade em enfrentar o luto não resolvido foi a sra. Q., que estava com 45 anos quando o marido morreu. Eles estavam casados há 26 anos, mas o relacionamento nunca havia sido bom. Ela dizia que sempre tinha gostado muito do marido, mas ele não tinha o mesmo sentimento por ela e nem lhe expressava muito afeto. Isto poderia ser atribuído ao ciúme que ele tinha do relacionamento dela com os filhos, mas de acordo com um amigo que os conhecia bem, o "temperamento terrível" dela havia contribuído para tal estado de coisas. Em qualquer circunstância, havia muitas brigas. A sra. Q. descrevia a relação como "muito intensa".

Muitos anos antes da morte, o sr. Q. teve um acidente vascular cerebral. Fora uma pessoa cheia de energia, meticulosa e prática e sentiu-se muito frustrado por estar parcialmente paralisado e dependente da mulher. Tornou-se implicante, queixoso e ressentido, culpando-a por tudo e criticando-a injustamente. Ela o forçava a fazer mais e mais e fazia planos para um futuro juntos, mas "tudo o que ele me dava eram críticas e maus-tratos". Pior ainda era que ele freqüentemente dizia desejar que ela também tivesse um derrame. Ela se preocupava muito e queixava-se de dores de cabeça que, de acordo com seus temores, indicariam um derrame. Ele morreu repentinamente, durante a noite. Quando foi informada que era inútil continuar tentando respiração boca-a-boca porque ele já estava morto, a sra. Q. não acreditou: "Não entrava na minha cabeça".

As coisas pioraram quando o testamento foi lido e ela descobriu que a maioria dos bens estava sob custódia. Ela se tornou amarga, ressentida e dizia: "O que eu fiz para merecer isto?". Passava grande parte do dia tentando convencer médicos e advogados a contestar o testamento, a partir da consideração de que o marido não estava em condições psíquicas adequadas quando o escreveu. Quando, por fim, eles se recusaram a apoiá-la neste pedido, ficou furiosa com eles e, quando a entrevistei, mencionou uma enorme lista de pessoas que a haviam rejeitado.

Junto com esta profunda raiva, havia forte sentimento de culpa, que ela era incapaz de explicar, enquanto passava muito tempo justificando cada aspecto da conduta com o marido. Ela era uma pessoa inquieta e assustada, pulando de uma atividade para outra, incapaz de se concentrar. Durante o ano seguinte, continuou agitada e teve ataques de pânico. Em diversas ocasiões queixou-se de sintomas semelhantes aos do marido. Com sua atitude agressiva, afastou amigos e profissionais que procuravam ajudá-la.

Um psiquiatra receitou-lhe vários remédios que a ajudaram um pouco, mas treze meses após a perda declarou que não estava melhor do que no ano anterior. "Se ao menos eu fosse uma viúva comum... esta amargura, o testamento... essas são as palavras horríveis. Fico pensando todo o tempo que deve haver uma saída". E, no entanto, "se ele pudesse voltar amanhã, eu o amaria do mesmo jeito".

Fica-se com a impressão de que se esta mulher tivesse conseguido apagar a imagem do marido, como um "mau pedaço de sua vida, ou como se ele fosse louco, teria sido mais fácil esquecê-lo". Mas ela era incapaz de fazer isto. Seus protestos serviram apenas para levantar mais dúvidas sobre o estado de sua mente. Ao condená-la durante a vida e mesmo na morte (pelo testamento), o marido ameaçou destruir sua auto-estima. "Sinto que se tivesse aceitado o que ele fez para mim, teria me destruído, caído em uma armadilha". Sua atitude para com o mundo traía o medo que tinha disto, e porque hostilidade provoca hostilidade,

179

criou uma situação na qual era mesmo repetidamente rejeitada pelos outros. Dessa forma, a raiva, em lugar de capacitá-la para superar perigos externos reais, perpetuou a situação que deveria resolver.

Por que foi tão difícil para esta mulher se permitir aceitar a culpa e a perda da auto-estima que ameaçavam emergir? Podemos tentar alguns palpites. Talvez a pessoa recém-enlutada necessite de toda confiança em si que puder conseguir; a sensação de desolação interna é tão grande diante de uma perda importante que alguma medida de valor pessoal tem de ser mantida a todo custo. Por outro lado, a resposta neste caso pode ser encontrada nas atitudes mais permanentes desta mulher. Ela parecia não confiar na vida e ver as pessoas como más e perigosas, de quem nada teria a não ser brigas. Se, como eu suspeitava, era uma visão de mundo que a acompanhava desde muito tempo, de experiências de sua primeira infância, ficava mais fácil entender por que sua auto-estima tinha de ser mantida a todo custo. Em um mundo assim, em quem mais você pode confiar a não ser em si mesma?[1]

Em uma situação contrastante com a sra. Q está a sra. D., cuja reação à morte do marido "artista" foi descrita nas páginas 109 e 128-9. Enquanto a sra. Q. tentava combater as críticas implícitas e explícitas que o marido lhe havia feito, e ao fazê-lo armava-se contra o mundo, a sra. D. aceitava as críticas e tentava reorganizar-se em relação a ele, ao mesmo tempo que tentava tolerar a culpa que admitia ter. Mesmo assim, um ano depois ela ainda estava isolada socialmente e tomada por idéias de auto-acusação. "Sinto-me uma criminosa, terrivelmente culpada", ela dizia.

Uma pesquisa feita por Shanfield (1979) apresenta confirmações sobre o efeito das dificuldades conjugais no luto familiar. Entre os fatores preditores de resultados ruins foram encontrados: "processo de tomada de decisão distorcido, expressão de afeto restrita, falta de resolução de conflitos e insensibilidade para os sentimentos".

AUTO-ESTIMA

A *baixa auto-estima* é freqüentemente encontrada em pessoas que procuram ajuda após uma perda. Por exemplo, em uma pesquisa com 138 viúvas e viúvos idosos em Salt Lake City, Lund *et al.* (1985) des-

---

1. Psicanalistas como Rochlin (1965) e Erikson (1950) escreveram muito sobre as raízes da confiança e da auto-estima, mas tentar uma revisão compreensível a respeito do que foi estudado nesta área nos levaria além do objetivo deste livro.

cobriram que esta era a única variável encontrada duas a três semanas depois da perda, que predizia o aparecimento de "dificuldades significativas no enfrentamento" dois anos mais tarde. Não é possível dizer, com toda a certeza, se neste estudo a perda da auto-estima precedeu ou sucedeu o luto, mas parece bem possível que seja o reflexo de uma insegurança há muito existente e que perdurou também por muito tempo. A essência da baixa auto-estima é a falta de confiança que a pessoa tem em controlar seu próprio mundo. Algumas vezes, os psicólogos chamam-na de "baixo *locus* de controle interno", e alguns métodos de avaliação foram desenvolvidos. Stroebe *et al.* (1988) perceberam que uma combinação de morte inesperada e baixa crença nos controles internos eram as duas variáveis associadas ao crescente risco de depressão e sintomas de ansiedade somática (distúrbios no sistema nervoso autônomo), em um grupo de sessenta viúvas alemãs que foi pesquisado durante um período de dois anos após a perda. Em outras palavras, a falta de auto-estima torna as pessoas mais vulneráveis a lutos inesperados.

INFLUÊNCIAS SOCIAIS E CULTURAIS

A dificuldade em expressar sentimentos às vezes reflete um estilo familiar. "Sempre fui educada para esconder minhas emoções", disse uma viúva. Outra ainda descreveu como a irmã não permitia que ela chorasse: "No funeral, ela disse: 'As pessoas podem ouvi-la'. O encarregado do enterro disse a ela para me deixar em paz... Minha irmã disse 'Ele já se foi e não há por que chorar'".

Maddison (1968) relatou resultados que corroboram a afirmação acima: as viúvas que tiveram maior número de problemas de saúde sentiram que não permitiam aos que estavam por perto falar sobre a morte do marido, nem que seus sentimentos fossem expressos abertamente. Harari (1981) considera que este deve ser um problema especialmente sério para as viúvas de médicos, pois podem considerar inadequado a mulher de um médico demonstrar sentimentos negativos.

Gorer (1965) concluiu, em sua pesquisa, que "a maioria dos britânicos nos dias de hoje... não tem nem ajuda nem orientação nessa crise de infelicidade e solidão que ocorre na vida de todas as pessoas". Ele é de opinião que o declínio da crença e dos rituais religiosos formais retiraram uma forma importante de orientação. Independentemente das inclinações pessoais das viúvas que evitavam o pesar, em minhas pesquisas ficava claro que elas não se envolviam em manifestações de luto formal, e é difícil acreditar que o mesmo tivesse acontecido em uma sociedade que mantivesse expectativas definitivas sobre as expressões ritualísticas de luto.

Em resumo, havia ali um grupo de mulheres jovens e inseguras, que não estavam preparadas para o luto, membros de uma sociedade e, além disso, de uma geração que havia abandonado tanto a expressão formal de pesar quanto a crença na eficácia do ritual. Tinham vindo de famílias que desencorajavam a expressão aberta de sentimentos negativos ou estavam tão dispersas que não tinham qualquer espécie de expectativa. A premência das tarefas diárias e a convicção de não poder "desmoronar",[2] ou ter uma crise diante dos filhos parece ter contribuído para levar essas viúvas a restringir a expressão de pesar. As conseqüências sobre a saúde física e mental já foram descritas.

A sra. F. tinha 45 anos e o marido era dez anos mais velho. Ele morreu repentina e inesperadamente. Havia trabalhado por muitos anos em seu próprio negócio, o que havia absorvido muito de seu tempo e interesse. Com a mulher, a relação era um tanto distante, embora nunca brigassem. A sra. F. era uma mulher inteligente, trabalhadora e tinha ambições de ascensão social.

O marido morrera enquanto trabalhava no jardim, em casa, no sul de Londres. Embora fosse de conhecimento da família que ele tinha um problema cardíaco, sua mulher ficou totalmente surpresa quando voltou das compras e o encontrou morto no jardim. Ela ficou "chocada" e não sentiu qualquer outra emoção nos três dias seguintes. Como tinha muitas responsabilidades em relação aos negócios dele, manteve-se muito ocupada. Tomava remédios para dormir, mas, mesmo assim, acordava muito cedo e, quando isso acontecia, ocupava-se escrevendo cartas. Estava sempre inquieta, queixava-se de dores de cabeça por tensão, fraqueza e perda de apetite. No fim da terceira semana após o luto, começou a sentir-se cansada. Ficava cada vez mais ansiosa e deprimida, sentia falta da orientação que o marido lhe dava nos negócios, e temia o futuro. Pela primeira vez, e para seu grande desgosto, começou a ter episódios de choro descontrolado.

---

2. A ligação que se assume existir entre a "crise" de controle emocional e a doença mental — a "crise" nervosa — reflete o medo contemporâneo das emoções fortes. Em razão de seus antecedentes, esse grupo tinha motivos para temer uma situação como essa. Parece razoável supor que a inabilidade para controlar emoções foi responsável pela doença que esta viúva relatou.

Nessa época, ela vivia com os três filhos, de dezessete, doze e dez anos, respectivamente. Não conseguia conversar com eles sobre a morte do pai, e a irritação que sentia aumentou a lacuna que havia entre os quatro. Como atéia confessa, sentia que suas crenças não seriam úteis para os filhos e achava que o funeral tinha sido "horrível". O único parente com quem tinha algum contato era a mãe, mas, como dizia: "Eu gosto dela, mas ela se preocupa tanto comigo que tenho medo de contar-lhe qualquer coisa".

Ela continuou tensa, ansiosa e constantemente deprimida ao longo do ano. As dores de cabeça persistiram, e passou a ter indigestão crônica. Para manter o padrão de vida, assumiu a direção dos negócios do marido, embora detestasse o trabalho e a responsabilidade. O relacionamento com uma das filhas tornou-se péssimo a ponto de esta, cujas avaliações escolares estavam muito ruins, recusar-se a fazer qualquer coisa que a mãe sugerisse. A atitude hostil da filha levou ao rompimento do relacionamento entre a sra. F e um amigo.

Embora a sra. F. expressasse pouca necessidade de estar em luto pelo marido, na verdade ela estava intensamente pesarosa, sentia muita falta da segurança que ele lhe proporcionava e daquilo que suas esperanças e seus desejos não mais lhe trariam. Ela dava a impressão de estar envolvida em uma batalha contínua para manter seu *status* e suas posses. Embora após a morte do marido estivesse mais pobre, do ponto de vista financeiro, não conseguiu aceitar as mudanças de estilo de vida e parecia colocar todas as esperanças em um segundo casamento.

Tomaria muito tempo discutir sobre todas as nuances desta situação, mas vale a pena reiterar, neste ponto, os quatro fatores principais que podem explicar por que a sra. F. evitava expressar seu sofrimento pela morte do marido. Em primeiro lugar, o fato de ela não ter com ele uma relação amorosa muito próxima permitia que fingisse não ter razão para ficar pesarosa e que a vida poderia continuar como antes. Em segundo, a visão que tinha de si mesma, como uma mulher inteligente, sofisticada, bem-posicionada, capaz de controlar seu destino, implicava suprimir qualquer sinal de fraqueza. Ela detestava chorar pelos danos que isso acarretaria a sua auto-imagem. Em terceiro, por não ter uma fé religiosa, não conseguia tirar partido dos rituais tradicionais de luto que teriam dado algum apoio às suas expressões de desespero. Por fim, não tinha parentes próximos com quem pudesse partilhar seu pesar e a inabilidade de se comunicar eficazmente com os filhos serviu apenas para aumentar sua sensação de desamparo e isolamento.

Muito já foi dito sobre o quanto concordo com a hipótese de Gorer a respeito dos efeitos da ausência atual de expectativas e rituais sociais que facilitem o luto. Essa ausência colabora para a ocorrência de reações de luto patológico, embora eu não vá tão longe quanto ele quando sugere que esta é a principal causa do comportamento desadaptado.

Os estudos antropológicos sobre funerais e costumes para o período do luto são tantos, que não será possível revê-los detalhadamente. Eles nos interessam tanto para mostrar a universalidade do luto quanto o grau de variação de uma sociedade para outra. Rosenblatt *et al.* (1976), comparando relatos de uma amostra estratificada de 78 sociedades diferentes, notaram que a agressividade, sem restrições, pode ser muito perigosa, após uma perda. Sociedades em "larga escala" lidam com isto indicando "especialistas em ritual", cujo papel é canalizar e redefinir esses sentimentos para buscar atividades ritualizadas alternativas. Outras marcam e isolam o enlutado e, a partir daí, o consideram como alguém especial, do qual guardam uma distância apropriada.

A pesquisa feita por Burgoine (1988) apóia a visão de que as sociedades que encorajam a expressão de pesar tendem a ter menor número de problemas após uma perda. Foi feito um estudo comparativo, no qual a autora utilizou o mesmo esquema da Pesquisa de Londres para entrevistar e comparar um grupo de viúvas, em New Providence, nas Bahamas. Essas mulheres, que vivem em uma cultura que espera e encoraja expressões de pesar, apresentaram melhor estado de saúde e menos problemas psicológicos do que as viúvas que moravam em Londres. De maneira semelhante, uma pesquisa comparativa entre mulheres escocesas e swazis, que relataram suas reações diante da morte de um parente próximo, duas semanas e um ano após a morte, mostrou que, embora as swazis tivessem chorado e sofrido mais no início do período de luto, um ano mais tarde estavam menos afetadas por sentimentos de culpa do que as escocesas (Lowell, Hemmings e Wear, 1993).

Por outro lado, Norbert Mintz, que trabalhou em uma clínica de saúde mental com os índios navajos, nos Estados Unidos, contou-me que essa população normalmente "reprime e suprime a morte e o luto". Os nomes dos mortos não são mais mencionados a partir de três dias após a morte, e muitos navajos mais velhos de quem ele tratou recusavam-se a lembrar o nome dos pais mortos. Ele verificou que "aproximadamente um terço dos pacientes que freqüentaram a clínica de saúde mental tinham uma história de morte de uma pessoa próxima no ano anterior". Ele dizia ter conseguido ótimos resultados com a terapia, que objetivava ajudar esses pacientes a expressar seu luto, e que os resultados "vieram ao encontro ou excederam as melhoras na saúde de todos os (outros) pacientes".

A *rede social* em torno da pessoa enlutada pode ter muita influência no caso da viúva, quando pode lhe dar ou não apoio nos novos papéis, e também no início da nova identidade, como viúva. Novamente, nesta situação há dificuldades em estudar estes fatores. Por exemplo, as viúvas da Pesquisa de Londres que viram um número reduzido de amigos e parentes nos treze meses que sucederam a perda do marido tinham perturbações psicológicas mais significativas do que as que estiveram mais com essas pessoas, e sou tentado a dizer que o isolamento social é causa de problemas psicológicos. Em outros estudos, há confirmação de que existe uma ligação entre isolamento social e depressão, como o que foi realizado por Pasternak *et al.* (1994b), e em um outro, similar, realizado por Harlow *et al.* (1991). Precisamos, porém, ter cuidado ao assumir que isso signifique necessariamente que o isolamento cause a depressão, pois o problema psicológico pode ser igualmente causa de isolamento social: pessoas deprimidas em geral se afastam de amigos e parentes. Não há conclusões válidas que possam ser tiradas dessas evidências.

Se concentrarmos nossa atenção na proximidade física de parentes adultos com grande afinidade, dois terços dos que conseguem um bom ajustamento ao luto (nove entre catorze) tinham parentes próximos vivendo na vizinhança, enquanto o mesmo ocorria apenas com um terço dos que tiveram mau ajustamento ao luto (três entre oito).

Uma ligação interessante entre apoio social e auto-estima foi sugerida por Dalgard *et al.* (1994). Depois dele, o estudo de Brown e Harris (1978) afirma que o apoio social amortece as pessoas contra os efeitos de experiências de vida dolorosas sobre a saúde mental (incluindo o luto). Concluíram, também, que esse efeito se aplica somente a pessoas que têm sentimentos de impotência e falta de controle sobre sua própria vida.

Mais evidências sobre a importância do apoio familiar e da comunidade próxima, como os vizinhos, é apresentada na pesquisa feita por Ablon (1973), sobre a recuperação de famílias de Samoa, que perderam filhos em conseqüência de graves queimaduras. O fato de terem contado simultaneamente com ajuda prática, apoio emocional, fé religiosa e envolvimento próximo, em um sistema de parentesco extenso, parece explicar a recuperação rápida que apresentaram para um tipo de problema que, em outras circunstâncias, teria sido muito traumático.

É evidente que o apoio social varia de cultura para cultura. Isso explica a diferença encontrada por Catlin (1993) entre estudantes universitários americanos e espanhóis. Em sua pesquisa, ele constatou que, enquanto os estudantes espanhóis que sofreram uma perda confiam e continuam gostando de pessoas com as quais se relacionam, os americanos mostraram uma redução na confiança e no afeto por outras pessoas.

A presença de crianças pequenas em uma família enlutada — não importa a idade — tende, a curto prazo, a ser associada a uma sobrecarga psicológica considerável. Poderíamos pensar que sua presença seria um presente dos deuses para a viúva, no sentido de colocá-la diante da necessidade de desempenhar seus papéis e também de oferecer fontes de satisfação. Isto pode ser verdadeiro a longo prazo, mas é também verdadeiro que a responsabilidade de garantir a satisfação das necessidades físicas e emocionais dos filhos, numa época que, em razão do próprio luto, a viúva está menos disponível do que nunca para tal, é causa de grande desgaste para ela. As numerosas tarefas práticas e as novas responsabilidades da nova líder da família já são suficientemente onerosas para ela. Quando se considera que, além das tarefas especiais que surgem como conseqüência do luto em si, e que incluem a necessidade de trabalhar para sobreviver, a viúva com filhos em casa tem de continuar dando conta das tarefas domésticas e dos deveres maternos, não é de surpreender que ela tenha muita dificuldade em enfrentar esta situação.

Vamos comparar as duas maneiras pelas quais duas viúvas, a sra. G. e a sra. H., enfrentaram o problema de lidar com os filhos em casa.

A senhora G., imigrante, com 27 anos na época da morte do marido, ficou com dois filhos: Peter, de dois anos, e um bebê, Mary, de um ano. A própria sra. G. havia sido enviada para um orfanato aos quatro anos de idade, quando sua mãe morreu. Em conseqüência de sua experiência na infância, estava determinada a jamais separar-se dos filhos. "Eu sempre tive a sensação de que minha mãe era a única que nos queria", ela disse. Ela havia sido casada por cinco anos com um operário, que a levara para a Inglaterra, onde seria mais fácil conseguir emprego. Três anos após o casamento, ele teve o diagnóstico de um tumor, que lhe causava muitas dores de cabeça e irritabilidade. Ficou hospitalizado durante sete meses, em estado de coma, antes de morrer.

Como ele havia trabalhado pouco tempo na Inglaterra e não tinha tomado todas as providências burocráticas para garantir seu seguro, a sra. G. não tinha direito a uma pensão como viúva. Ele não lhe deixou dinheiro e ela não tinha uma profissão que lhe garantisse a sobrevivência. Em conseqüência, estava totalmente dependente dos pagamentos da Previdência oficial. Vivia em um apartamento de um quarto, em uma casa deteriorada, em estilo vitoriano, na região leste de Londres. Aquecimento, iluminação, alimentação e vestimenta eram obtidos, para ela e a família, por meio da ajuda recebida da Previdência. Não era à toa que ela estivesse constantemente deprimida e angustiada a respeito de sua possibilidade de sobreviver e cuidar dos filhos nessa situação.

Sua família vivia no exterior e, embora tivessem pago para que o corpo do marido fosse enterrado no país natal, era evidente que sua situação financeira ficaria ainda pior se ela voltasse para o país de origem. Durante as três primeiras semanas após a morte do marido, ela ficou tão envolvida com questões práticas que teve pouco tempo para viver o luto. No final do primeiro mês, no entanto, foi ficando cada vez mais deprimida e dormia cada vez pior. Como tinha pouco apetite, economizava alimentando-se apenas com chá e deixando a comida para os filhos. Ela havia emagrecido cerca de dez quilos quando a entrevistei, seis semanas depois da morte do marido, e tinha crises de vertigem, dispepsia e queda de cabelos. Seu clínico geral havia prescrito um composto de vitaminas, mas, cinco meses mais tarde, ela continuava no mesmo estado e havia apresentado um problema de pele que era, provavelmente, decorrência da desnutrição. Ao longo do ano, acumulou uma série de problemas: ameaça de despejo, doenças dos filhos, problemas no relacionamento com a Previdência, e, o maior de todos, risco de doenças consigo mesma. Como um pesquisador nada imparcial e muito envolvido, vi-me persuadindo proprietários de imóveis, convencendo a Previdência e consultando médicos por ela, e foi nessa função que descobri que ela, longe de ser desamparada, era muito talentosa na arte da persuasão. Os filhos estavam sempre limpos, contentes e bem cuidados.

Nove meses após a morte do marido, ela passou um mês com a família e voltou com uma aparência melhor e sem os sintomas físicos que haviam causado tanta ansiedade. Quando a entrevistei, quatro meses depois, ainda continuava preocupada, com muitos problemas, tinha episódios de depressão e voltava toda a sua atenção exclusivamente para os filhos. Tinha apenas uma amiga e disse que na semana da entrevista não havia conversado com adultos. Ela estava planejando colocar os filhos no jardim-de-infância tão logo eles tivessem idade para isso, e iria procurar um emprego. Não tinha intenção de se casar, pois não encontraria alguém melhor do que o marido, e como ele havia sido muito ciumento, a fez prometer, em seu leito de morte, que jamais se casaria novamente.

Viajei a trabalho para o exterior, por um ano. Quando voltei, a sra. G. havia-se mudado do apartamento e não consegui localizá-la. Meu palpite era de que ela estava conseguindo resolver seus problemas e seria surpreendente se, depois de tudo que havia enfrentado, não continuasse a garantir o amor e os cuidados materiais de que os filhos precisavam.

A situação da sra. H. era semelhante à da sra. G. em muitos aspectos. Ela também era imigrante, sem parentes na Inglaterra, ambas tinham a mesma idade, e seu marido também morrera de câncer. Assim como a sra. G., a senhora H. havia ficado com os filhos pequenos para criar e teve de escolher entre ficar em casa e cuidar deles ou separar-se deles. Ela vivia em uma parte decadente de Londres e tinha dificuldade em resolver seus problemas. Tinha também uma abordagem muito objetiva diante da vida e inteligência era o que não lhe faltava.

Aqui terminam as semelhanças. A sra. H. havia crescido em uma cidade na África. Seu pai morrera quando ela era muito pequena, aos dois anos de idade, e a mãe a deixara aos cuidados de uma tia, por longos períodos, enquanto viajava pelo país vendendo tapetes. Apesar desses períodos de separação, a sra. H. havia tido uma infância feliz. Era muito apegada à mãe e à tia e tinha vários amigos. Na escola, era ótima aluna e, quando se formou no colegial, com quinze anos, passou um ano em casa e depois empregou-se como professora primária até casar-se, dois anos mais tarde.

Acompanhou o marido na mudança para a Inglaterra e viveram em um bairro de Londres onde muitos de seus amigos de infância também foram viver. O marido trabalhava em um escritório e fazia um curso noturno, para se formar como protético. Ele vinha se dedicando muito para obter essa qualificação havia dois anos, quando um tumor maligno foi encontrado em sua perna esquerda. A doença progrediu gradualmente, mas a sra. H. conseguiu cuidar dele em casa até três semanas antes da morte. Então, ele começou a apresentar confusão mental, incontinência urinária e ficou evidente que ela não poderia mais cuidar dele. Ela estava preparada para a morte, mas ainda sofreu duramente nas primeiras três semanas. Via-se envolvida com as lembranças do marido e, com freqüência, enganava-se quando via alguns homens, pois pensava que pudesse ser ele.

A sra. H. ficou com quatro filhos pequenos, com idades entre nove e dois anos. Durante o período terminal do marido, sofreu um desgaste muito grande e, após a morte, decidiu que o melhor a fazer seria enviar os dois filhos mais velhos para viver com a mãe, na África, e os mais novos, de quatro e dois anos, foram colocados em uma instituição para crianças, a pouca distância de sua casa, para que pudesse trabalhar e vê-los todas as semanas.

188

Até encontrar a instituição em que colocaria os filhos, transcorreram seis semanas, mas uma vez decidida sobre esses planos, houve considerável diminuição da ansiedade e do pesar. Ela morava na mesma casa com vários amigos, e eles compartilhavam da mesma cozinha. Ela escrevia semanalmente para a mãe e para tia, e visitava os filhos menores na instituição, onde os encontrava felizes e gostando muito da pessoa que cuidava deles. Começou a trabalhar como cozinheira e também iniciou um curso noturno. O trabalho era duro, ela sofria de insônia, e às vezes tinha dores de cabeça. Em todos os outros aspectos, porém, estava muito bem e feliz. Calculava que havia conversado com 24 amigos e um parente durante a semana anterior, mas, embora tivesse saído com outros homens, não pensava em se casar antes de terminar os estudos. Foi aprovada facilmente em seus primeiros exames anuais e ficou surpresa e um tanto orgulhosa com a própria competência. Foi essa sensação de crescente competência, mais do que qualquer outra coisa, que a tornou relutante em se casar logo.

Esses dois casos ilustram bem a diferença que os filhos dependentes podem exercer na vida de uma viúva. De um lado, temos a sra. G., corajosamente lutando para manter os filhos, a um alto custo. Seu ajustamento só poderia ser descrito como frágil, pois ela quase não tinha vida social, e sua saúde física estava constantemente ameaçada, mas os filhos, obviamente, estavam indo bem. Por outro lado, temos a sra. H., saudável e bem-sucedida, como nunca estivera antes. Não é possível, porém, determinar o preço de seu sucesso, uma vez que sabemos pouco sobre o efeito que a permanência na instituição teve sobre seus filhos menores. As observações de Bowlby e outros indicam que tais separações são potencialmente patogênicas, mas tudo depende das circunstâncias e da qualidade da relação estabelecida com a pessoa que substitui a mãe ausente.

Os fatores econômicos raramente são um problema importante nas comunidades mais abastadas, mas têm um papel preponderante nas mais pobres. Um estudo de Ide *et al.* (1992), no qual uma amostra de 64 viúvas anglo-americanas foi comparada a uma amostra de 53 viúvas hispano-americanas, em intervalos de seis meses após a morte do marido, indicou que as hispano-americanas eram mais pobres e tinham um nível educacional mais baixo do que as anglo-americanas, e também apresentaram mais problemas de saúde durante o luto.

AVALIAÇÃO DE RISCO

Conhecendo as determinantes do luto podemos identificar as viúvas e as pessoas enlutadas que correm "alto risco" e podem vir a ter problemas, ou seja, as pessoas para as quais seria apropriado oferecer aconselhamento ou outras formas de ajuda para o período do luto. Isso já vem sendo feito em muitos *hospices*, nos quais os enfermeiros e outros profissionais que chegam a conhecer a família antes do luto podem garantir que os familiares considerados em situação de risco possam receber a ajuda de que necessitam. Algumas instituições usam questionários baseados em resultados de pesquisa para quantificar o risco. Esses métodos de avaliação não apenas nos permitem oferecer a ajuda onde ela é mais necessária, mas também nos indicam quem responderá melhor à ajuda dada.

Naturalmente, nossa habilidade em predizer o curso do luto nunca será perfeita. Muitos eventos e circunstâncias imprevisíveis fazem com que essas tentativas sejam apenas aproximadas. Mesmo assim, os resultados já obtidos indicam que os métodos sistemáticos de predição, por meio de questionário, são mais válidos do que um "palpite informado". Eles também mostram que não se pode contar que as pessoas que necessitam e irão se beneficiar de aconselhamento venham a procurar ajuda; é necessário que o serviço lhes seja oferecido. Um relato detalhado dessa medida é dado em *Recovering from bereavement* (Parkes e Weiss, 1983) e seu valor em um contexto de *hospice* é confirmado por Beckwith *et al.* (1990).

A partir dos resultados disponíveis, nossa família de alto risco tem uma viúva com filhos pequenos, vivendo em casa, e sem parentes próximos nas vizinhanças. Ela é uma mulher tímida, apega-se às outras pessoas, reagiu mal à separação no passado, e tem uma história de depressão. Como tinha uma relação muito próxima e intensa com o marido, com muita dependência ou ambivalência, não está preparada para esta morte repentina e prematura. A tradição familiar e cultural impede-a de expressar os sentimentos que ameaçam emergir. Outras situações de estresse que acontecem antes ou depois da morte do marido, como perda de rendimentos, mudança de casa e dificuldades com os filhos aumentam seu desgaste. Ela reage ao luto com crises de dor e saudade, com uma pronunciada auto-acusação e/ou raiva. Esses sentimentos, em vez de diminuir, como seria de se esperar, tendem a persistir. Pouco é dito aos filhos sobre a gravidade do estado de saúde do pai, e eles são impedidos de participar dos rituais de luto da família. Ficam magoados com as barreiras que encontram nas tentativas de falar a esse respeito, e reagem com medo e/ou raiva. A aprendizagem e o comportamento na escola ficam prejudicados, o que pode levar a respostas superprotetoras ou punitivas. A relação mãe-filhos pode inverter-se, com a mãe esperando apoio por parte dos filhos, mostrando-se muito ansiosa em relação a eles e/ou reagindo com raiva à raiva deles. Instala-se um círculo vicioso de crescente ansiedade e tensão, que tende a se perpetuar. O resultado final assemelha-se a um rompimento na função normalmente suportiva da família e na saúde mental de um ou mais de seus membros, com o risco de que esses problemas sejam transmitidos às futuras gerações.

Após estas considerações, precisamos levar em conta que estamos falando somente em termos de possibilidades. Uma família pode encaixar-se em todos esses fatores preditivos e manter-se funcionando adequadamente após uma perda, assim como pode não apresentar nenhuma dessas características e, mesmo assim, tornar-se disfuncional. Em um mundo infinitamente variável, há lugar sem fim para variações.

12
AJUDANDO O ENLUTADO i
Princípios gerais

Sua lógica, amigo, é perfeita
Sua moral, verdade atroz
Porém o som da terra no caixão dela,
*É o que ouço, e não sua voz.**

James Russel Lowell

Se o luto pode ter efeitos deletérios sobre a saúde física e mental, o que pode ser feito para evitar esses efeitos, e para quem essa ajuda deveria ser oferecida? A primeira fonte de apoio para a maioria de nós é, ou deveria ser, nossa família. Afinal, é para isso que as famílias existem. Depois da família, os amigos são a próxima fonte de apoio. Muitos médicos e religiosos poderiam considerar que dar apoio às pessoas que estão morrendo, e aos enlutados, é também parte de seu papel, mas, ao longo do tempo, têm recebido pouco treinamento nesta área. Recentemente, enfermeiros de várias especialidades, assistentes sociais e outros profissionais começaram a se interessar pelo tema e o aconselhamento para o luto passou a receber reconhecimento especial, tanto dos profissionais quanto dos voluntários. Os psiquiatras sempre tiveram papel importante nos cuidados da pequena minoria de pessoas enlutadas que apresentam distúrbios psiquiátricos em razão desse luto, mas em sua formação profissional só recentemente passou a ser dada suficiente atenção a tópicos relacionados à perda e ao luto. Os psicólogos foram os

---

* Your logic, my friend, is perfect, / Your moral most drearily true; / But, since the earth clashed on her coffin, / I keep hearing that, and not you.

últimos a entrar nessa área, mas agora estão podendo mostrar a importância de seu trabalho.

Parte da razão para o aumento do interesse de profissionais e voluntários surge da insuficiência de apoio disponível, ou da família ou de outro âmbito social, para que seja dada a ajuda necessária. Em uma pesquisa sobre as dificuldades vividas por 57 adultos, em Minnesota, que davam apoio a enlutados (Rosenblatt *et al.*, 1991), há muitos relatos de conflitos entre membros da mesma família. Esses conflitos estavam relacionados à falta de apoio, à invasão, às acusações de que estavam pouco ou muito enlutados, às percepções conflitantes sobre a pessoa morta, às atitudes e aos comportamentos para com a pessoa morta quando estava viva e à redistribuição de papéis e responsabilidades familiares. Dificuldades interpessoais também surgiram em relação aos amigos. Muitos se afastaram porque não tinham experiência prévia com perda, não sabiam o que fazer e temiam piorar as coisas. Essa pesquisa confirma as observações feitas pelo grupo de Vollmann (1971), no Colorado. Esse grupo estava vinculado a um serviço funerário e, com freqüência, era solicitado para ajudar famílias que estavam emocionalmente despreparadas para a perda: "As normas culturais são mínimas, ineficientes, contraditórias ou mesmo inexistentes". Também necessitam de apoio os indivíduos que se tornaram isolados, embora se recusem a receber a ajuda oferecida. Ao contrário, existe menos necessidade de ajuda nas subculturas em que as mortes prematuras são ainda freqüentes e os sistemas de apoio se mantêm intactos.

Raphael (1977) mostrou que, enquanto a percepção da própria família como não solidária é um dos indicadores mais fortes de maus resultados na elaboração do luto, é também um dos melhores preditores de *bons* resultados após o aconselhamento.

Neste capítulo, abordarei alguns dos programas que foram desenvolvidos e a pesquisa empregada para testar sua eficiência.

PREPARAÇÃO PARA O LUTO

A partir dos dados apresentados no capítulo anterior, poderia parecer que uma morte de certa forma previsível apresenta tendência menor a alterar o ajustamento psicológico dos enlutados do que no caso da morte prematura. Isto pode ser devido ao fato de, quando a morte é considerada previsível, a pessoa enlutada preparar-se psicologicamente, mais do que quando a morte é inesperada ou prematura. Mas como alguém pode se preparar para o luto?

Mesmo quando a morte ocorre muito antes da idade em que seria normalmente esperada, há em geral algum aviso. Este pode vir na forma de um fato, como um enfarte ou um derrame, que aumenta a possibilidade de morte prematura, mas não dá indicação definida de quando ela ocorrerá. Ou pode ser na forma de uma doença progressiva, como um câncer inoperável, que traz uma expectativa de morte dentro de um período de tempo mais definido. Naturalmente, é muito raro que alguém possa saber com precisão a hora da morte, e as previsões dadas por médicos e enfermeiros não são confiáveis, como já foi demonstrado (Parkes, 1972).

A diferença entre esses dois tipos de aviso é que, enquanto o câncer permite que alguns planos sejam feitos, o andamento do processo após um enfarte ou um derrame é tão incerto que apenas planos contingenciais são possíveis. A mulher cujo marido tenha tido um único enfarte coronariano pode apenas dizer: "Se ele tiver outro enfarte poderá morrer". Nessas circunstâncias, dois planos são necessários: um para a sobrevivência e outro para a morte. Na prática, suspeito que seja muito difícil fazer uma preparação psicológica adequada em circunstâncias tão incertas e, a menos que o marido insista em encarar o risco por si mesmo e conversar sobre isso com a mulher, ela tenderá a deixar a ameaça de lado e agir, como muitos de nós faríamos, assumindo que não há necessidade de se preparar para o futuro que é incerto, e sobre o qual preferimos não conversar.

Mesmo quando a morte previsível ocorre, com considerável grau de confiança nos médicos que cuidam do paciente, como já vimos no Capítulo 5, a tendência é não acreditar, ignorar ou distorcer a verdade. A extensão dos fatos depende daquilo que se considera necessário ou não esconder a verdade do paciente, e é muito raro que marido e mulher consigam falar abertamente a esse respeito. Os familiares tendem a esconder a verdade do doente, para protegê-lo do sofrimento. Hinton (1967) constatou, em um estudo com pacientes próximos da morte, que esta encenação raramente dá certo em sua totalidade. Ele visitava pacientes em um hospital geral, a intervalos fixos, durante o processo de doença deles, e anotava em especial os comentários que faziam sobre suas expectativas de recuperação. Sabia-se que alguns tinham uma doença fatal, enquanto outros não. Essa experiência levou o pesquisador a duas conclusões importantes. Uma era que, apesar do que lhes havia sido dito, a maioria dos pacientes terminais percebia que iria morrer logo. A outra era que a oportunidade para falar sobre essas possibilidades tão perturbadoras era vista de maneira muito positiva por eles. Longe de provocar tristeza na enfermaria, por aborrecer os pacientes com suas perguntas, Hinton percebeu que a maioria deles ficava contente por poder discutir seus medos com uma pessoa que os ouvia com atenção e simpatia, e que não insistia em provocar uma alegria que eles não tinham.

Essa pesquisa não é única. Muitos outros estudos foram realizados nesta área, e tendem a confirmar o resultado geral a respeito da dificuldade que enfermeiros, médicos e parentes têm em se comunicar com a pessoa que está morrendo. A discrição deles reflete a própria inabilidade em entender o conceito de morte: "O que posso dizer?".

Nos últimos anos, os *hospices* têm-se estabelecido em muitos lugares do mundo e têm por característica dar igual importância às necessidades físicas, psicológicas, sociais e espirituais, tanto do paciente quanto de seus familiares. O objetivo é oferecer uma condição na qual morrer seja "seguro". Pode parecer paradoxal, mas a experiência mostra que é possível auxiliar o paciente e a família para que obtenham uma aceitação tranqüila da real situação.

É menos uma questão de "o que o médico deve dizer?", do que "quanto o médico deve dizer, quando dizer e como dizer?". Quando os pacientes são internados, geralmente estão deprimidos e assustados. Eles estão passando pela experiência de uma doença longa, muitas vezes dolorosa, e vendo sua saúde se deteriorar, apesar dos tratamentos e cirurgias drásticas a que se submeteram. Em uma situação como essa, a verdade, da qual já se suspeitava, pode vir como um alívio: "Pelo menos, sei o que está acontecendo", mas somente às vezes. Há outros pacientes que, quando perguntam sobre a verdade, estão desesperadamente buscando se reassegurar, mas não querem de fato saber a verdade: "Não é câncer, é, doutor? Porque, se for câncer, eu me mato". É claro que, em um caso como este, precisamos primeiramente saber o que a pessoa quer dizer com a palavra "câncer", pois é bem possível que a imagem que faz da doença pouco tenha a ver com a doença deles em si.

Quando tentam ajudar pacientes em fase terminal, os médicos e os enfermeiros participam de um processo de transição psicológica que requer tempo, empatia e confiança. Uma enfermaria que recebe recursos psicológicos e espirituais da equipe médica os capacita para aceitar a morte como um acontecimento importante e significativo. As necessidades físicas e psicológicas dos pacientes tornam-se a preocupação central de todos, e pode fazer com que muitos pacientes, ao longo do tempo, venham a falar sobre os vários medos e perdas que os atormentam.

Uma unidade cirúrgica muito movimentada não é um bom lugar para morrer, porque a equipe está preocupada com os esforços heróicos que faz para salvar vidas, e o paciente que não pode ser salvo representa um fracasso para todos. Se, no entanto, a inevitável progressão da doença puder ser aceita, o hospital pode tornar-se um lugar para estar em paz. Em um lugar assim, a doença é vista como um fator entre os muitos que influenciam a paz de espírito do doente; dá-se atenção ao clima social do hospital e o tratamento físico e medicamentoso tem por objetivo o alívio dos sintomas que causam desconforto. Medidas para o prolongamento da vida são consideradas, com aspectos da qualidade de vida que ainda existe. Há total consciência de que tentativas infrutíferas para prolongar a vida podem resultar em finais muito amargos.

Aqui os pacientes logo descobrem que a equipe quer conhecê-los e considera-os como pessoas. "O câncer de pulmão do último leito" transforma-se em "Chris Jones, que está deprimido porque a mulher está sozinha em casa" e os enfermeiros sabem que podem sentar-se e conversar com os pacientes sem ter de ouvir que devem voltar ao trabalho, pois conversar com os pacientes também é trabalho.

A mulher que compartilhou pensamentos e planos com o marido à morte e também com outras pessoas, que começou a antecipar como seria a vida sem ele, e que tomou providências para administrar adequadamente questões práticas, está em uma posição muito melhor para enfrentar o luto do que aquela que fingiu que o marido iria sobreviver até que fosse tarde demais para se preparar. Quando ambos sabem que há outros por perto que podem ajudá-la no período de ajustamento, é mais fácil para ambos enfrentar a situação e, ao enfrentá-la, aproveitar o tempo que lhes resta juntos.

Isso não significa que o luto antecipatório possa ser sempre completo. Não importa o quanto as pessoas pensem que se prepararam para o luto, sempre há coisas que não podem ser antecipadas. Isto resulta, em parte, da semelhança entre planejar e desejar. Esta verdade pode ser vista em nossa relutância em comprar o caixão antes da morte. O próprio ato de comprar um caixão pode parecer perigoso.

No Capítulo 2, teci considerações sobre a distinção entre elaboração do luto e elaboração de uma preocupação, e não é necessário repeti-las aqui. É suficiente dizer que, se os pacientes terminais e seus familiares tiverem tempo e apoio por parte dos que estão próximos, poderão usar a "preocupação" com bons resultados. Quando a morte acontece, então, é vista como mais um passo no processo de transição psicossocial para o qual todos se prepararam e no qual todos da família têm sua parte. Algumas pesquisas (Cameron e Parkes, 1983; Ransford e Smith, 1991) mostraram que parentes de pacientes que morreram em instituições como os *hospices* sofreram menos do que aqueles que morreram em outros locais (ver Anexo, seção 18).

O IMPACTO DO LUTO

Vamos nos voltar agora para a pessoa recém-enlutada, e considerar as formas de ajuda de que ela necessita no momento. (Como muitas de minhas pesquisas foram realizadas com viúvas, freqüentemente refiro-me à pessoa enlutada como viúva, embora muito do que apresento aqui se aplique também aos homens viúvos, e às pessoas enlutadas, por outro tipo de perda.) Enquanto a pessoa enlutada está em estado de entorpecimento, pode precisar de ajuda para as coisas mais simples. Também precisa de tempo para poder colocar suas idéias em ordem e entender o que aconteceu. A primeira tarefa dos parentes e amigos próximos é ajudá-la com o que precisa ser feito, como a última ida ao hospital para buscar alguns pertences, ou informar as outras pessoas, levar o enlutado para casa e cuidar dele.

Quando ela já for capaz de fazer isso, precisará de ajuda para tomar as providências legais e para o funeral. Uma viúva pode precisar ser protegida das boas intenções de vizinhos e amigos, mas sem possessividade, pois precisa de amigos e é importante que não se afaste deles. É uma boa idéia chamar amigos e vizinhos e pedir-lhes ajuda prática até que o choque inicial da perda tenha passado, quando, então, a viúva poderá aceitar o carinho que eles querem oferecer. Este conselho não contradiz o outro, mais genérico, sobre não se fazer aquilo que vá inibir a expressão adequada de luto, mas acontece que é especialmente difícil nas primeiras horas que as pessoas consigam de fato "sintonizar" com as verdadeiras necessidades psicológicas da viúva. Até que ela tenha-se apercebido do que aconteceu, da perda, durante a fase de entorpecimento ela ainda se encontra confusa e desorganizada. Não tem planos que lhe permitam enfrentar a situação e precisa de tempo e proteção contra pessoas invasivas.

Foi para proteger os enlutados de sofrimento excessivo que Benjamin Rush, o famoso médico americano e signatário da Declaração da Independência, escreveu: "Pessoas afetadas pelo luto devem ser levadas para fora do aposento em que seu parente morreu e não deveriam ver o corpo. De maneira alguma pode ser permitido a elas que acompanhem a cerimônia até o enterro". Poucos concordariam que esta superproteção é adequada nos dias de hoje, assim como também não concordaríamos com a prescrição do dr. Rush para os enlutados: "doses liberais de ópio". Suas observações servem, porém, para enfatizar o desamparo específico dos enlutados durante os primeiros dias após uma perda importante. Uma ajuda, nesses primeiros dias, por menor que seja, é sempre lembrada mais tarde com gratidão especial.

Outro local no qual muito pode ser feito para minimizar o impacto do luto é a Sala de Emergência (ou Pronto Socorro), onde médicos e enfermeiros têm o desagradável dever de informar aos familiares sobre uma morte repentina ou inesperada. Se fizerem isso de maneira sensível e solidária, sem pressa, de forma a garantir que as pessoas não fiquem esperando por informações e para que a experiência seja a menos traumática possível, terão feito muito para mitigar o horror que pode ser causado por lembranças pós-traumáticas persistentes. Uma avaliação recente da introdução de um programa especial que objetivava a melhora dos cuidados apresentou excelentes resultados (Adamowski *et al.*, 1993).

OS RITUAIS DO LUTO

Nos Estados Unidos, o agente funerário (ou diretor funerário) tem um papel muito maior no aconselhamento do que no Reino Unido. Muitas pessoas investem em seu funeral e o diretor funerário normalmente tenta avaliar a condição financeira da pessoa enlutada antes de se decidir sobre o tipo de funeral que irá recomendar. Ele está em posição de aconselhar o enlutado sobre questões financeiras. Recentemente, foram publicados muitos livros com críticas aos diretores funerários inescrupulosos, que haviam sido acusados de terem tirado vantagens de sua posição para persuadir pessoas a pagar altas quantias por funerais desnecessariamente luxuosos. Caixões almofadados e caros, embalsamamento, roupas especiais, maquiagem facial foram satirizados por Evelyn Waugh em seu romance *The loved one* (O amado) e criticados mais seriamente por Jessica Mitford (1963) e Leroy Bowman (1959). Muito deste comportamento perdulário pode ser atribuído à tradição de deixar o corpo em um local elegante para o velório, antes do enterro.

Como resultado a essas críticas, teve início um movimento para que fossem feitos funerais mais simples, com caixões fechados, liderado pela Continental Association of Funeral and Memorial Societies (Associação Continental das Sociedades Funerárias e Memoriais.) Essa organização recomenda o planejamento prévio do funeral, pelo casal. Oferece uma lista com nomes de diretores funerários que se dispõem a preparar os funerais a preços módicos, além de orientação sobre questões legais referentes à doação de órgãos para hospitais e escolas de medicina.

Qual é o valor monetário de um funeral? É mais fácil perguntar do que responder. O funeral é geralmente considerado o último presente dado ao morto, e não há dúvida de que muitos dos que comparecem para apresentar seus respeitos estão tratando o morto como se ele ainda estivesse vivo, pronto para partir em uma viagem. Os que propõem uma mudança nos funerais ressaltam o componente irracional dessas atitudes, enfatizam a futilidade das tentativas de fazer o corpo parecer vivo ou de produzir uma ilusão de estar dormindo, se a morte nada tem a ver com dormir. Com essa atitude totalmente objetiva, fazem com que os agentes funerários pareçam trapaceiros e as pessoas, tolos cheios de culpa.

No entanto, mesmo se acreditarmos que os rituais relacionados ao luto não têm qualquer valor para os mortos, será que não têm valor para os vivos? Nos capítulos anteriores, foi exaustivamente mostrado que a morte física e a morte social não acontecem simultaneamente. O luto é um processo de aperceber-se, de tornar real o fato da perda. Esse processo leva tempo e, enquanto for assistido, qualquer coisa que force o teste de realidade no período inicial tende a causar dificuldades. Reações de pânico, enclausuramento massivo de emoções e/ou a repetição constante de experiências traumáticas parecem ser conseqüências comuns de uma confrontação prematura. Uma morte dolorosa, um corpo mutilado ou destroçado podem perturbar e causar medo nas lembranças do enlutado, evitando, assim, lembranças mais felizes do morto. "Eu fico vendo o rosto dele, mutilado, é como se alguém de repente ficasse passando esse *slide*", disse uma mulher, após a morte repentina do irmão em um acidente de automóvel. Essa lembrança era, de certa forma, atenuada pela lembrança do funeral, que foi "terrivelmente bonito". Ela trazia fotografias do cortejo em sua carteira, e mostrava-as para as pessoas, como se estivesse demonstrando como havia tentado reparar o dano.

Na Pesquisa de Londres, oito viúvas falaram sobre ver o corpo após a morte. Três delas ficaram horrorizadas com o que viram, e esse horror permaneceu como uma lembrança desagradável; por outro lado, quatro faziam referência à aparência de tranqüilidade do corpo, que as fazia pensar que o marido estava descansando. "Ele parecia bem, como um menininho. Senti que havia morrido tranqüilo", ou "Gosto de pensar nele assim. Ele estava sorrindo e parecia estar em paz. Dava para ver que ele estava bem. Nas últimas semanas, ele estava sofrendo e mostrava isso, mas depois de tudo...".

Um número ainda maior de viúvas e viúvos de Boston havia visto o corpo do morto. Apesar dos esforços do agente funerário, os sentimentos eram confusos. Metade do número das mulheres e um quarto do número dos homens sofreram com a experiência. Mesmo assim, havia pouca crítica sobre o trabalho funerário, e a maioria das viúvas e viúvos mostrava-se agradecida pela ajuda recebida.

O funeral, em si, pode dar margem tanto a sentimentos negativos como positivos. Naturalmente, causa dor à maioria dos enlutados, mas a atitude geral de cerca de metade das viúvas de Londres e de dois terços das de Boston era favorável. "Foi uma cerimônia muito bonita"; "Ainda gosto de me lembrar das palavras ditas pelo padre"; "Cinqüenta dos colegas de trabalho dele vieram, foi uma provação, mas fiquei muito orgulhosa. Como eles o respeitavam!"; "Faz você não se sentir só, você tem em quem se apoiar". Esses comentários parecem significar que as crenças expressas no funeral e o apoio social é que são vistos positivamente.

Em contraste, sentimentos negativos ou confusos foram expressos por algumas pessoas que estavam claramente despreparadas para a maneira forçada pela qual o funeral, e em particular os comportamentos associados a ele, trouxeram para casa a realidade da perda e do luto. "Quando o caixão foi para o forno, pensei: 'E se ele não estiver morto?' Foi como se eu levasse um soco". "Eu ainda guardo na memória as cenas da cerimônia". "Foi horrível, não quero falar a respeito". "Foi péssimo. Era a última cremação do dia e para os funcionários não tinha importância alguma o que estava acontecendo. Quando vi o caixão descer para o forno, pensei que nunca mais o veria mesmo". Cremação, escolhida por mais da metade das viúvas de Londres (mas ainda rara nos Estados Unidos) era com freqüência vista como mais mecânica, triste e alienante do que o enterro. Por outro lado, era valorizada, a partir de questões de higiene e simplicidade: "É tão mais limpo. O túmulo não fica lotado, é tudo tão bem cuidado!"

Não é possível, por meio das histórias contadas pelas viúvas da Pesquisa de Londres e suas opiniões sobre os aspectos ritualísticos do luto, estabelecer julgamentos definitivos sobre os méritos relativos da cremação e do enterro. A preferência do cônjuge, assim como as expectativas culturais e pessoais que conjuntamente determinam a escolha, também dão o padrão de referência pelo qual a decisão foi justificada. Não há confirmação para os resultados de Gorer (1965) sobre as reações mais graves de desespero serem mais freqüentes em casos de cremação do que de enterro. Sete entre nove pessoas enlutadas, segundo Gorer, que estavam em estado de desespero prolongado, haviam reagido dessa maneira após a cremação.

Embora algumas das viúvas da Pesquisa de Londres tenham visitado o crematório, escrito o nome do marido no Livro de Lembranças e freqüentado muitas cerimônias celebradas para eles, havia uma tendência menor a se sentir próxima da pessoa morta no crematório do que no cemitério. Isto era considerado por algumas viúvas como uma marcante desvantagem da cremação.

De maneira geral, tenho a impressão de que para essas jovens viúvas o funeral aconteceu cedo demais para que pudesse ter um significativo valor psicológico positivo. A primeira semana do luto era muito pouco tempo para que as cerimônias de luto pudessem ser um ritual de passagem bem-sucedido. Mesmo assim, o funeral teve o efeito de manter a família próxima à viúva e o apoio oferecido foi recebido como uma fonte de satisfação e ajuda por mais da metade das viúvas na Pesquisa de Londres.

Em muitas partes do mundo, mas particularmente na Austrália, os agentes funerários oferecem serviços de aconselhamento para as pessoas enlutadas que foram seus clientes. A primeira vez que ouvi falar a esse respeito foi em Boston, Massachusetts, onde o administrador de um cemitério judeu emprega os serviços de uma encarregada de Relações Públicas, ela mesma uma viúva, que oferece apoio e conselhos práticos às viúvas que têm seus maridos enterrados nesse cemitério. Ela organiza encontros anuais para as viúvas, para os quais convida palestrantes que dão informação especializada sobre carreiras para mulheres, educação de jovens, psicologia do luto e outros temas relevantes. É surpreendente a grande proporção de viúvas que são convidadas e comparecem às reuniões e que demonstram estar gostando muito do serviço que lhes é oferecido.

O aspecto incomum desse serviço é que ele é parte do contrato, quando o marido compra um túmulo nesse cemitério, o que lhe permite estar comprando também apoio para a mulher, num período que ela poderia necessitar. Como em outros tipos de seguro, este pode satisfazer o desejo do marido de continuar a "cuidar" da mulher mesmo depois de sua morte, e pode, portanto, eliminar uma possível fonte de ansiedade.

RELIGIÃO E RITUAL

Um mês após a morte do marido, treze viúvas, dentre dezoito da Pesquisa de Londres, que afirmaram acreditar em Deus, disseram que a fé as havia ajudado; os resultados de uma pesquisa feita por Austin e Lennings (1993) indicam que aqueles que expressam crença em Deus apresentam menos depressão e desesperança no luto do que os descrentes. A relação entre religião e ajustamento, no entanto, não é simples. Houve evidências, na Pesquisa de Londres, de que aqueles cujas crenças religiosas os ajudaram a colocar a experiência do luto em uma perspectiva significativa enfrentaram melhor a perda do que aqueles que não tinham essa fé, mas também ficou evidenciado que muitos dos praticantes não tiveram melhores resultados em seu processo de enlutamento. Austin e Lennings não acharam evidências de que algum grau de conhecimento ou compromisso com as crenças cristãs pudesse ter um efeito moderador sobre a depressão ou a desesperança. A visão de Deus como um pai amoroso e protetor dificilmente é mantida em face de uma perda precoce, e a possibilidade de se reencontrar um dia com o marido não ajuda a viúva a tolerar a sua ausência agora. Por outro lado, uma pesquisa feita por Bohannon (1991) indica que as mães, e não os pais, que perderam um filho apresentam menos pensamentos recorrentes, despersonalização e perda de controle se são freqüentadoras assíduas da igreja, do que as que não o são.

De maneira geral, tenho apenas a impressão de que várias das viúvas mais religiosas eram mulheres inseguras que haviam tentado encontrar na relação com Deus o mesmo tipo de apoio que haviam procurado nos maridos. Uma vez que essas mulheres tendem a reagir mal ao enlutamento, não é de surpreender que a "fé em Deus" e "ser praticante" não estejam necessariamente relacionadas a uma boa elaboração do luto.

Três quartos das viúvas de Londres disseram pertencer à Igreja anglicana; o número das que pertenciam a outras igrejas era muito pequeno, o que não permitiu comparações entre grupos. A pesquisa feita por Bornstein *et al.* (1973) apresenta algumas evidências do valor da fé religiosa. Nesse estudo, 40% das viúvas que apresentaram síndrome depressiva nunca haviam ido à igreja, comparadas a apenas 17% das que não estavam deprimidas.

Crenças e rituais que oferecem uma explicação para a morte e apoio social para a expressão do pesar deveriam reduzir a confusão sentida pelos recém-enlutados e, até mesmo, ter valor psicológico em ajudá-los a expressar sua dor. Como já foi observado, Gorer lamentou o declínio na prática de rituais de luto, hoje, e credita a isso a responsabilidade por muitos problemas de saúde mental de pessoas enlutadas. Em meu próprio trabalho, obtenho apoio para a idéia de que aqueles que não conseguem expressar sofrimento nas duas primeiras semanas após a perda tenderão a apresentar mais perturbações do que os que fizeram o contrário.

Não basta, porém, recomendar que seja feito o ritual. É necessário acreditar nele. Em sua pesquisa sobre hábitos para o luto, na

Inglaterra contemporânea, Gorer (1965) afirma que o período de *shivah* dos judeus ortodoxos é um exemplo do costume que parece dar apoio por meio de ritual para o luto. Os três judeus ortodoxos que ele entrevistou afirmaram considerar de valor terapêutico "o luto expresso abertamente e de maneira muito concentrada", como ocorre nos primeiros sete dias após a morte. Nesse período, são feitas orações para o morto, espera-se que os enlutados passem a maior parte do tempo conversando com os que os visitam, e que falem a respeito da pessoa morta. Minha impressão, depois de conversar com um bom número de judeus inteligentes, de classe média, é menos favorável que a de Gorer. Esses homens indicaram que, ao mesmo tempo que o *shivah* serve para a função tradicional de manter a família unida no período do luto, há a tendência para que essa reunião seja usada como forma de se distanciar do luto, em lugar de ser uma ocasião para expressá-lo. As conversas com as pessoas geralmente se transformam em um bate-papo neutro e as expressões abertas de emoção são evitadas, como em qualquer outra situação "pública". O enlutado "bem-sucedido" é visto como aquele que mostra controle adequado de suas emoções em todas as ocasiões. Nessas circunstâncias, o velório, o enterro ou o *shivah* tornam-se uma experiência penosa, vivida com sentimentos ambivalentes.

Depois que terminam os rituais associados ao destino a ser dado ao corpo, normalmente segue-se um período de enlutamento que dá reconhecimento social ao fato de as pessoas mais afetadas pela perda estarem em estado de afastamento depressivo. Na cultura ocidental, usar coisas que simbolizem esse luto, como uma faixa de tecido preto no braço ou um vestido de cor escura, indicam que certos indivíduos devem ser tratados de maneira diferente pelos demais. Não é esperado que essas pessoas participem de atividades festivas. Como elas não se sentem em clima de festa, se isto for reconhecido pela sociedade sem dúvida será benéfico para elas. Também, presume-se, encoraja o enlutado a aceitar a depressão em vez de evitá-la.

Entretanto, os costumes estão mudando. A faixa de tecido preto e o vestido escuro, em si, são versão diluída do luto fechado, em preto, dos tempos e das viúvas vitorianas, que agora foram abandonados. Gorer diz: "Os costumes quanto à roupa apropriada para luto, que eram a regra quando eu era pequeno, agora são predominantemente mantidos pelos velhos, pelos pobres e pelos despreparados".

Quando há um período esperado para o luto, há também um período esperado para que termine. O termo "quarentena" vem do italiano e quer dizer quarenta dias, que era o tempo de recolhimento julgado adequado para uma viúva. Dessa forma, um período aceitável de luto dá sanções sociais para começar e terminar o luto e, claramente, oferece apoio psicológico para o enlutado. Ao mesmo tempo que é verdadeiro que as expectativas sociais a respeito da duração do luto não podem corresponder de perto a todas as necessidades psicológicas individuais, o que varia consideravelmente é a ausência de expectativas sociais, como é comum na cultura ocidental atual, pois deixa o enlutado confuso e inseguro sobre seu luto. Um posicionamento claro das igrejas nesse sentido seria psicologicamente útil para muitas pessoas enlutadas.[1]

Enquanto se assume, de modo genérico, que o ritual é assunto da Igreja, não há razão para acreditar que não possa ser usado em outras circunstâncias. De fato, muitos dos procedimentos empregados pelos médicos têm o caráter de um ritual, são com freqüência ritos de passagem ou provações pelas quais a pessoa precisa passar em seu caminho para um outro patamar na vida. E alguns de seus efeitos benéficos podem resultar de suas qualidades ritualísticas.

Uma pessoa que, deliberadamente, utiliza rituais em psicoterapia com enlutados é Van der Hart (1988). O objetivo desses rituais é ajudar o enlutado a deixar que o morto se vá, a desligar-se dele. Van der Hart considera que a preparação para o ritual é uma parte importante do processo e passa algum tempo ajudando o enlutado a realizar tarefas que irão levá-lo a rever as implicações da morte. As tarefas são estabelecidas para ajudar a elaboração do luto, por exemplo, escrever poemas ou histórias sobre o morto. Apenas "quando ficar claro que a reorganização chegou ao fim" é que o ritual de despedida pode ser feito. Isso permite ao enlutado despedir-se de maneira solene e consolidada, enterrar ou dar outro destino às coisas que simbolizam o morto e, por fim, tomar um banho, seguido por uma refeição ou outro ritual que inclua a família da pessoa e que represente a relação, que continuará a ser significativa na próxima fase da vida da pessoa.

1.A encíclica do papa Pio XII, publicada em setembro de 1957, para a Organização Mundial das Organizações de Famílias, afirma que não há nada ignóbil nas lágrimas, e que a viúva deveria retirar-se temporariamente de suas atividades por "um razoável período de tempo". Um comentário sobre esta encíclica é feito por Miller (1961) .

DEPOIS DO FUNERAL

Em geral, o funeral precede o auge das situações de pesar e dor, o que tende a acontecer na segunda semana do luto. A "máscara" usada no funeral não pode mais ser mantida, e é necessário que algum parente ou amigo próximo assuma muitos dos papéis e responsabilidades costumeiros do enlutado, deixando-o livre para vivenciar seu luto. A pessoa mais importante neste momento não é a que se mostra mais afetiva, e, sim, a que se mostra mais presente, de forma pragmática, que em silêncio vai resolvendo as tarefas diárias da casa e faz pouca pressão sobre o enlutado. Esta pessoa precisa estar preparada para aceitar sem crítica a tendência do enlutado de expressar sentimentos de raiva ou angústia, que podem até mesmo ser dirigidos àquele que ajuda. Na verdade, pode ser necessário que ela indique ao enlutado que tais comportamentos são esperados e que, portanto, não precisam ser contidos. O que não é recomendável é que toque fundo na dor do enlutado, nem que seja conivente com as tentativas de evitação dessa mesma dor. Tanto uma coisa como outra já se mostraram inúteis. O enlutado tem uma tarefa dolorosa e difícil para realizar, que não pode ser evitada nem apressada. A verdadeira ajuda consiste em reconhecer o fato e permitir que ele se organize para que fique disponível para elaborar a perda.

Em que medida a pessoa que ajuda, profissional ou não, pode compartilhar esse pesar? "Enxugue seus olhos," diz Shakespeare, em *Ricardo II*. "As lágrimas expressam amor, mas querem alívio". Mesmo assim, a pessoa enlutada sente-se apoiada quando aqueles que estão próximos mostram não ter medo de deixar emergir sua tristeza. Essas expressões compartilhadas de tristeza levam o enlutado a sentir-se compreendido e reduzem a sensação de isolamento que pode ter. Isto me foi claramente ilustrado por um viúvo da Pesquisa de Boston que disse ter conseguido controlar-se totalmente até ver o próprio pai soluçando no funeral. Ele sempre havia considerado o pai uma pessoa forte, e sua primeira reação foi de choque e surpresa. Então, pôde perceber que não havia nada de errado em chorar num funeral e começou a chorar. Como conseqüência, viu este fato como uma importante lição que o ajudou em um difícil obstáculo.

As pessoas têm necessidade de expressar seus sentimentos e pensamentos sobre a perda. Isso foi demonstrado em um elegante e importante experimento realizado por Pennebaker *et al.* (1988). Eles dividiram estudantes universitários em quatro grupos. Os do Grupo 1 deveriam escrever sobre assuntos neutros, no período de quatro dias seguidos. Os do Grupo

2 deveriam escrever sobre assuntos que os tivessem aborrecido, mas sem expressar seus sentimentos. Os do Grupo 3 deveriam escrever sobre os sentimentos em relação a esses acontecimentos desagradáveis, mas não sobre os fatos. Por fim, os do Grupo 4 deveriam escrever sobre sentimentos e fatos. Os resultados mostraram que os do Grupo 4, que escreveram sobre sentimentos e fatos traumáticos que vivenciaram, precisavam ir com muito menos freqüência ao Posto Médico da Universidade do que os membros dos outros três grupos. Uma segunda pesquisa confirmou esses resultados e mostrou que os que se expressavam mais apresentavam menor número de problemas fisiológicos (medidas de congruência entre o lado esquerdo e o lado direito do cérebro, e aumento na resposta imunológica das células T) e que essas diferenças eram mais pronunciadas em estudantes que haviam falado sobre seus traumas *pela primeira vez.*

Os autores concluíram que uma inibição ativa de pensamentos e sentimentos sobre um trauma requer trabalho físico e, com o tempo, age como estresse acumulado, aumentando o risco de doenças e problemas relacionados ao estresse. Para suprimir um pensamento, ele precisa ser reconhecido em algum nível e aí tem início um processo ativo. Por outro lado, a expressão de pensamentos e sentimentos pode interromper esta seqüência e ter efeitos terapêuticos.

Há um "nível ótimo de enlutamento", que varia de pessoa para pessoa. Alguns choram e soluçam, enquanto outros traem seus sentimentos diferentemente. O importante é permitir que pensamentos e sentimentos emerjam à consciência. Como eles se apresentam na superfície tem importância secundária.

Os que ajudam os enlutados deveriam mostrar, quando deixam transparecer os próprios sentimentos, que não se envergonham deles ou se tornam subjugados a eles, pois, se assim ocorresse, não estariam ajudando verdadeiramente e fariam melhor se não ficassem no caminho do enlutado.[2]

De maneira semelhante, o viúvo ou viúva que consegue enfrentar o próprio luto pode ajudar os filhos nessa tentativa. Mas se o pai ou a mãe, como acontecia um tempo atrás, estiver muito afetado pela perda de um filho, pode ser aconselhável que permita a outra pessoa dar apoio aos outros filhos. Um filho adulto ou jovem pode ajudar muito dando

---

2. É sabido que aqueles que tiveram dificuldade em controlar seus sentimentos de pesar depois de uma perda tentem conseguir isto por meio da ajuda de outras pessoas enlutadas. Essas pessoas não devem ser culpabilizadas pelas dificuldades que têm, mas não parece que tenham condições para mostrar aos outros enlutados que é "seguro" vivenciar a dor de uma perda.

apoio aos pais enlutados. Quem cuida e quem é cuidado, nesta situação, é uma questão que fica em aberto, mas na maioria dos casos compartilhar a dor da perda tende a fazer mais bem do que mal.

As pessoas que vão visitar uma outra recém-enlutada são com freqüência levadas a não dizer coisas que possam perturbá-la. Uma vez que conversar sobre trivialidades é irrelevante nessas ocasiões, a comunicação torna-se difícil. Em geral, esta atitude revela a noção errônea de que o pesar do luto deve, de alguma forma, ser evitado. Mesmo quando não é feita uma proibição explícita, quem faz a visita pode ficar com a impressão de que sua presença causa embaraço, enquanto outros não sabem como reagir ao enlutado, assim como este não sabe como reagir às visitas. Ao passo que uma expressão convencional de solidariedade provavelmente não pode ser evitada, dó ou pena é a última coisa que o enlutado quer. A pena transforma a pessoa em objeto; de alguma forma, ao receber esse sentimento, o enlutado comporta-se como se fosse mesmo caso de ter pena e passa a ter pena de si mesmo. Pena coloca o enlutado distante — e inferior — daquele que poderia ajudá-lo. É melhor, portanto, passar por cima, o mais depressa possível, das expressões verbais convencionais e falar sinceramente, de coração. Isto ou nada. Não se trata de uma situação na qual existe uma coisa adequada a ser dita; fórmulas estereotipadas servem apenas para aumentar a distância entre enlutado e não-enlutado.

A dor é inevitável nesses casos. Surge da consciência, por parte de ambos, de que nenhum pode dar ao outro o que o outro quer. Quem cuida não pode trazer de volta a pessoa que morreu, e quem é ajudado não pode gratificar a quem ajuda, mostrando-se "ajudado". Não é de estranhar que ambos se frustrem com este encontro.

Ainda assim, as pessoas enlutadas gostam das visitas e das expressões de solidariedade que recebem, pois são como tributos ao morto, o que confirma para o enlutado a crença de que o morto merece mesmo toda a dor que puder ser sentida. Essas manifestações também asseguram ao enlutado que ele não está sozinho no mundo, reduzindo, assim, sua insegurança. O mundo pode parecer perigoso e estranho, mas ele ainda tem seus aliados.

Uma vez que a dor é inevitável, os que querem ajudar devem estar preparados para compartilhá-la, para aceitá-la como uma contribuição à amizade, enquanto ajudam com tranqüilidade o enlutado nas tarefas e responsabilidades cotidianas que ainda precisam ser realizadas, muito embora possam ter perdido boa parte do seu valor. A ajuda deriva, portanto, da comunicação silenciosa que vem de uma compreensão cheia de afeto, o que pode muito bem estar presente tanto em um apertar de mãos como em algo que é dito. Nesse silêncio caloroso, o enlutado pode querer mostrar suas preocupações e medos. Não é necessariamente ruim que se entristeçam com isso, pois podem gostar de ter oportunidade para expressar seus sentimentos. "Dê palavras à tristeza", diz Malcolm a Macduff. "O pesar que não fala endurece o coração já sofrido, e fá-lo quebrantar".*

Uma pessoa de fora da família que oferece ajuda em uma fase inicial do luto pode estar ocupando um papel que é aberto apenas aos membros da família que, por sua vez, estão "muito envolvidos", e são facilmente atingidos pela dor do outro. Eles podem também estar competindo para ter uma aparência mais corajosa ou para manter uma posição de respeito na família. Todas as famílias têm sua hierarquia. Elementos de rivalidade e competição freqüentemente distorcem as expressões naturais dos sentimentos. Se uma pessoa chora mais ou menos do que as outras, isto é logo observado e as pessoas começam a tirar conclusões sobre a natureza da relação que existiu entre aquela pessoa e o morto. Muitas viúvas me contaram que se sentiram obrigadas a restringir a expressão de seus sentimentos depois de terem observado o que consideraram fingimento por parte da família do marido. Outras adotaram uma aparência de fortaleza, pensando nos filhos ou nos parentes mais velhos, que consideram mais fracos do que elas. Pode ser, portanto, mais fácil falar com pessoas de fora do círculo familiar sobre problemas que ameaçam a auto-estima; aquelas famílias que não oferecem meios aceitáveis para a expressão de luto têm necessidade especial de uma pessoa de fora, que não tenha seu comportamento regrado por estas inibições.

Muitas pessoas enlutadas se surpreendem e assustam com a intensidade sem restrições de suas emoções e do que fantasiam e imaginam após a perda. Reassegurá-las de que não estão ficando loucas, de que esses sentimentos são perfeitamente naturais e de que chorar não significa "estar perdendo o controle" pode ser feito de forma explícita e, especialmente, por uma atitude daquele que ajuda que mostre que não está assustado, nem mesmo surpreso.

É importante que aqueles que tentam ajudar o enlutado saibam o que é normal, e espero que o leitor, a partir do que já foi dito nos capítulos anteriores, tenha uma idéia formada a esse respeito. As pessoas enlutadas se surpreendem muito com os sentimentos novos, estranhos,

---

* Este diálogo encontra-se em *Macbeth*, de W. Shakespeare. (N. do T.)

relacionados à perda, e com freqüência perguntam: "Estou ficando louco?", ou "É normal ficar assim?". Sentem esse tipo de medo em especial quando surgem sentimentos intensos de raiva ou amargura, mas também os relacionados a distúrbios de percepção. As alucinações são tão associadas à loucura que pode ser muito assustador ter uma alucinação hipnagógica com o marido morto. Felizmente, é fácil assegurar a pessoa sobre a normalidade desse fenômeno. Pesadelos parecendo realidade são outra fonte ocasional de preocupação, assim como orgasmos noturnos, que acontecem durante o sono ou em estado de semivigília. Falta de atenção, dificuldade em se lembrar de assuntos cotidianos e uma leve sensação de irrealidade são outras das reações típicas do luto que podem preocupar o enlutado. Não há qualquer razão para considerar isto como sinal indicador de distúrbio mental.

Por outro lado, falta de pesar em uma situação na qual isso fosse esperado, episódios de pânico, sintomas físicos de duração prolongada, consumo excessivo de álcool ou drogas, sentimentos excessivos de culpa, raiva excessiva, persistência de luto intenso, além do período normalmente esperado, são sinais de que as coisas não estão ocorrendo como deveriam. Não significa que o enlutado esteja enlouquecendo, uma vez que muito raramente a psicose é vista como conseqüência do luto, mas que, nessas condições, ele precisa de cuidados especiais. Quando, apesar de todos esforços, ficar claro que o enlutado paralisou em seu processo ou, por alguma razão, o cuidador não está bem certo sobre o curso dos acontecimentos, não deve hesitar em aconselhar o enlutado a procurar ajuda adicional.

LUTO POSTERIOR

Nossa discussão até aqui teve seu foco nos estágios iniciais do luto, tempo no qual a maioria das pessoas busca ajuda. Vamos agora, então, considerar que tipo de assistência e apoio são mais apropriados em um estágio avançado.

Se a fase inicial do luto é um período no qual a família, os amigos e outros devem estar disponíveis e aliviar os recém-enlutados de alguns de seus papéis e obrigações, o estágio posterior ocorre quando o enlutado deveria receber ajuda para restabelecer a sua autonomia. É importante que tenham um tempo para se enlutar. É também importante que tenham um tempo para pôr fim ao luto, para parar de se afastar da vida e para começar a construir uma nova vida.

Numa situação em que estão ausentes as normas tão estabelecidas, as expectativas das pessoas ao seu redor são fortes determinantes do comportamento. Dessa forma, amigos e parentes podem indicar, de maneira implícita ou explícita, que as reações de luto são esperadas e permitidas, mas podem também indicar que já se manifestaram o suficiente. Em certa medida, o luto é visto como um dever para com o morto, e uma pessoa estranha àquela experiência pode pensar que esse dever já foi cumprido ou, ao menos, que o enlutado deveria aliviar-se um pouco. Este não chega a ser um grande problema. É mais provável que a pessoa enlutada receba menos encorajamento para ficar nessa condição do que em qualquer outra época, mas quando o luto irrompe, será necessária uma circunstância especial para tirá-lo desse estado de luto.

Embora não exista um término claro para o luto, é comum que as viúvas descrevam uma ou várias situações cruciais, ou seja, eventos associados a uma revisão mais ampla de seus sentimentos, atitudes e comportamentos. Essas situações cruciais podem ocorrer, por exemplo, quando a viúva sai de férias, começa a trabalhar, sai com um homem pela primeira vez desde a morte do marido ou muda a decoração da casa. Refletem e provocam o abandono dos antigos modos de pensar e agir. A viúva mostra que não mais coloca o centro de sua vida na busca pelo marido morto e, quando prova isso para si e para os outros, parece estar se abrindo para a possibilidade de numerosas outras mudanças. Quando voltou para casa, depois de ter passado uma semana com a irmã, uma viúva disse para si mesma: "Não vou deixar que tudo aquilo comece de novo". Mudou a mobília de lugar, começou a redecorar a casa e arrumou um emprego, o que significava ter de sair de casa, em um curto espaço de tempo. Mudanças igualmente significativas acontecem também na vida dos viúvos.

É importante localizar o tempo em que esses acontecimentos cruciais ocorrem. A tendência é de que ocorram ao término de um período específico, por exemplo, em uma data significativa, como um aniversário. Uma celebração, uma visita ao cemitério, podem ter nesta época o caráter de um ritual de passagem, libertando o enlutado do passado e permitindo que ele se engaje em novos compromissos. Amigos, parentes ou outros podem, freqüentemente, ajudar a iniciar essas situações e a melhorar a mudança de atitude que as acompanha. Pode-se falar a respeito dos problemas e arrumar solução para eles.

Frances Beck, em *The Diary of a Widow* (1966), descreve uma série dessas situações. A primeira ocorreu dois meses após a morte do marido, quando ela começou a freqüentar um curso noturno. "É como se eu estivesse saindo da concha", escreve, "Não vou chorar esta noite". Mesmo assim, ela continuou profundamente pesarosa até seis meses depois, quando escreveu uma longa "carta" para o marido, fazendo uma revisão dos aspectos positivos e negativos de seu casamento. A partir daí, apresentava-se como viúva e passou a cuidar seriamente do projeto de sua educação, uma vez que voltara aos estudos. Trabalho, casa e filhos tornaram-se assuntos muito importantes, e ela se mudou para uma outra cidade. Porém, estava solitária e sem amigos e, depois de um tempo, suas "cartas" tornaram-se mais freqüentes e patéticas.

Outra situação crucial ocorreu quando ela saiu em férias, onze meses depois da morte: "Pela primeira vez tenho a sensação de que vou conseguir", escreve. O aniversário de morte foi muito doloroso, mas três semanas depois ela conseguiu sair para dançar.

O segundo ano após a morte do marido teve papel decisivo em sua vida. Em uma festa, ela conheceu um companheiro, e passou a vê-lo com regularidade. Um ano mais tarde, ficou noiva oficialmente, e só quando estava prestes a casar-se pela segunda vez passou a referir-se ao primeiro marido — em seu diário — com o verbo no passado.

O diário de Frances Beck ilustra claramente a idéia de que a "realização total vem passo a passo". Outras pessoas estão envolvidas nesses passos e sem elas fica difícil deixar de lado hábitos de comportamento, como afastar-se das pessoas e comportar-se como um enlutado. Parte da função dos serviços de aconselhamento que oferecem ajuda especial para pessoas enlutadas precisa ser a de uma ponte entre a viúva socialmente recolhida e a comunidade. Atividades especiais com outras viúvas poderiam ser vistas como passos na direção de outras formas de atividade e não de um fim em si mesmas. Ou, então, haveria o perigo de que cada uma desenvolvesse na outra o medo de se expor ao mundo, e a possibilidade de vê-lo como hostil e perigoso.

Espera-se que o crescimento de organizações para pessoas enlutadas ajude a evitar alguns dos efeitos patológicos do luto que foram apresentados nos capítulos anteriores. Uma consciência crescente dos "sinais de perigo", como os descritos no Capítulo 9, poderiam levar a maiores esforços no sentido de apoiar famílias e indivíduos que estejam particularmente em risco. Existe um princípio utilizado em intervenção de risco que diz que a ajuda, quando os padrões patológicos de pensamento e comportamento estão se desenvolvendo, tende a ser mais aceita e mais efetiva do que a que ocorre muito tempo depois que os padrões patológicos se estabeleceram.

13
AJUDANDO O ENLUTADO II
TIPOS DE AJUDA

Sem qualquer aviso, as lágrimas subiram-lhe às faces, e Potter sentou-se em sua cadeira, sem nada dizer, e ainda assim era um conforto para ela, tomando para si um pouco de seu luto. Ela chorava como nunca chorara antes diante de qualquer ser humano e isso era bom; tinha mais valor do que os meses de pesar solitário, e permitiu que desse um fim àquilo.*

Susan Hill, *In the Springtime of the Year*

Os enlutados têm à disposição muitas fontes possíveis de ajuda. Neste capítulo, vamos verificar os tipos que podem estar disponíveis, e aqueles que podem não estar disponíveis no presente, mas estarão no futuro. As escolhas se dão entre: ajuda especializada ou não especializada; em grupo ou individual; de profissionais ou voluntários; médica ou não-médica, laica ou religiosa.

A ajuda especializada está agora disponível para os enlutados a partir de muitas fontes, desde organizações específicas até profissionais treinados, mas não devemos desvalorizar a ajuda que pode ser dada por pessoas sem qualquer treino especial. Estas são, com freqüência, as mais facilmente disponíveis. Se o apoio social for necessário, um clube ou associação da igreja pode ter mais a dar do que um serviço de aconselhamento para enlutados.

As pessoas recém-enlutadas, em particular aquelas que são tímidas raramente sentem-se encorajadas para se juntar a grupos e poderão preferir ajuda individual ou apenas com os membros da família. Religiosos, clínicos gerais e muitos serviços de aconselhamento como Cruse — Bereavement Care oferecem esse tipo de apoio. Por outro lado, o apoio em grupo é um bom meio para conhecer pessoas que se encontram nessa mesma situação, contribuindo, inclusive, para que os enlutados não se isolem socialmente.

Não podemos assumir que, só porque alguém é médico ou assistente social, terá tido o treinamento necessário para cuidar de enlutados, e há mesmo muitos profissionais que indicam às pessoas enlutadas que procurem o aconselhamento de voluntários, porque sentem que estes têm maior compreensão do luto do que eles. Nos últimos anos, conselheiros profissionais, que cobram pelo serviço, tornaram-se muito numerosos e muitos deles oferecem excelentes cuidados, mas, repito, a menos que tenham tido treinamento especial para trabalhar com enlutados podem vir a ser menos úteis do que o conselheiro voluntário, que foi cuidadosamente selecionado e treinado para esta tarefa, e cujos serviços podem ser gratuitos. O importante é não ter medo de pedir informação quando se tratar destes assuntos. Os serviços disponíveis podem variar em muito de um bairro para outro.

Os cuidados médicos, naturalmente, são necessários se a pessoa pensa estar doente e, na Inglaterra, o clínico geral é o primeiro a ser consultado. Esses profissionais, em geral, são capazes de reassegurar a pessoa enlutada sobre a normalidade de muitos dos sintomas físicos que a preocupam. Também estão em uma boa posição para decidir se e quando é necessária a ajuda de um psiquiatra ou de um psicólogo, bem como estão cientes dos pontos fortes e fracos dos serviços disponíveis.

O encaminhamento para um psiquiatra é especialmente importante se for identificado o risco de suicídio. O cuidador não deveria ter medo de fazer perguntas diretas a este respeito. É freqüente que o enlutado diga: "Estou pouco me importando se morrer amanhã", e tal afirmação não precisa ser motivo de preocupação, mas a pessoa que pensa seriamente em se matar deveria sempre ser encaminhada a um psiquiatra. Se ela se recusar a fazer uma consulta, quem está mais próximo dela, no sentido de lhe prestar ajuda, deveria buscar orientação. Raramente a pessoa comete suicídio sem ter contado a alguém sobre sua intenção, e uma pergunta direta leva a uma resposta direta daqueles que têm pensado seriamente em se matar. Com freqüência as pessoas têm medo de falar em suicídio como se, ao fazê-lo, pudessem provocá-lo. No entanto, uma simples pergunta como "Tem sido tão difícil que você chegou a pensar em se matar?" pode ajudar a salvar uma vida.

Uma tentativa séria de suicídio deve, naturalmente, ser levada a sério. Mesmo que se pense que foi apenas uma tentativa, o pedido de socorro dessa tentativa não deve ser ignorado. Mais uma vez, é desejável a colaboração estreita entre a família, o clínico geral, o psiquiatra e outra pessoa em posição de ajudar, com o objetivo de evitar danos futuros.

Os religiosos são, é claro, uma fonte tradicional de apoio para o enlutado e aqueles que se houverem comprometido com a comunidade religiosa geralmente encontram uma boa fonte de apoio espiritual e social. No entanto, poucas pessoas hoje buscam esse tipo de ajuda. É uma pena, pois muitos religiosos são capazes de oferecer apoio sem pressionar a pessoa a "voltar à vida". Também neste aspecto, ao escolher um religioso com quem se aconselhar, é conveniente buscar informações sobre os que forem recomendados, pois tudo dependerá do interesse e do treinamento que tiverem.

Vamos agora examinar detalhadamente as alternativas principais.

AJUDA MÚTUA

As pessoas que tiverem passado por uma perda importante podem estar mais bem qualificadas para ajudar outras pessoas enlutadas. Realmente entendem aquilo que as outras estão vivendo e sabem que o luto não é o fim da vida. No Laboratório de Psiquiatria Comunitária, em Boston, Massachusetts, uma assistente social e pesquisadora, a dra. Phyllis Silverman (1967, deu início a um programa que denominou: "De viúva para viúva", que foi amplamente reproduzido em outros locais. Viúvas "maduras" rotineiramente visitam mulheres que ficaram viúvas, que moram em seu bairro. Oferecem amizade, ajuda e conselhos, mas não se apresentam como "profissionais de fato", pois não têm qualificação profissional, embora sejam pagas para fazer esse trabalho. A única qualificação que têm obtiveram por meio de um luto bem elaborado. Minha impressão, após conversar com elas, é a de que tinham muito entusiasmo pelo trabalho e uma forte convicção sobre sua utilidade, mas não haviam sido publicadas avaliações adequadas acerca de sua eficácia, ao mesmo tempo que os poucos estudos bem conduzidos sobre ajuda recíproca apresentaram resultados não conclusivos.

Tudiver *et al.* (1992) selecionaram 113 viúvos, durante o primeiro ano do luto, aleatoriamente, em grupos de auto-ajuda ou sujeitos a uma lista de espera. Depois de nove sessões semi-estruturadas do grupo de auto-ajuda, focalizadas no "processo do luto, dietas, novos relacionamentos, exercícios e questões de estilo de vida", os dois grupos foram comparados, e não apresentaram diferenças significativas entre si.

Um programa semelhante, desta vez dirigido a viúvas, foi avaliado por Vachon *et al.* (1980). Eles compararam um grupo de 69 viúvas, que haviam recebido apoio da Widows Contacts (Contatos para viúvas), com outro grupo, de 94 pessoas, que não tinha tido qualquer forma de apoio. Somente poucos resultados atingiram níveis significativos, do ponto de vista estatístico, mas foram identificadas tendências consistentes a favor dos grupos que receberam apoio. Em minhas pesquisas, as viúvas que mostraram maior grau de sofrimento na época da perda foram as que mais se beneficiaram do aconselhamento.

Uma organização de auto-ajuda para enlutados, que se espalhou rapidamente pelos países de língua inglesa desde sua fundação, é a Compassionate Friends (Amigos solidários), fundada pelo reverendo Simon Stephens. É dirigida por pais e mães que perderam filhos e tem por objetivo oferecer apoio e conforto a outros pais que podem sofrer ou que já sofreram essa perda. Esta organização permite que os pais se sintam menos isolados e conheçam outros que podem entender seus sentimentos porque já passaram por isso.

Nos Estados Unidos, outra organização de ajuda que provocou muita mudança na vida de viúvas e viúvos foi a Parents without Partners (Pais sem parceiros). Voltada para pessoas viúvas, separadas ou divorciadas, organizam grande variedade de atividades recreativas e educacionais. Por participar dos numerosos comitês, as pessoas conseguem restabelecer sentimentos de autoconfiança e auto-estima. Outras organizações que oferecem aconselhamento e atividades em grupo nos Estados Unidos são a THEO, Inc., na Pensilvânia, a NAIM, em Chicago, e a Post-Cana, em Washington.

Um grupo que requer cuidados especiais são os parceiros sobreviventes de relações homossexuais. Na Inglaterra, o Gay Switchboard (Quadro gay) tem-se interessado particularmente por este grupo, e nos Estados Unidos também existem organizações semelhantes (Siegal e Hoefer, 1981).

A AIDS agravou problemas já existentes em comunidades nas quais eles tendem a existir. Homossexuais, usuários de drogas endovenosas, imigrantes vindos de terras com alta incidência de AIDS, prostitutas e mesmo pessoas que têm doenças sanguíneas, como hemofilia, são membros de grupos minoritários que freqüentemente não são bem compreendidos, ou cujas necessidades psicológicas são ignoradas pela sociedade. O fato de a doença em si causar medo e rejeição abre uma série de novos problemas. Não é de surpreender que membros dessas comunidades formem seus próprios grupos de apoio, acreditando que somente aqueles que têm um mesmo sofrimento possam compreender-se mutuamente. Isso pode criar novas dificuldades, pois dentro desses grupos existem tantas pessoas afetadas pela doença que, mais cedo ou mais tarde, todos estarão enlutados e existe o risco de sofrerem esse desgaste específico.

Outros problemas que surgem em grupos de ajuda mútua incluem a maneira pela qual alguns deles ficam dominados pelos membros mais perturbados. A menos que sejam conduzidos por um líder de grupo bem-treinado, há o risco de se tornarem antiterapêuticos. No entanto, é visto como contrário ao princípio de auto-ajuda aceitar líderes estranhos às características do grupo e pode ser que não existam pessoas qualificadas ou adequadas na organização.

A concepção de que apenas alguém com AIDS pode entender alguém com AIDS é uma falácia; as pessoas que regularmente costumam apoiá-los percebem que têm muito a oferecer. Até mesmo o ato de persuadir a pessoa enlutada a explicar sua situação a alguém que a desconhece pode ser muito terapêutico pois, enquanto a outra pessoa fala de si para nós, está também falando consigo própria, podendo ver a situação sob outro ponto de vista.

ACONSELHAMENTO PARA O LUTO

Formas mais sofisticadas de aconselhamento para o luto são oferecidas por psiquiatras, psicólogos, assistentes sociais ou por serviços de aconselhamento que utilizam conselheiros voluntários cuidadosamente selecionados e treinados. Esses serviços são dirigidos para a minoria de pessoas enlutadas que estão especialmente em risco após uma perda, e vão desde apoio ao indivíduo ou à família, em sua residência, até consultas ou trabalho grupal, no próprio local do serviço de luto. Muitas dessas instituições passaram pelo teste de avaliação científica. Por exemplo, Raphael (1977) evidenciou que as viúvas "de alto risco" que dela receberam aconselhamento apresentaram melhores condições de saúde e ajustamento um ano após a perda, quando comparadas a um grupo semelhante que não recebeu aconselhamento (ver Anexo, seção 19). Por sua vez, De Veber (1977) mostrou que a inclusão de um conselheiro em uma equipe de hematologia/oncologia reduziu substancialmente o número de separações conjugais entre os pais de crianças que morreram de câncer.

Muitos *hospices* no mundo todo oferecem apoio para familiares de seus pacientes. O primeiro a se estabelecer, e que continua sendo um bom exemplo, é o serviço para famílias do St. Christopher's Hospice, em Sydenham, que tem conselheiros voluntários, submetidos a um programa rigoroso de seleção e treinamento. Quem já trabalhou com voluntários em hospitais fica impressionado com o potencial das pessoas que oferecem ajuda aos pacientes que estão à morte, ou aos enlutados. Não há dúvida de que os voluntários até se rivalizam com os profissionais quanto aos talentos que possuem. Aos médicos e aos assistentes sociais, tão ocupados, falta tempo para se desenvolverem em aconselhamento, enquanto os voluntários desenvolvem as habilidades necessárias nesta área de cuidados e logo atingem um nível elevado.

Minha própria avaliação, feita por meio de uma colocação aleatória de pessoas enlutadas no trabalho do St. Christopher's ou em grupos de controle, mostrou que receber aconselhamento pode colocar viúvos e viúvas "de alto risco" na mesma condição daqueles do grupo "de baixo risco". O grupo de controle "de alto risco" que não recebeu aconselhamento apresentou sintomas mais persistentes de ansiedade e tensão vinte meses após a perda, bem como maior consumo de medicamentos, álcool e fumo (ver Anexo, seção 20). Vale notar, também, que nos dois anos antes da implantação do Serviço de Luto para parentes de pacientes que morreram no *hospice*, foram identificados seis casos de suicídio, ao passo que apenas um deles foi relatado no ano que se seguiu à implantação.

Uma avaliação mais recente foi feita por Relf (1994) sobre um serviço semelhante, em Oxford, e mostrou que a provisão de ajuda oferecida pelos voluntários aos enlutados que estão em risco pode reduzir significativamente a ansiedade e a necessidade de ajuda médica do sistema oficial.

GRUPOS DE APOIO

Nas semanas ou meses iniciais do luto, é difícil convencer a pessoa enlutada a fazer parte de um grupo, mas algumas delas podem beneficiar-se muito do grupo de aconselhamento quando os primeiros impactos do luto tiverem passado. As atividades vão desde apoio de um grupo social para viúvas, que se reúnem para ajudar umas às outras, a grupos estruturados como o Programa Weiss, no qual discussões ou seminários formais focalizam tópicos específicos de importância para pessoas enlutadas (Parkes e Weiss, 1983). Muitos dos que coordenam esses grupos usaram modelos de terapia derivados de *settings* psiquiátricos, com o risco de tratar os enlutados como se fossem doentes. Isto pode explicar os resultados modestos das poucas tentativas que foram feitas para avaliar esses grupos. Jones (dissertação não publicada, 1979) dividiu aleatoriamente, em dois grupos, um total de 36 viúvas e viúvos. Um dos grupos teve três horas de "terapia de grupo" por semana, durante três semanas, "com o objetivo de ajudá-los a se ajustar ao luto". Os membros do grupo foram considerados "enlutados normais", e haviam iniciado o processo de luto de seis a oito meses antes de entrar para o grupo. No término do período de terapia, embora os dois grupos como um todo não apresentassem muita diferença entre si, os enlutados do grupo terapêutico, que foram considerados "sob risco", e cujos resultados poderiam ser ruins, apresentaram resultados significativamente melhores do que os "sob risco" do grupo de controle, considerando-se quatro das cinco medidas de resultado. Resultados não conclusivos foram obtidos por Lieberman e Yallom (1992), que colocaram viúvas e viúvos, de meia-idade, em dois grupos: os sem tratamento, e os com terapia breve em grupo. Em uma avaliação feita um ano mais tarde, ambos os grupos haviam apresentado melhoras mas o grupo com tratamento apresentou melhora apenas modesta em relação ao desempenho de papel psicológico quando comparado com o grupo sem tratamento.

Há, é claro, numerosas outras organizações disponíveis para viúvas, mas sem a desvantagem de serem limitadas apenas a viúvas, o que pode abrir passagem para uma comunidade mais ampla. No entanto, os recém-enlutados não se associam facilmente e as organizações que oferecem ajuda profissional individual podem ser solicitadas a encorajá-los a dar o primeiro passo. Uma lista de organizações britânicas para enlutados é apresentada ao final deste livro e informações mais detalhadas podem ser obtidas com a National Association of Bereavement Services (Associação Nacional de Serviços para Enlutados), que também oferece cursos para instituições menores.

O Hospice Information Service (Serviço de Informações sobre os *Hospices*) publica regularmente uma lista de cursos relacionados à morte e ao luto.

Ajuda para crianças enlutadas pode ser obtida de muitas fontes, e não é possível apresentá-las aqui. A informação sobre esses serviços, na Inglaterra, pode ser obtida por meio do *The Widow's Child* (Filhos da Viúva), um folheto produzido pela Cruse. Nos Estados Unidos, a ajuda pode ser obtida, em algumas regiões, por meio de organizações conhecidas como "Big Brother" (O Grande Irmão) ou "Big Sister" (A Grande Irmã), assim como de outras organizações já mencionadas.

Em tempos de guerra ou catástrofe, geralmente, muito apoio é dirigido às vítimas e aos enlutados. Na Guerra dos Seis Dias e na Guerra do Yom Kipur, em Israel, muitos jovens perderam a vida, ensejando um impressionante número de grupos de apoio para viúvas.

APOIO PARA AS FAMÍLIAS

Os programas de apoio para toda a família têm sido muito recomendados. Os exemplos encontrados vão desde encontros familiares domiciliares a acampamentos de fim de semana para pais e filhos (Birnbaum, 1994). Foram publicadas duas avaliações sobre apoio familiar. Sandler *et al.* (1992) dividiram aleatoriamente algumas famílias em dois grupos, um com terapia de apoio e outro, o grupo de controle. Ambos foram acompanhados. Neste caso, a intervenção era associada a muito menos depressão e distúrbio de conduta nas crianças, a um maior calor nas relações entre pais e filhos (avaliação feita pelos pais) e a um aumento na satisfação obtida do apoio social. Um estudo semelhante, feito por Black e Urbanowicz (1987), mostrou que o apoio familiar pode diminuir o número de problemas das crianças enlutadas.

CRUSE — BEREAVEMENT CARE

Mesmo com as diferentes abordagens para os problemas dos enlutados, a Cruse — Bereavement Care, uma organização para todos os tipos de enlutados, é a que tem oferecido uma gama mais ampla de serviços no Reino Unido. Embora tenha iniciado como uma organização para viúvas, suas filiais agora oferecem ajuda a todo tipo de enlutado. Um quarto de século de experiência em cuidar de enlutados e quase duzentas filiais, fazem de Cruse o serviço de atendimento a enlutados mais importante que já conheci. Seus objetivos são oferecer aconselhamento individual e grupal, assim como apoio social a todas as pessoas enlutadas que buscam sua ajuda. Também oferece treinamento e aconselhamento para profissionais/cuidadores e para seus próprios conselheiros voluntários, e tem várias publicações, como o *Cruse Chronicle*, para pessoas enlutadas, e o *Bereavement Care*, para os que cuidam dos enlutados.

Embora Cruse seja aberto para viúvos e viúvas, não importando há quanto tempo estejam nessa condição, seus serviços são particularmente adequados para ajudar pessoas que estão nos primeiros anos de sofrimento por luto. É, portanto, uma instituição para um período de transição.

mais do que um refúgio perpétuo, e perfeitamente apropriada para viúvos e viúvas que freqüentam reuniões sociais por um ou dois anos até começarem a sentir que não necessitam mais daquele tipo de ajuda.

Essa organização tem crescido consistentemente nos últimos anos, graças a uma doação do governo e à liderança de excelentes diretores. Em 1984, a rainha Elizabeth II foi a primeira monarca a dar apoio financeiro a uma organização para cuidar de pessoas enlutadas. Cruse é a principal instituição de aconselhamento para enlutados no Reino Unido. Infelizmente, ainda não vem recebendo a atenção que merece em outras partes do mundo.

As organizações para enlutados, obviamente, têm muito a oferecer e, no Reino Unido, dado seu constante crescimento, estarão logo disponíveis em todo o país. Mesmo assim, irão ajudar apenas uma pequena parte daqueles que delas necessitam, e o aconselhamento do dia-a-dia estará a cargo daqueles profissionais/cuidadores cujo trabalho os coloca em contato próximo com as pessoas enlutadas: religiosos, médicos, enfermeiras, assistentes sociais, agentes de saúde e outros semelhantes.

Qual é a contribuição especial que esses profissionais podem dar aos enlutados? Vamos falar em primeiro lugar dos religiosos.

OS RELIGIOSOS

É uma tradição, em muitas igrejas, que os religiosos visitem as pessoas doentes e as enlutadas, mas raramente se percebe a importância crucial da oportunidade que eles têm no apoio ao enlutado e no auxílio para a transição do estado de uma pessoa casada para viúva. Os religiosos, como quaisquer outros, ficam com freqüência embaraçados e se sentem ineficientes diante daqueles que já são ou estão prestes a ficar enlutados. Muitos já abandonaram a tradição de rotineiramente visitar os paroquianos enlutados que, se não fosse assim, jamais iriam conhecer.

Entre as 22 viúvas da Pesquisa de Londres, apenas sete receberam a visita de um religioso, por ocasião de minha primeira entrevista com elas, um mês após a perda. Dessas sete pessoas, cinco gostaram muito da visita e a consideraram útil. Várias, que tinham um relacionamento próximo com o religioso, consideraram que ele era como uma "fortaleza", e falavam com muito carinho do apoio e do encorajamento recebidos. A exceção eram duas senhoras católicas, não-praticantes, que receberam a visita de um padre desconhecido nas primeiras 24 horas após a morte do marido. Ambas consideraram que ele não compreendera suas necessidades.

Fica evidente que os membros da comunidade religiosa que se dão bem com o religioso dessa mesma comunidade tenderão a aceitá-lo melhor do que aceitariam um que lhes fosse totalmente estranho ou que parecesse estar ali para tirar vantagem de sua condição de enlutados e tentar levá-los de volta à igreja. Embora a maioria das viúvas dissesse acreditar em Deus, apenas uma minoria aceitava, totalmente, as doutrinas de uma religião em especial. Eu tinha a impressão de que a visita do religioso certo, na hora certa, teria sido de grande valia para todas elas.

De maneira geral, é muito cedo para um estranho fazer uma visita nas primeiras 24 horas. A pessoa enlutada ainda está em estado de entorpecimento ou choque, e ainda não pode se aperceber da própria confusão. Como um palpite, diria que o melhor período para a visita de um religioso é durante a semana após o funeral, além de visitas periódicas ao longo do primeiro ano do luto. Quando termina o funeral e a família começa a se dispersar, os enlutados realmente começam a ficar sós. Nesse período, o pesar atinge o máximo, e a pessoa começa a tentar lidar com os pensamentos dolorosos.

O papel do religioso que faz a visita é semelhante ao de qualquer outra pessoa amiga, que gosta do enlutado e quer ajudar. O religioso deveria também estar preparado para mostrar sua aceitação do pesar e, em especial, das manifestações da raiva contra Deus e contra os seres humanos. Não ajudará nada se ele devolver essa raiva, se pretender abafar as emoções com dogmas, ou o sofrimento com tranqüilizações exuberantes. Ao contrário, ele ajudará mais se ouvir e, caso seja solicitado, se colaborar com o enlutado numa honesta tentativa de "dar um jeito nas coisas". O religioso que estiver "sintonizado" com os membros de sua paróquia poderá encontrar a oração certa ou a citação bíblica adequada, mas é muito tentador esconder-se atrás dessas respostas "fáceis" e evitar envolver-se, prescrevendo prontamente soluções "mágicas" para o luto. Ninguém pode dar a única coisa que o enlutado busca: ter a pessoa morta de volta. No entanto, um reconhecimento honesto do desamparo a esse respeito pode tornar o visitante mais aceitável do que uma onisciência espúria.

A pessoa que vai em busca de um religioso provavelmente espera encontrar uma resposta religiosa para seus problemas. A pessoa que vai ao médico busca uma resposta da área médica. Como elas estão "abertas" aos tipos de resposta que procuram, o indicado é que religiosos e médicos tentem oferecer as respostas para as quais estão qualificados, sem diminuir a importância delas. No entanto, devem ser suficientemente flexíveis para definir seus próprios papéis, de maneira a agir de forma eficiente. O religioso ou médico que pode achar tempo para permitir a uma pessoa enlutada falar sobre seus sentimentos e temores estará dando uma nova dimensão ao aconselhamento e maior profundidade à sua relação com essa pessoa.

A EQUIPE MÉDICA

Embora o religioso, tradicionalmente, seja a pessoa que ajuda os enlutados, a tendência maior hoje, na Grã-Bretanha, é de que a viúva ou viúvo se voltem para o médico da família em busca de ajuda profissional. Dessa forma, em meu estudo com prontuários de 44 viúvas de Londres (ver página 38), verifiquei que 33 delas haviam consultado seu clínico geral em algum período durante os primeiros seis meses do luto. Quinze queixavam-se de sintomas que eram claramente psicológicos e treze foram tratadas com sedativos ou tranqüilizantes. De maneira geral, o tratamento físico desse tipo foi tudo o que o clínico geral pôde dar ou era esperado que desse. Esses dados parecem refletir uma mudança de atitude em relação ao pesar, que vem sendo visto como uma doença a ser tratada, em lugar de um tempo de necessidades espirituais ou emocionais. O médico pode, de qualquer maneira, abolir o luto; o religioso pode apenas condoer-se.

Não há, naturalmente, evidência científica que nos permita comparar a eficácia terapêutica do religioso e do médico, após o luto. Os médicos tendem a utilizar drogas[1] e a quantidade de drogas prescritas às 44 viúvas de Londres não diminuiu muito, ao longo dos primeiros dezoito meses do luto. Isso indica que, enquanto a maioria das que começaram a tomar medicação no início do período do luto pararam de utilizá-la depois de aproximadamente seis meses, outras iniciaram mais tarde. Desta forma, quase a metade (21) delas teve a droga receitada por seu clínico geral em algum período durante os primeiros dezoito meses, comparada com nove delas que já tomavam a droga em período semelhante, porém antes da perda.

O uso de drogas foi mais freqüente entre viúvas jovens, embora no período anterior ao luto as mulheres mais velhas houvessem consumido mais do que as jovens. Em nossa sociedade, as drogas comumente mais utilizadas não são aquelas prescritas pelos médicos, mas as que nós mesmos escolhemos, como o álcool e o fumo. Não tenho detalhes

---

1. Utilizo aqui o termo "drogas" para me referir a qualquer substância utilizada para o alívio de sintomas psicológicos. Não há indicação de que drogas perigosas, tais como a heroína ou a morfina, tenham sido utilizadas por viúvas ou viúvos em qualquer de minhas pesquisas; a maconha e o haxixe não chegaram a ser um problema.

sobre os hábitos das viúvas da Pesquisa de Londres quanto ao consumo de álcool e tabaco, mas na Pesquisa de Harvard 41% das viúvas jovens e 37% dos viúvos jovens passaram a fumar mais, um ano após a perda, enquanto 38% e 31%, respectivamente, estavam consumindo mais bebidas alcoólicas.

Esses resultados sugerem que existe um grande uso de drogas com o objetivo de aliviar o estresse do luto. Se essa popularidade fosse um indicador de seu valor, as drogas seriam consideradas o principal tratamento para o luto. No entanto, poucas tentativas sistemáticas foram feitas para avaliar esses efeitos. As drogas são ingeridas, é claro, por vários motivos. Os sedativos noturnos são muito utilizados (e o álcool é, com freqüência, ingerido para ajudar a pegar no sono), mas os tranqüilizantes são usados para a ansiedade durante o dia, enquanto as drogas antidepressivas têm sido muito empregadas atualmente.

Muitas viúvas e viúvos queixam-se de insônia e, em conseqüência, de cansaço durante o dia, o que torna mais difícil enfrentar a vida. Os sedativos noturnos são receitados com o intuito de que uma boa noite de sono os ajude a lidar melhor com os problemas durante o dia. Alguns usam álcool como sedativo, mas o nível presente no sangue se dilui em pouco tempo, e é comum a pessoa despertar três ou quatro horas mais tarde. As prescrições médicas oferecem melhor controle e melhores drogas. Ambas as formas de terapia podem criar dependência, e é sensato não utilizá-las com regularidade, todas as noites, mas de forma intermitente. Se a pessoa enlutada tiver dormido mal uma noite e temer que a próxima seja igualmente ruim, faz sentido que tome alguma coisa, na hora de dormir. Uma dúzia de comprimidos de Nitrazepan pode durar de dois a três meses, se usada com sensatez, e pode ser objeto de abuso, porém, equivalendo a menos do que uma garrafa de uísque.

A sociedade oferece aos enlutados uma medida de controle mais ampla sobre o consumo de álcool do que faz em relação a outras drogas, mas também oferece um sistema pelo qual eles podem obter parte do tempo de um profissional altamente treinado, cujas habilidades devem incluir uma vasta compreensão de problemas psicossociais, além do que seria esperado de um *barman*. Os enlutados tendem a sentir-se mais seguros se as drogas que ingerem tiverem sido prescritas por um médico, que lhes dirá quando parar e que disporá de uma variedade de medicações, de maneira a suprir as necessidades. Se a escolha, porém, for pelo álcool, eles terão de escolher entre uma ressaca ou uma noite insone.

Além de seu uso como soníferos, os tranqüilizantes (o álcool inclusive) são utilizados para reduzir a tensão e a ansiedade do dia-a-dia. Existe agora no mercado uma grande variedade dos assim chamados benzodiazepínicos, que podem eliminar os sentimentos de pânico e de ansiedade excessiva. Embora eu não duvide da eficácia dessas drogas para reduzir a intensidade das reações desagradáveis do luto, é questionável a adequação de seu uso por pessoas enlutadas. O maior problema é a dependência. Uma clínica para dependentes de drogas havia feito prescrição após uma perda (Hamlin e Hammersley, 1988). Os tranqüilizantes também interferiram no processo de luto. Se, como supomos, o luto é um processo de "aprendizagem", e se é necessário que a pessoa enlutada passe pela dor do luto para aprender, então qualquer coisa que continuamente permita à pessoa evitar ou suprimir esta dor poderá vir a prolongar o curso do luto. Devemos admitir que temos pouca evidência empírica de que as drogas tenham esse efeito, e seu uso é tão disseminado que qualquer conseqüência séria já teria se tornado evidente, se fosse assim freqüente. Permanece o fato, porém, que, até que os efeitos dos tranqüilizantes sejam adequadamente avaliados, eles devem ser usados com cautela nos casos de luto.

Os antidepressivos estão em outra categoria. Há certos tipos de depressão (particularmente aquelas nas quais se verifica lentidão motora e ideativa, despertar antes da hora necessária pela manhã, e uma tendência mais acentuada para a depressão no início do dia) que respondem muito bem a drogas antidepressivas. Nesses casos, seria cruel, e às vezes perigoso, suspender o tratamento. Pasternak *et al.* (1994a) mediram os padrões de sono de pessoas enlutadas idosas com depressão e mostraram que um antidepressivo (Nortriptilina) aliviava tanto a depressão como a insônia. Os antidepressivos mais novos, como a Fluoxetina (Prozac) também têm sido utilizados com sucesso para o tratamento da síndrome do pânico e de estados ansiosos que ocorrem, com freqüência, durante o processo de luto. Sua eficácia em casos de luto normal não foi demonstrada até hoje e seria precipitado recomendá-los até que estudos cuidadosos tenham sido conduzidos, mas são razoavelmente seguros e podem até mesmo, como constatei em minha experiência, ajudar as pessoas com dificuldades em entrar no processo de luto. Certamente, não há motivo para acreditar que inibam o luto. Lynn e Racy (1969) relataram alívio de depressão importante em enlutamento, por meio de tratamento com eletrochoque, e esta ainda é uma alternativa, quando os outros métodos falham.

Criar dependência de álcool é um risco verdadeiro após o luto, e treze dos 115 pacientes psiquiátricos enlutados do estudo combinado Bethlem Prontuários tornaram-se usuários crônicos. No caso do fumo, os perigos à saúde são, é claro, bem conhecidos hoje e o hábito de fumar pode ser responsabilizado por parte do aumento da mortalidade em razão de trombose coronariana, encontrada em casos de pessoas enlutadas.

Drogas à parte, os médicos da família, por terem cuidado da pessoa morta durante o período de doença, e por terem ajudado familiares a se preparar para o luto, estão em posição extremamente vantajosa para dar apoio psicológico nessa situação. Muitas viúvas falam do apoio que receberam de seu clínico geral, que passou a ser considerado amigo, e até mesmo como a pessoa mais sábia e compreensiva que elas conhecem. Por meio da profissão, ele tem de enfrentar a realidade da morte, o que o habilita a falar com os familiares enlutados sobre esse assunto, considerado tabu.

Embora pessoas humildes possam considerar que o tempo dos médicos é "muito valioso para gastar com gente como nós", o conselho que dão é considerado com muito respeito e sua atitude em relação à situação é levada a sério. Infelizmente, é muito fácil para eles transferir aos familiares o próprio senso de derrota, quando um de seus pacientes morre. Por exemplo, podem ver a viúva como uma sobrevivente e não como uma pessoa com vida própria, e esta visão vai dar o tom na relação com ela.

O clínico geral que pode reconhecer o luto como o processo doloroso pelo qual toda a família tem de passar, para se tornar um outro tipo de família, está ciente de que os sintomas daí originados precisam ser vistos em contexto. Quando mostra interesse em aceitar as necessidades do enlutado, o médico pode ajudá-lo mais positivamente do que faria se adotasse o caminho mais curto, o de receitar calmantes e antidepressivos. Pode ser importante, por exemplo, que ele reassegure à mulher, dado seu sofrimento, que seus sentimentos de raiva e culpa ou suas alucinações com o marido morto são uma reação normal à perda, e que os sintomas físicos semelhantes aos presentes nas queixas do marido que morreu não significam que ela morrerá da mesma doença. O médico pode precisar lembrá-la de que ela não está sendo uma mãe ruim quando se queixa de não poder atender às necessidades dos filhos, assim como reassegurá-la de que pode pedir ajuda de outros para cuidar de si mesma e deles. Ele precisa, também, sentar-se e ouvir pacientemente a explosão de hostilidade a ele dirigida, como uma das pessoas que poderiam ter salvo o marido e mostrar, por sua atitude, que entende esses sentimentos e não vai permitir que eles estraguem o relacionamento com essa paciente.

Da mesma forma, enfermeiras, agentes de saúde, assistentes sociais que estão em condição de ajudar as pessoas enlutadas irão encontrar muitas oportunidades para fazer isso e, nem preciso reiterar, para cada um deles valem os mesmos princípios que emergiram nas considerações sobre os papéis do religioso e do médico da família.

TRATANDO DO LUTO PATOLÓGICO

O tratamento das reações patológicas do luto segue os mesmos princípios presentes nas indicações para apoio às pessoas enlutadas em geral. Desta forma, o tratamento adequado para luto adiado ou inibido pode tomar a forma de psicoterapia, na qual o paciente é encorajado a expressar seu pesar e a superar as fixações ou bloqueios para que possa se aperceber do que acontece e daí reaprender o mundo. Situações semelhantes são lugar-comum na prática psiquiátrica, e as técnicas atuais em psicoterapia oferecem uma interação livre de julgamentos entre paciente e terapeuta, de maneira a permitir àquele exprimir os sentimentos que inibiu. O terapeuta, por aceitar sem criticismo, a raiva, a angústia, o desespero ou a ansiedade que o paciente expressa, implicitamente o reassegura de que esses sentimentos, apesar de dolorosos, não vão inundar o terapeuta ou destruir o relacionamento com o paciente. Após descobrir que há segurança em expressar sentimentos, o paciente fica, então, livre para desenvolver o trabalho de elaboração do luto, e, como disse Lindemann (1944), o luto patológico é transformado em "luto normal" e segue o curso normal, até sua resolução.

Outras abordagens que derivam da "Teoria da Aprendizagem" foram desenvolvidas por Gauthier e Marshall (1977) e por Ramsey (1979). Comparando a evitação do pesar com o comportamento fóbico, Ramsey trata-a confrontando o paciente com as lembranças da pessoa morta, de maneira muito semelhante àquela utilizada para tratar pessoas fóbicas, ou seja: confrontando-as com a situação temida (*flooding*). Assim, os enlutados são pressionados a manusear e sentir o cheiro de roupas, a olhar fotografias, ler cartas e ouvir música associada à pessoa que morreu.

De início, essa abordagem com freqüência exigia que os pacientes de Ramsey fossem internados em uma unidade psiquiátrica para receber terapia intensiva, mas mais recentemente ele os tem tratado em ambulatório e seus métodos parecem ter-se tornado mais suaves. Da mesma maneira, Gauthier (1979) desenvolveu um método de exposição gradual aos estímulos causadores de sofrimento, que é considerado mais adequado aos pacientes para quem o método de *flooding* é muito drástico (por exemplo, na presença de um problema cardíaco). Esses autores afirmam ter obtido excelentes resultados, assim como o fez Liebermann (1978), que usou um tipo parecido de "luto forçado"; no entanto, os resultados de uma avaliação sistemática de um método semelhante, utilizado no Maudsley Hospital, trouxe resultados menos satisfatórios (Mawson *et al.*, 1981). Nessa pesquisa, os pacientes que haviam sido indicados para tratamento do luto patológico foram divididos, aleatoriamente, em dois grupos. Um recebia "Enlutamento Orientado", de acordo com o procedimento preconizado por Ramsey. O outro era encorajado a evitar pensamentos relacionados à perda e a continuar vivendo. Ao término do tratamento e no acompanhamento, dez a 28 semanas mais tarde, o grupo de "Enlutamento Orientado" podia conversar e pensar com mais facilidade sobre sua perda do que aqueles que haviam sido instruídos a evitá-la, mas sua saúde mental estava apenas ligeiramente melhor do que a dos componentes do outro grupo.

Um erro fundamental que parece estar veladamente presente na maior parte desses trabalhos é a concepção de que existe um único tipo de luto patológico e um único tratamento apropriado. Minhas próprias pesquisas sugerem, no entanto, que há diversos tipos de luto patológico, que podem exigir métodos de tratamento muito diferentes entre si. Os métodos de Lindemann e de Ramsey podem funcionar muito bem quando há evitação do luto, mas podem se revelar muito inadequados nos casos de luto crônico, quando não se trata de dar início ao processo de luto e, sim, de cessá-lo. Cheguei a encontrar muitos pacientes com luto crônico que, como me pareceu, teriam permanecido expressando-o em terapia, indefinidamente, porém, sem melhora. Estas eram pessoas socialmente isoladas e incapazes de encontrar um objetivo na vida. Tinham, de maneira geral, tido dificuldade em assumir responsabilidades antes do casamento e eram, então, incapazes de olhar para a vida sem um protetor amoroso. Claramente, a reabilitação era difícil e o sucesso dependeria da disponibilidade de pessoas na família e na comunidade que pudessem ajudar o paciente a encontrar um novo lugar na sociedade.

Uma abordagem que traz resultados bem-sucedidos nesses casos é a de estabelecer metas que a pessoa enlutada pode atingir ao longo do tempo para restaurar sua autoconfiança e encontrar novas direções na vida. Essas metas precisam ser cuidadosamente discutidas com o paciente, e até mesmo escritas, para que o progresso possa ser monitorado a cada sessão. O sucesso é recompensado com aprovação calorosa, o fracasso é submetido a uma cuidadosa reavaliação, para determinar por que ocorreu, e com a implicação de que a psicoterapia será uma perda de tempo a menos que algum resultado seja obtido.

O terapeuta precisa ser muito explícito em sua rejeição da idéia. "Enquanto você estiver doente, eu cuidarei de você" e substituí-la pela idéia: "Você não é uma pessoa doente ou inferior. Acredito que pode sobreviver e encontrar uma nova forma de vida".

Em alguns sentidos, designar essas pessoas como doentes age contra sua reabilitação, pois lhes oferece a identidade de pessoa doente. Isso apenas reforça uma tendência preexistente para desistir de lutar em um mundo já visto como complexo ou muito perigoso para ser enfrentado. Enquanto gostam de receber alguma forma de psicoterapia, sua dependência é tal que esta facilmente se torna interminável.

Esta visão — de que enquanto algumas pessoas precisam de ajuda para expressar luto outras precisam de ajuda para reaprender seu mundo — é expressa no trabalho recentemente desenvolvido pela equipe de pesquisadores do Departamento de Psicologia Clínica e da Saúde, da Universidade de Utrecht, na Holanda. O Modelo do Processo Dual permite que tanto a inibição quanto a expressão do luto possam ser apropriados em diferentes períodos, e que problemas possam surgir caso sejam excessivos (Stroebe *et al.*, 1994).

Em uma pesquisa importante, Schut *et al.* (1991) selecionaram pessoas com reações de luto patológico em dois tipos de terapia: uma era do tipo comportamental, focada na solução de problemas, enquanto a outra era feita em uma abordagem centrada no cliente, voltada para as emoções e objetivava a facilitação do luto. Ambos os grupos foram acompanhados onze, dezoito e 25 meses após a perda. O resultado mais importante desta pesquisa foi que as viúvas se beneficiaram mais da terapia com foco na solução de problemas, enquanto os viúvos beneficiaram-se da terapia focada nas emoções. Isso confirma nossa afirmação de que os homens, mais do que as mulheres, têm dificuldade em expressar as emoções e podem se beneficiar mais de uma terapia que os ajude a fazer isso, enquanto as mulheres, em nossa sociedade, ficam enlutadas com mais facilidade, mas precisam de ajuda para encontrar novos papéis e significados em sua vida. É claro que nem sempre as pessoas sabem o que é bom para elas, e Hopmeyer e Werk (1994), que acompanharam e compararam vários grupos de pessoas enlutadas, verificaram que as mulheres consideraram "compartilhar sentimentos e emoções" como as atividades com as quais mais valia a pena passar o tempo quando em grupos, enquanto os homens preferiam "resolver problemas iguais aos meus". Talvez a solução ideal seja oferecer ambas as abordagens.

Esta conclusão emerge de uma outra pesquisa realizada pelo grupo de Schut em Utrecht (1994). Ele comparou dois tipos de serviços oferecidos a pessoas enlutadas que haviam aceitado ser internadas para receber cuidados para tratamento de "luto complicado" em um Centro Holandês de Cuidados à Saúde. Um grupo recebeu terapia individual com relaxamento em grupo, treinamento em habilidades sociais e "terapia emocional racional". O outro recebeu uma combinação de arteterapia e terapia comportamental. A terapia comportamental tinha por objetivo ajudar o enlutado a organizar seus problemas e a se submeter a um processo de dessensibilização progressiva em relação às lembranças e imagens traumáticas. A arteterapia usava música e arte para evocar e expressar emoções e para visualizar e retratar "desastres e jóias". Após um período de foco pessoal, a terapia mudou para um foco mais social, com ênfase nas habilidades sociais e enfrentamento ativo dos problemas. O programa, com a duração de três meses, terminou com rituais de adeus e distribuição de presentes. Em um acompanhamento, quatro meses após o término, o grupo que combinou arteterapia e terapia comportamental havia apresentado mais melhoras do que o grupo com o qual foi comparado, em todas as medidas de resultado empregadas. O funcionamento diário e a ansiedade estavam bem melhor, enquanto a depressão foi a que menos melhorou.

Esse estudo notável mostra o que pode ser feito, mas foi, evidentemente, um programa muito caro e soube agora que foi interrompido, por falta de fundos. Espera-se que os autores possam continuar tentando encontrar maneiras menos caras para chegar aos seus resultados.

O uso de arteterapia com pessoas à morte e com enlutados tem sido defendido por Simon (1982). Ela acredita que a arte criada por muitas pessoas da cultura ocidental tende a ser intelectual e autoconsciente. Contrastando, a "arte primitiva" é arcaica e evocativa de símbolos poderosos. Na terapia, ela tenta oferecer a segurança que capacita as pessoas a se mover de representações controladas e autoconscientes para estilos mais arcaicos. Quando isto acontece, as pessoas com freqüência se vêem levadas a criar imagens que refletem os conflitos que enfrentam. Isto, segundo ela, permite que saiam da expressão do conflito para refreamento e eventual resolução. Bright (1996) adota uma abordagem semelhante em seu trabalho como musicoterapeuta. Música é uma forma de arte que vai direto ao coração. Bright usa música improvisada e reminiscências pela música para "trazer à superfície muitos, talvez a maioria, dos sentimentos escondidos que as pessoas têm em situações de perda e luto".

SERVIÇOS PSIQUIÁTRICOS E PSICOLÓGICOS

Uma vez que os psiquiatras têm ou deveriam ter experiência em reconhecer os meios indiretos de expressão de conflitos, que são empregados quando o luto se mostra distorcido, pode ser mais fácil para eles do que para outros ajudar o enlutado a lidar com esses problemas; e uma vez que eles são os que tendem mais a estar familiarizados com os usos e efeitos colaterais de uma vasta gama de remédios que estão disponíveis hoje, podem empregá-los, quando apropriado, para conter temporariamente a pessoa enlutada durante um período difícil. Além do mais, têm acesso a muitas das comunidades terapêuticas hoje existentes — hospitais-dia, hospitais-noite, unidades psiquiátricas com internação — que podem, em certos casos, garantir ao paciente um afastamento temporário.

Deve ser enfatizado, porém, que o cuidado com o enlutado é de responsabilidade da comunidade, e os familiares e outras pessoas não deveriam deixar de apoiá-lo só porque foi encaminhado a um psiquiatra.

No National Health Service (Serviço Nacional de Saúde), na Grã-Bretanha, enfermeiras psiquiátricas comunitárias e assistentes sociais psiquiátricos têm papel importante nos cuidados dos que são encaminhados para tratamento psiquiátrico. Freqüentemente, fazem a ligação com a unidade de cuidados básicos e são os que atuam mais de perto com a família, além de constituir uma valiosa participação na equipe terapêutica. A maneira pela qual são utilizados varia muito de uma região do país para outra, mas como eles têm mais tempo e mais oportunidade do que os psiquiatras para fazer visitas domiciliares, têm lugar privilegiado em serviços centrados na família e são, principalmente, bem situados para dar assistência às organizações voluntárias.

Recentemente, os psicólogos começaram a se interessar por este campo, e esta atuação traz muitas esperanças quanto ao futuro. Os psicólogos, mais do que os assistentes sociais conselheiros, têm o treino científico que estimula a pesquisa e, como já foi demonstrado, já estão começando a causar impacto com seu trabalho. Pode ser que essa seja a profissão para a qual olharemos no futuro para direcionar o estabelecimento de serviços bem fundamentados para pessoas enlutadas.

Muitas outras formas de terapia têm sido consideradas no atendimento ao enlutado. Dentre elas incluem-se: a Gestalt-terapia (Smith, 1985), a hipnose (Savage, 1993), a visualização (Cerney, 1985), a terapia emocional racional (Van den Bout, 1994), a logoterapia (Giovinco e Monahan, 1994) e, quando existe distúrbio de estresse pós-traumático, dessensibilização por movimento ocular (Shapiro, 1989, e Solomon, 1994). No entanto, na falta de estudos comparativos, é impossível avaliar sua eficácia.

PROGNÓSTICO

Embora não tenha sido possível acompanhar os pacientes psiquiátricos da Pesquisa de Bethlem para verificar as conseqüências que viveram, um acompanhamento sistemático recente de sessenta pessoas que foram indicadas para tratamento de problemas psiquiátricos comigo, depois de uma perda, mostrou melhora significativa no número de pessoas que disseram estar muito deprimidas ou infelizes, que tinham dificuldade em enfrentar a vida, que estavam chorosas ou desejando chorar mais do que haviam feito, que bebiam para controlar seus sentimentos ou que bebiam mais do que deveriam. Estas pessoas também tendiam menos a dizer que haviam chegado ao fim da linha e, mais, a dizer que não choravam. Em outras palavras, estavam menos deprimidas e lidando melhor com seus problemas em relação ao início da terapia. Por outro lado, havia pouca ou nenhuma mudança no número daqueles que diziam ter pouca autoconfiança, sendo que os sentimentos gerais de ansiedade e tensão não apresentaram melhora (Parkes, 1995a).

14
REAÇÕES A OUTROS TIPOS DE PERDA

Partir deste lugar feliz, doce
Recesso, e único consolo nosso
Familiar aos olhos, todos outros
Inóspitos parecem e desolados,
*Não nos conhecendo, não conhecidos.**

John Milton, *Paraíso perdido*

Para encerrar este livro sobre reações ao luto, vamos considerar em que extensão o luto pela morte de uma pessoa se assemelha às reações a outros tipos de perda. Será que as lições que aprendemos com nossos estudos sobre viúvas podem nos ajudar, por exemplo, no trabalho com pessoas doentes ou com deficiências físicas? Este é o tema de uma série de artigos que estão aguardando publicação pelo *British Medical Journal*, que envolve as muitas perdas e mudanças enfrentadas pelos membros das equipes profissionais que cuidam da saúde. Outros tipos de perda estudados a partir de uma mesma referência teórica incluem divórcio (Kitson, 1982), desemprego (Fagin e Little, 1984), migração forçada (Munoz, 1980), morte de um animal de estimação (Keddie, 1977 e Rynearson, 1978), esterilidade/infertilidade (Houghton e Houghton, 1977) e as perdas envolvidas, entre outras coisas, na recuperação de um câncer (Maker, 1982).

---

* Departure from this happy place, our sweet / Recess, and onely consolation left / Familiar to our eyes, all places else / Inhospitable appear and desolate, / Not knowing us or not known...

Para atingir os objetivos deste capítulo, recorro a pesquisas sobre reações a dois tipos de perda: a de um membro e a de uma casa. (Essas pesquisas são descritas em detalhes em Parkes 1972b, 1973 e 1976). O primeiro é objeto de minha pesquisa feita para o Departamento de Saúde e Seguro Social na Inglaterra e o último foi estudado por Marc Fried, nos Estados Unidos. Trata-se de um campo amplo, e esses temas foram escolhidos a título de ilustração, mais do que de representação.

Vamos verificar os principais componentes do pesar, como emergiram nos estudos sobre luto, e ver quais os traços de comparação que podem ser discernidos nas reações aos outros dois tipos de perda. Cada um dos componentes do pesar teve um capítulo próprio neste trabalho e não será possível, no espaço que nos resta, uma visão compreensível e abrangente dos fenômenos semelhantes, como aparecem nos casos de perda de um membro do corpo ou de uma casa.

Os aspectos que me parecem ser os mais importantes em muitas reações de luto são:

i A reação traumática

1. Uma reação de alarme — ansiedade, inquietação e reações fisiológicas que acompanham o medo.

2. Raiva e culpa, incluindo explosões contra aqueles que pressionam a pessoa enlutada na direção de uma aceitação prematura do luto.

3. Distúrbio de Estresse Pós-Traumático, a resposta patológica específica, os estados menos específicos de ansiedade e a síndrome de pânico.

ii A resposta de pesar

4. Uma necessidade premente de procurar e encontrar a pessoa perdida, de alguma forma.

5. Realocação da pessoa perdida, incluindo o fenômeno da identificação: adoção de traços, maneirismos ou sintomas da pessoa perdida, com ou sem a sensação da presença da pessoa no *self*.

6. Variantes patológicas do pesar, isto é, a reação pode ser excessiva e prolongada ou inibida, com a possibilidade de emergir de maneira distorcida.

iii A transição psicossocial

7. Uma sensação de deslocamento entre o mundo que é e o mundo que deveria ser, freqüentemente expressa como uma sensação de muti-

lação ou vazio, que reflete a necessidade de o indivíduo reaprender seu modelo interno de mundo.

8. Um processo de aperceber-se, isto é, a maneira pela qual o enlutado se move da negação e evitação do reconhecimento da perda para a aceitação e adoção de um novo modelo de mundo.

9. Este processo pode ser prejudicado pelos sentimentos de desamparo e desesperança que caracterizam a depressão.

PERDA DE UM MEMBRO

O estudo sobre amputação compreende a informação obtida com 36 homens e nove mulheres, com idade inferior a setenta anos, que foram entrevistados um mês após a amputação de um braço ou de uma perna. A falta do membro era a pior deficiência de que a maioria dessas pessoas sofria. Todas estavam bem o suficiente para receber uma prótese. As entrevistas foram todas feitas por mim e seguiram um padrão semelhante ao empregado na Pesquisa de Londres.

A perda de um membro não parece guardar muita semelhança com a perda de um cônjuge. Eu não amo minha perna esquerda, ao menos não da mesma maneira que amo minha mulher. A sociedade não espera que eu fique enlutado por minha perna, e o soldado que insistia em colocar a perna amputada em sua tumba, à espera de seus restos mortais, é claramente atípico. No entanto, aqueles que estudaram as reações psicológicas à amputação se referiram repetidas vezes ao "luto" que encontraram. Wittkower (1947) diz: "Luto é a reação emocional normal", enquanto para Kessler (1951) "A emoção que a maioria das pessoas sente quando informada de que perderão um dos membros pode muito bem ser comparada à emoção do luto, pela morte da pessoa amada". Dembo *et al.* (1952) afirmam: "A pessoa pode ficar enlutada por essa perda", e Fisher (1960) completa: "A reação à perda de um membro e, por essa razão, da função de uma parte vital, é de luto e depressão". Em nenhuma dessas pesquisas, porém, fica indicado de maneira clara qual é exatamente o objeto do luto, e nem mesmo o que se quer dizer por "luto".

Talvez se considerarmos os sete aspectos da reação ao luto possamos ajudar a esclarecer essas questões.

I A reação traumática

1. O primeiro componente da reação de luto, o alarme, pode ser esperado em qualquer situação de perigo, e realmente ocorre em muitas

pessoas que estão para se submeter ou se submeteram a uma cirurgia delicada. Sentimentos de ansiedade, de tensão e de inquietação foram comuns entre as pessoas que tiveram membros amputados e, durante o primeiro ano após a amputação, 30% queixaram-se de três ou mais sintomas que foram atribuídos aos tipos de distúrbios do Sistema Nervoso Autônomo, descritos no Capítulo 3. Perda de apetite e de peso foram a regra no período pós-traumático imediato, e 35% dos mutilados ainda requeriam sedativos que os ajudassem a dormir à noite, um mês depois da cirurgia. Como indicado no Capítulo 3, não há nada específico sobre a reação de alarme, mas é importante notar que os amputados, por causa de seu desamparo durante e após a cirurgia, confiam e se apóiam mais em outras pessoas durante o período de transição do que as viúvas. Eles podem, no entanto, sentir-se protegidos durante este período. Mais tarde terão de se tornar mais independentes e abrir mão da segurança do papel de "paciente".

2. Sentimentos de amargura ou raiva são expressos com freqüência pelos amputados. Assim como diz a viúva: "Não posso ver um casal sem pensar: Por que foi acontecer logo comigo?", 35% dos amputados admitem sentir inveja em relação às pessoas saudáveis e intactas. Raiva intensa pode ser dirigida aos médicos ou outras pessoas cujas ações poderiam ter ajudado a evitar a amputação, e assim como a viúva ou o viúvo, os amputados com freqüência os acusam.

3. Muita ansiedade e síndromes de pânico não foram raras entre os amputados, e um bom número deles, que havia sofrido danos físicos quando perderam o membro, sem dúvida sofreram com os distúrbios pós-traumáticos, que os faziam ficar assustados com as lembranças do trauma.

II A resposta de pesar

4. A necessidade premente de encontrar o objeto perdido é menos óbvia nas reações a uma amputação do que nas reações de luto. Obviamente, os amputados não vão ao hospital em busca de sua perna perdida. Uma pergunta importante a ser respondida aqui é: "O que foi perdido?" Todas as pessoas que entrevistei responderam "Sim" à pergunta: "Você sente falta de seu membro?", mas quando o questionamento ia adiante, ficava claro que sentiam mais falta das funções que eram antes executadas pelo membro. Os que tiveram a perna amputada descreveram como ficavam deitados na cama, com muita vontade de ir nadar ou correr pelo campo. Quanto mais ativos e atléticos tivessem sido no passado, mais pareciam sofrer.

Alguns realmente admitiram sentir falta da perna, e 63% admitiram algumas preocupações sobre o que foi feito do membro, depois da amputação. "Anexo ao prédio do hospital, há uma grande chaminé. Eu costumava olhar a fumaça e pensar: 'Estão queimando tudo', mas me acalmava pensando que talvez tivessem conservado minha perna para pesquisa médica. Nunca cheguei a perguntar a eles".

Enquanto a manutenção do contato com as pessoas amadas requer o uso de busca, procura e acompanhamento do comportamento desde a primeira infância, não é necessário desenvolver esse comportamento em relação às partes do corpo. No entanto, assim como a viúva ou o viúvo, os amputados tendem a se ocupar com pensamentos sobre a perda. Lamentam a perda de seu estado de intactos, particularmente quando sua atenção é levada a isso.

Desde que estejam fisicamente bem, há pouco que os amputados mais jovens não possam fazer com um braço ou uma perna, uma vez que tenham aprendido. Muitos deles, porém, são frágeis fisicamente, velhos, ou mesmo no caso de uma pessoa jovem, podem levar algum tempo para que seja feita uma prótese que se ajuste bem. Enquanto isso não acontece, eles precisam ir se adaptando da melhor maneira possível. Para a pessoa recém-amputada, subir e descer escadas, atravessar uma sala levando uma xícara de café ou mesmo ir ao banheiro são manobras difíceis e perigosas. Se a amputação foi de um braço, vestir-se, cortar a comida, comprar a passagem do ônibus ou abrir uma carta é muito difícil. E qualquer que seja a mutilação, o amputado tem muita consciência de ser visto em um lugar público como um mutilado: "As crianças olham para você, é como um verdadeiro espetáculo quando saio à rua".

Embora 67% dos amputados tentem distrair sua mente a respeito da perda, são constantemente lembrados sobre isso e cada frustração traz de volta um sentimento doloroso, de busca por um mundo que não é mais deles.

5. O que dizer dos fenômenos de identificação que eram evidentes no luto? Eles encontram equivalentes na amputação?

A partir desses dados, parece que os amputados realmente experienciam uma sensação de presença do objeto perdido, que é descrita na literatura médica como "membro fantasma", e, na verdade, este fenômeno é descrito com muito mais freqüência do que o "marido fantasma". Uma explicação possível pode ser que o membro fantasma e o marido fantasma não sejam estritamente análogos. Uma mulher, por mais próxima que seja do marido, não é conectada a ele por vias nervosas que se tornam intensificadas quando ele morre. É razoável supor que o membro fantasma é, em alguma extensão, atribuível ao fato de que uma parte do sistema nervoso, incluindo conexões nervosas, permanece existindo após a remoção do membro.

No entanto, o membro fantasma sofre influência de fatores psicológicos. Assim sendo, um amputado pode descrever como, depois das primeiras semanas, seu membro fantasma parecia diminuir, de maneira que parecia um pé pequeno, situado onde a tíbia estivera, antes da cirurgia. "Assim que eu puser a prótese, vai voltar para o lugar do pé novamente". É claro que a colocação do membro no espaço era governada parcialmente pela necessidade psicológica do paciente de identificar o resíduo do membro perdido com o substituto que agora lhe era oferecido.

Um membro fantasma parece realmente ser tratado como uma parte do *self*. Por exemplo, um amputado descreveu como conseguia erguer o coto, enquanto a esposa passava o aspirador, com medo que ela machucasse seu pé fantasma.

Assim como a viúva pode ter sintomas que se assemelhem aos do marido, o membro fantasma pode ser percebido sofrendo da mesma doença que levou à remoção do membro. Uma úlcera no calcanhar, por exemplo, pode continuar a ser sentida e até mesmo a dor pode persistir após a cirurgia.

Entre doze pacientes que tinham experienciado dor severa em um membro durante oito semanas ou mais antes da amputação, nove continuaram sentindo a mesma dor no membro fantasma. Esta queixa foi menos freqüente entre os pacientes cuja dor pré-cirúrgica (e a maioria teve esse tipo de dor) esteve presente por períodos inferiores a oito semanas (seis em 34).

Assim como os sintomas de identificação dos enlutados, essas dores tendiam a desaparecer, mas admite-se que, em uma minoria dos casos, elas persistem ou são recorrentes em alguma época posterior. O problema do membro fantasma dolorido tem sido motivo de preocupação entre os cirurgiões há algum tempo, e não é possível aqui fazer uma revisão total sobre esse problema. Uma grande variedade de métodos físicos tem sido aplicada, mas parece que, independentemente do tratamento, há uma minoria de amputados que continua a apresentar a queixa. Não há causa física conhecida para a maioria dessas dores mas várias pesquisas têm destacado a suscetibilidade à influência psicológica. Por esse motivo, elas têm sido agravadas por raiva, cansaço e frustração, e aliviadas por hipnose e outras formas de sugestão. As queixas de dor são mais comuns em indivíduos compulsivamente autoconfiantes, que têm dificuldade em aceitar desamparo. Pode ser, então, que essa persistência da dor fantasma às vezes represente um tipo de dificuldade na aceitação da perda do membro.

6. Muitas das reações patológicas à amputação assemelham-se às do enlutamento. Com freqüência, refletem distorção ou prolongamento do processo de aperceber-se da perda e, embora ainda seja necessário realizar mais pesquisas para deixar o cenário mais claro, parece realmente que um dos principais tipos de reação encontrados entre viúvas e viúvos perturbados é também encontrado nos amputados: o luto crônico.

Por outro lado, dezesseis pacientes mostraram pouca ou nenhuma reação emocional à perda de seu membro. "Eu tinha a sensação de que poderia continuar a chutar o mundo todo, por um bom tempo ainda", disse um paciente; "Eles disseram que eu era o paciente-troféu deles". Mais tarde, no entanto, ele percebeu as muitas restrições que tinha: "Chorei amargamente... estar desamparado, ser dependente das pessoas, a humilhação". Muitos amputados disseram que haviam sido informados de que a prótese seria um substituto perfeito para a parte que estava sendo removida, e não se permitiram considerar a possibilidade de que ficariam com limitações de algum tipo. Não foi tão fácil assim manter essa visão da situação quando deixaram o hospital e começaram a competir com pessoas intactas, no mundo externo.

iii A transição psicossocial

7. A sensação de perda interna do *self*, de mutilação, o quinto componente, eram também comuns e foram muito bem expressas por um homem: "Às vezes, você sente que teve parte de seu corpo levada embora, e que você não faz mais parte do mundo; eles levaram parte de sua vida". Outro disse: "Você se sente mutilado, sabe que jamais será o mesmo de novo... No fundo, sinto-me terrivelmente estragado". A expressão, "no fundo", reflete o dano ao *self* que vive no corpo que teve sua integridade atingida.

8. Os amputados passam por um processo de conscientização no qual se movem da negação para a aceitação da situação verdadeira? Penso que sim. Assim como a viúva acha difícil acreditar que o marido morreu e, com freqüência, tem uma forte sensação da presença dele por perto, os amputados também têm dificuldade em aceitar a perda do membro e continuam a senti-lo como presente. Dessa maneira, 39% dos amputados descreveram um período inicial de "entorpecimento". Todos os 46 tiveram uma sensação de presença persistente do membro

perdido e 87% relataram que freqüentemente se esqueciam da falta do membro e tentavam usá-lo. A sensação de entorpecimento passou em poucos dias, mas um ano depois 89% ainda tinham alguma sensação da presença do membro, 35% se esqueciam da amputação de vez em quando e 46% disseram ainda ter dificuldade em acreditar no que havia acontecido.

A prótese moderna, apesar das intensas pesquisas e modificações feitas ao longo dos anos, é uma coisa desajeitada e desconfortável, em comparação com o membro verdadeiro. Sem sensação ou força muscular própria, precisa ser presa a um coto de osso e tecido, que não foi feito para, em primeiro lugar, carregar peso e que tem o enfurecedor hábito de encolher ou expandir sempre que um encaixe adequado é obtido. Os profissionais que trabalham adaptando os membros às próteses, que são grandes artesãos em metal e couro, passam a vida remendando, modificando e remodelando a base na qual fixam a prótese, e os amputados passam muito de seu tempo na esperança de um encaixe perfeito, que pode nunca acontecer. Paciência e aceitação de uma quantidade módica de desconforto são essenciais para o amputado conseguir um bom ajustamento às realidades de sua nova vida.

9. Entre os 46 amputados que entrevistei, havia doze que ainda estavam deprimidos e afastados do convívio, um ano após a amputação. A maior parte deles fazia menos uso de seu membro artificial do que os médicos haviam esperado (considerando seus poderes físicos) e as pessoas inclinavam-se a acusá-los de "desistir". De fato, muitos desses homens e mulheres pareciam acreditar que estavam aleijados para o resto da vida e, porque acreditavam nisso, poderiam mesmo ficar aleijados pelo resto da vida.

Mesmo sem me deter muito nisso, realmente parece que a transição psicossocial de ser uma pessoa inteira para uma pessoa amputada é um processo doloroso, que consome tempo e é, de muitas maneiras, semelhante à transição de ser uma pessoa casada para uma pessoa viúva. Pareceria justificável, portanto, considerar essas duas situações como partes do mesmo campo de estudo. As implicações disto para a organização de serviços de cuidados são explicadas detalhadamente em outro trabalho (Parkes, 1996b) e não há espaço para repeti-las aqui. Assim, vamos verificar as conclusões de Fried, em sua pesquisa sobre os efeitos de realocar 789 moradores de uma favela de Boston. Eles foram entrevistados antes que a mudança compulsória acontecesse e, novamente, dois anos depois.

REALOCAÇÃO

A pesquisa feita por Fried ocorreu no Centro de Estudos Comunitários da Escola de Medicina de Harvard, tendo Erich Lindemann como principal pesquisador . Não é de surpreender que Fried tenha tentado encontrar os mesmos "sintomas" em favelados realocados que Lindemann já tinha encontrado nos enlutados. A surpresa, se é que foi assim considerada, esteve na extensão dos resultados que obteve. Ele escreve:

> Enquanto há grandes variações no sucesso do ajustamento pósrealocação, e considerável variabilidade na profundidade e na qualidade da experiência de perda, parece muito preciso descrever as reações da maioria como sendo luto: estas se manifestam nos sentimentos de perda dolorosa, contínua saudade, um tom geral depressivo, sintomas freqüentes de sofrimento social, psicológico ou dramático, trabalho ativo na tentativa de se adaptar à situação alterada, sensação de desamparo, expressões ocasionais de raiva, tanto dirigida como deslocada, tendências a idealizar o lugar perdido... Quarenta e seis por cento evidenciaram reações severas de luto ou ainda piores.

Assim como nas reações à amputação, cada um dos componentes do luto está presente. É assim que Fried descreve a maneira pela qual os favelados realocados tentaram minimizar e adiar a consciência da perda, tentando evitar os pensamentos a esse respeito, mas, como em outras formas de luto, as lembranças dolorosas irromperam. Uma mulher, que havia crescido na zona oeste de Boston, disse: "Lar é onde você pendura seu chapéu. ...Não olhe para trás, tente olhar para a frente". Mas quando lhe perguntaram como se sentiu quando sua antiga casa foi demolida, respondeu: "É como uma planta... quando você arranca as raízes, ela morre. Eu não morri, mas me senti mal. Era minha casa...".

Fried faz várias referências a "sofrimento somático" e às conseqüências físicas da reação de alarme, mas torna ainda mais evidentes os comportamentos relacionados à premência da busca. Nesta conexão, é ainda muito relevante perguntar: "O que foi perdido?", pois a resposta a esta pergunta irá determinar o que está fazendo falta. Nas entrevistas realizadas antes da realocação, foi feita a tentativa de avaliar o "foco de envolvimento" expresso em cada resposta em relação à vizinhança. As respostas foram agrupadas em: "condições de acesso e financeiras", "interpessoais", "lugares", "interpessoal e lugares" e "nenhum". Quando foram entrevistados novamente, depois da realocação, aqueles que haviam expresso um envolvimento com pessoas, lugares ou ambos mostraram muito mais pesar do que aqueles que haviam valorizado a vizinhança pelas condições de acesso ou financeiras, ou aqueles que não haviam expresso qualquer forma de envolvimento. Verificou-se, também, que a intensidade do luto estava relacionada à quantidade de vizinhos conhecidos pelo respondente; em outras palavras, a intensidade do luto estava relacionada à área medida de espaço vital físico que havia sido perdida (em outros tipos de perda, raramente podemos ter uma medida tão clara da magnitude da perda).

Entre os respondentes, cujo envolvimento básico era com os lugares, parecia que eram os lugares que faziam mais falta, e podemos ver a premência em recuperar o objeto perdido sendo refletida no desejo expresso por alguns de que pudessem voltar à zona oeste. Por exemplo, uma pessoa disse: "Eu sempre senti que tinha de voltar para casa na zona oeste, e ainda hoje sinto vontade de chorar quando passo por lá". Outro disse: "Eu ficava olhando para o lugar onde ficava o prédio". Aqueles cujo envolvimento era basicamente com amigos e vizinhos tendiam a ressaltar mais a perda pessoal: "Perdi todos os amigos que tinha". Havia a tentativa de reter tanto quanto fosse possível do mundo perdido, por parte das famílias que "tentavam ficar fisicamente próximas da área que conheciam, mesmo que a maioria de seus relacionamentos mais próximos estivesse rompida".

Sentimentos de raiva eram expressos na tentativa de denegrir o novo ambiente, comparando-o com a lembrança idealizada do antigo. "Sinto-me enganado", disse um deles.

O resultado mais marcante nesse estudo de Fried, no entanto, foi o de que muitas das pessoas expressavam sentimentos de mutilação pessoal de maneira vívida. "Eu sinto como se meu coração tivesse sido arrancado de mim", disse um deles. "Alguma coisa de mim ficou na zona oeste", ou "Era como se um pedaço de mim tivesse sido arrancado". Assim como as viúvas descritas no Capítulo 7, essas pessoas parecem ter experienciado uma perda do *self*, uma mutilação psicológica que, subjetivamente, era tão real quanto a mutilação expressa pelo amputado. Mais uma vez, somos forçados a admitir que a pele não é o único limite que envolve o *self* e que a casa em que vivemos e as pessoas às quais somos apegados são, sob certo sentido, nossas, partes de nós. Embora Fried não mencione este ponto, há muitos relatos publicados sobre a maneira pela qual pessoas que perderam a casa tentam cons-

241

truir outra, no mesmo lugar, e da mesma maneira. De modo semelhante, os imigrantes em uma cultura diferente da sua, com freqüência, tentam recriar em torno de si a cultura que perderam. Não é possível para uma pessoa identificar-se com uma casa perdida, da mesma maneira que se identifica com uma pessoa perdida. Mas os sintomas de identificação das viúvas e os esforços para realocar pessoas para recriar seu ambiente perdido parecem ser duas maneiras diferentes de tentar reter, em alguma medida, o mundo que foi perdido.

As avaliações feitas por Fried sobre a saúde e o ajustamento psicossocial destes respondentes revelou dois padrões de reação que foram associados a uma alta incidência de "problemas". Alguns indivíduos reagiram exageradamente à realocação; embora não parecessem estar por demais envolvidos com a vizinhança antes da realocação, mostraram-se profundamente enlutados *a posteriori* e necessitaram de muita ajuda do serviço social e jurídico. Outros pareciam estar fortemente envolvidos com a vizinhança antes da mudança, e mostraram um mínimo de luto depois dela: estes apresentaram uma freqüência desproporcionalmente elevada de problemas físicos e psicossomáticos. Parece que esses dois padrões de "reação exagerada" e "negação" correspondem às formas de luto "excessiva" e "inibida", que são encontradas no processo de luto.

CONCLUSÕES

Tentei mostrar, neste capítulo, como alguns dos fenômenos que emergiram nas pesquisas sobre a reação de luto são encontrados de maneira semelhante em outros tipos de perda. Assim como o estresse, que foi discutido no Capítulo 3, a perda pode ter numerosos significados, e não há motivo para acreditar que todos os graus e tipos de perda dêem origem a reações idênticas. Mas, assim como o estresse, uma perda tende a ser uma atribuição *post hoc*. Isso significa que podemos não saber, até que ocorra, se um dado evento na vida será construído como uma perda ou um ganho. "Você não está perdendo uma filha, mas ganhando um filho" diz, com otimismo, o convidado para o casamento, mas a verdade da questão é que a mãe da noiva está passando por uma mudança importantíssima na vida que, sob seu ponto de vista, pode ser considerada como um lucro ou um prejuízo líquido. Ela pode enlutar-se, regozijar-se, ou, com essa típica habilidade humana, pode dividir-se, oscilando entre lágrimas e risos. O pesquisador cabeça-dura pode achar muito difícil classificar como perdas ou ganhos esses acontecimentos da vida, como o casamento de uma filha.

De maneira semelhante, poucas pessoas ficaram contentes por ter perdido a perna que lhes dava problemas, e alguns dos favelados realocados entrevistados por Fried consideraram a realocação uma bênção sem qualificações. Fried esforça-se em apontar que o luto que foi expresso pela maioria poderia não ser encontrado em outras populações, em outros lugares, submetidas a outras experiências de realocação: o grau de apego a um meio social ou físico, em especial, mostrado pela classe trabalhadora de Boston, por exemplo, pode não ser encontrado entre nômades ou entre jovens executivos ambiciosos, para quem uma mudança de cidade pode ser parte de um padrão desejado de progresso.

Entretanto, as semelhanças entre as reações de luto, amputação e realocação podem nos levar a considerar se os métodos para prevenir a patologia apontados no Capítulo 10 não poderiam ser utilizados para ajudar os que tiveram um membro amputado a se ajustar à perda, e um favelado a enfrentar as transições da mudança para uma nova casa. Uma preparação antecipatória pode ser útil, de maneira a permitir um quadro realista do novo mundo a ser construído antes da destruição do velho, assim como pode ser útil o apoio durante esse período de transição, para que o trabalho de luto que for necessário seja facilitado, com a eventual aceitação da perda. Também pode ser oferecida ajuda quando for necessário apresentar aos indivíduos que vivem essa transição as novas oportunidades que se abrem para eles, e para facilitar mudanças em suas atitudes por meio dos eventos apropriados (por exemplo: celebração de aniversários, férias, treinamento e outras situações que tenham o significado de um rito de passagem e que atuem como pontos cruciais no processo de tomada de consciência).

O estabelecimento desses métodos de educação e apoio, com uma base científica sólida, precisa ser uma tarefa importante para os profissionais do campo da saúde mental comunitária, nos próximos anos. Emprego a expressão "saúde mental comunitária" porque acredito que "psiquiatria preventiva" é uma expressão muito restrita para este campo. Não deveríamos nos preocupar unicamente com as tentativas para reduzir a prevalência da doença mental, mas deveríamos procurar melhorar a qualidade de vida, a saúde mental da comunidade.

Os tempos de transição são também tempos de oportunidade e qualquer confronto com um mundo desconhecido é tanto uma oportunidade para um domínio autônomo como uma ameaça para o próprio ajustamento à vida. Considerando no todo, o efeito de tais experiências tende mais a ser benéfico do que prejudicial. A educação e o modo de criação têm como objetivo principal o crescente domínio de situações desconhecidas, e pessoas maduras são aquelas que adquiriram um grau de autonomia que as capacita a se aproximar do desconhecido com confiança. Há, no entanto, algumas mudanças na vida que, por causa da sua magnitude ou de uma característica particular, trazem consigo o risco de produzir não o amadurecimento, mas o deslocamento.

Este livro, com foco no luto, tentou ilustrar e explicar as conseqüências dessa mudança e, neste último capítulo, fiz uma breve referência a outros tipos de mudança. Sem dúvida, com o tempo, toda a gama de reações às mudanças na vida serão mapeadas e teremos um corpo de conhecimentos com implicações para o cuidado com as crianças, a educação, a medicina e os serviços de cuidados de todos os tipos.

No entanto, não é suficiente instituir novas formas para abrigar os sem-teto, reabilitar os deficientes ou aconselhar os enlutados. Qualquer plano de mudança deveria incluir uma tentativa de antecipar e cuidar dos efeitos psicossociais da mudança. Assim, a decisão de amputar uma perna deveria ser tomada com total consciência acerca das perspectivas do paciente quanto a fazer um bom ajustamento à vida, como um amputado; planos para extinção de favelas deveriam ser feitos com plena consideração dos efeitos prováveis da realocação sobre a população a ser realocada; a decisão de manter preso um homem deveria ser tomada somente após uma tentativa de predizer os feitos prováveis desta ação sobre esse homem e sua família.

Podemos estender este arrazoado para incluir decisões em muitas áreas: decisões sobre a admissão de crianças pequenas em berçários e de pessoas idosas em instituições; a introdução de novos métodos na indústria e a transferência dos empregados; o bombardeio de uma cidade ou o fechamento de uma fábrica. Cada uma dessas situações força o planejador à obrigação de considerar em sua totalidade como as decisões tomadas irão afetar as populações ou os indivíduos a elas relacionados, e a fazer todo o possível para garantir que qualquer das mudanças planejadas leve ao crescimento e ao amadurecimento, e não ao deslocamento e ao disfuncionamento.

Recentemente, voltei de uma visita a Ruanda, onde atuei como conselheiro para o desenvolvimento de um programa de reabilitação psicológica para as vítimas do genocídio que havia atingido aquele país, um ano antes. O aspecto mais triste de minha experiência foi perceber que as pessoas que mais necessitavam de ajuda eram as que menos queriam recebê-la ou as que menos pediam por ela: os refugiados, os soldados e os políticos que estão, eles mesmos, traumatizados, e que estão em perigo de reagir ao trauma, repetindo o padrão de violência. O mal causado por esses ciclos de violência no mundo todo é incalculável. Estudos cuidadosos sobre as maneiras pelas quais esses ciclos poderiam ser interrompidos deveriam estar no topo de nossas listas de prioridades nos próximos anos.

Em nosso estado atual de conhecimento, psicólogos e sociólogos estão começando a encarar o desafio de aconselhar os que planejam, e de ajudar aqueles cuja vida é mais afetada, pela mudança. Não podemos mais ignorar o fato de que a pesquisa sobre os efeitos da mudança é uma área de estudo essencial. O desejo de olhar de frente para os problemas do luto e do enlutamento, em lugar de voltar as costas para eles, é a chave para um trabalho bem-sucedido com o luto, para o que sofre, o que o ajuda, o planejador e o pesquisador. Os que estão presos nos lembram da precariedade de nossa liberdade, os pacientes de câncer nos lembram de nossa própria condição de mortais, os imigrantes que usurpam nosso território e as viúvas e os viúvos que nos provam que, a qualquer momento, nós também podemos perder as pessoas que amamos, são fonte de ansiedade e ameaça. Escolhemos lidar com nosso medo virando as costas para aquilo que o causa, rejeitando o prisioneiro, tentando alegrar o paciente de câncer, excluindo o imigrante ou evitando contato com a viúva ou viúvo. Mas cada vez que fazemos isso, somente aumentamos nosso medo, perpetuamos os problemas e perdemos a oportunidade para nos preparar para as mudanças que são inevitáveis em um mundo em transformação.

APÊNDICE

Muitas das afirmações feitas nos capítulos anteriores estão baseadas em evidências que foram apenas citadas de forma resumida no texto. Os detalhes relativos às descobertas que constituem essas evidências estão expostos e discutidos a seguir.

1. Vamos considerar primeiro a afirmação feita no Capítulo 2, a respeito de o luto poder aumentar a taxa de mortalidade, especialmente de doenças cardíacas. A prova sobre o aumento da taxa de mortalidade foi dada por Young, Benjamin e Wallis (1963), cujo trabalho foi complementado por Parkes, Benjamin e Fitzgerald (1969). Esses traba-

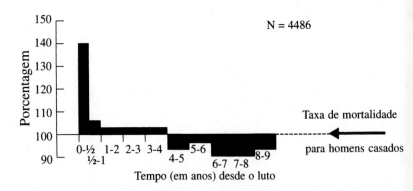

Figura 1. Taxa de mortalidade de viúvas com mais de 54 anos, como uma porcentagem da taxa de homens casados de mesma idade.

lhos contêm dados relacionados a homens acima dos 54 anos de idade, na Inglaterra e no País de Gales, cujas mulheres haviam falecido em dois meses, em 1957.

O registro central do Serviço Nacional de Saúde estava presente e, desta forma, todas as mortes ocorridas numa amostra de 4 446 viúvos foram estudadas. Como mostra a Figura 1, a taxa de mortalidade durante os seis primeiros meses de enlutamento foi 40% maior do que a taxa estimada baseando-se nos dados nacionais para homens casados, de mesma idade.

O maior aumento proporcional foi o de mortes por trombose coronariana e outras doenças arteroescleróticas e degenerativas do coração, cujo grupo estava 67% acima da expectativa ($p < 0,01$).

2. As descobertas de Schmale e Iker (1966) a respeito do diagnóstico de câncer cervical, feitas por meio de entrevista com um psiquiatra, podem ser mais bem ilustradas por meio da reprodução de uma de suas tabelas. A Tabela 1 mostra que quando o psiquiatra prediz o diagnóstico de câncer baseando-se no relato do paciente de ter reagido a uma situação de vida mostrando falta de esperança, anteriormente ao primeiro exame cervical, ele estava mais perto de acertar o diagnóstico do que de errar. Para ser mais preciso, ele estava certo em 36 casos e havia errado em 15 deles, uma descoberta significativa no nível 0,02. (As situações da vida que precederam a doença normalmente foram apresentadas pelos pacientes como perdas irrevogáveis.)

Tabela 1. *Prognóstico de câncer cervical feito pelo psiquiatra, e resultado da biópsia em 51 mulheres submetidas a exames a partir de resultados laboratoriais com suspeita.* (Schmale e Iker, 1966)

Diagnóstico pela biópsia	Prognóstico do psiquiatra	
	Câncer	Negativo para câncer
Câncer	11 (61%)	8 (24%)
Negativo para câncer	7 (39%)	25 (76%)

$x^2 = 5.29 p$ (bicaudal) $= 0.02$

3. Na Pesquisa de Londres (Parkes, 1970), 22 viúvas londrinas foram entrevistadas cinco vezes durante o primeiro ano de luto. Os dados coletados em cada entrevista incluíam uma avaliação subjetiva feita pela viúva sobre sua "saúde geral" (avaliada como "boa", "indiferen-

te", "ruim"), uma contagem do número de sintomas físicos que ela vinha experienciando desde a entrevista anterior (apontados em uma lista), a contagem do número de consultas que fez com seu clínico geral desde a última entrevista, e uma avaliação da irritabilidade ou da raiva observada na entrevista (avaliada como "muito acentuada", "acentuada", "moderada", "suave", ou "ausente").

Os coeficientes que correlacionam os valores principais de cada uma das varáveis estão ilustrados na Tabela 2. Somente a correlação entre saúde global e irritabilidade e raiva foi estatisticamente significativa ($r = 0,70$, $t = 4,28$, $p < 0,001$).

Tabela 2. *Pesquisa de Londres: intercorrelação de avaliações de saúde e raiva em 22 viúvas londrinas.*

	Avaliação subjetiva da saúde global	Número de sintomas anotados na lista durante um ano	Número de consultas com o clínico geral durante um ano	Irritabilidade e raiva observadas nas entrevistas
Avaliação subjetiva da saúde global		0,00	0,23	0,70*
Número de sintomas anotados na lista durante um ano	0,00		0,08	-0,15
Número de consultas com o clínico geral durante um ano	0,23	0,08		0,27
Irritabilidade e raiva observados nas entrevistas	0,70*	-0,15	0,27	

Nota: As avaliações representam a somatória das avaliações realizadas nas cinco entrevistas ao longo do primeiro ano de luto.
*$p < 0.001$ (usando teste de *t*)

4. Meu estudo dos registros de caso de 44 viúvas (Parkes,1964b) mostrou que o número de consultas com o clínico geral cresceu de uma média de 2.2 consultas por paciente por seis meses, durante os oito meses anteriores à doença terminal do marido, para uma média de 3.6 consultas durante os primeiros seis meses de luto; e no segundo e terceiro períodos de seis meses de luto as médias da taxas de consultas

foram de 2.6 e 3.0, respectivamente. O aumento foi bastante significativo ($Z = 5.7$, $p < 0.001$, Teste de Wilcoxon).

No grupo de idade abaixo de 65 anos durante os primeiros seis meses houve um aumento de 200% nas consultas para sintomas psicológicos (i.e., as anotações dos casos indicavam tanto uma queixa psicológica específica como depressão ou insônia, ou a prescrição de um sedativo, sonífero, ou tranqüilizante). Este aumento também foi altamente significativo ($x^2 = 200$, d.f.3, Análise de Variância de Friedman, com $p < 0.001$).

Como podemos ver na Figura 2, o consumo de sedativo no grupo mais novo aumentou de uma média de 0.7 semanas de sedação por paciente nos seis meses anteriores ao luto para uma média de 5.0 nos primeiros seis meses posteriores ($x^2 = 10.7$, d.f., $p < 0.02$, Análise de Variância de Friedman)

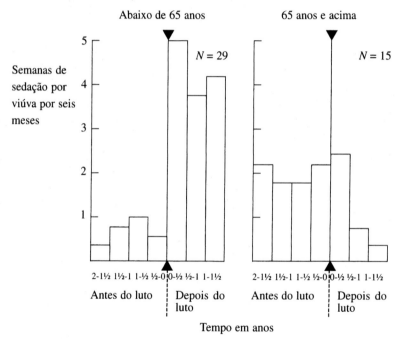

Figura 2. Consumo de sedativos, antes e depois do luto, por 44 viúvas divididas em dois grupos etários.

O pequeno aumento (25%) de consultas para sintomas psicológicos no grupo acima de 65 anos de idade não teve, estatisticamente, um significado importante, e não houve mudança no consumo de sedativos. No entanto, houve um grande aumento nas consultas para queixas não psiquiátricas ($z = 3,96$, $p < 0,00005$, Teste de Wilcoxon) e torna-se mais significativo à medida que o grupo de pessoas mais idosas foi considerado solitário ($p < 0,05$, Teste de Wilcoxon).

Quando as consultas eram encerradas, o número em cada grupo de diagnóstico era muito baixo para uma análise estatística. A exceção encontrava-se nas consultas sobre as condições musculares e articulares que, no grupo de idade abaixo de 65 anos, aumentou de uma média de 0,11 consultas nos seis meses anteriores ao luto para uma média de 0,52 durante os dezoito meses após o luto ($p < 0,05$, Teste de Wilcoxon).

5. Maddison e Viola (1968) lembram que esses questionários foram feitos, aproximadamente, por 50% das mulheres enlutadas. Os valores de saúde global diferenciando o enlutado e os grupos de controle foram significativos no nível de 0,001, com dois níveis de liberdade, e todas as características listadas no Capítulo 2 foram encontradas com mais freqüência no enlutado ($p < 0,05$, teste do x^2). Além disso, 12,8% dos enlutados comparados com 1,0% do grupo de controle consultaram um médico para tratamento de "depressão" durante o ano anterior ($p < 0,001$).

6. A Pesquisa de Harvard tenta determinar a quantidade de doenças físicas e mentais em viúvas e viúvos catorze meses após o luto. A amostra foi composta por 49 viúvas e dezenove viúvos (perfazendo um total de 68 pessoas) com idade abaixo dos 45 anos, que representam 34% de 231 viúvas e viúvos encontrados por meio do registro de morte do cônjuge (50% recusaram-se a participar e os outros 17% mudaram-se ou saíram durante o primeiro ano de enlutamento).

Os 68 viúvos e viúvas foram associados individualmente a um grupo de controle de 68 homens e mulheres casados, de mesma idade, sexo, área residencial, tamanho de família, nacionalidade e classe social.

Informações a respeito da saúde de ambos os grupos foram obtidas por meio de um questionário contendo 218 questões, cobrindo uma vasta categoria de sintomas e atitudes. Algumas das descobertas significativas são apresentadas na Tabela 3. A tabela nos mostra que os enlutados diferem do grupo de controle na quantidade de internações hospitalares e na maior quantidade de consultas sobre problemas emocionais. Eles relatam um distúrbio maior no sono, no apetite e no peso. e um aumento no consumo de álcool, fumo e tranqüilizantes. Os sintomas psicológicos que foram encontrados com maior freqüência nos enlutados incluem: depressão, tensão, solidão, inquietação, dificuldade em tomar decisões, e memória fraca.

A pontuação foi obtida por meio da combinação de respostas de uma série de questões do mesmo tópico (a correlação entre esses valores foi confirmada por meio de análise fatorial). A comparação entre os enlutados e os não-enlutados dessas pontuações encontra-se na Tabela 4. Fica claro que enquanto os enlutados ficaram mais deprimidos do que os do grupo de controle e manifestaram algum distúrbio no sistema nervoso autônomo (revelado por meio de sintomas como tontura, tremores, dores no peito, palpitações, sudorese e tensão na garganta), não houve qualquer evidência de que mudanças reais na personalidade apareceram como conseqüência do luto (o significado completo dos termos usados na tabela está presente em Parkes e Weiss, 1983).

Quando a pontuação de valor 1 foi dada para cada sintoma físico que havia ocorrido pela primeira vez no ano anterior, um aumento significativo foi verificado entre os viúvos, mas não entre as viúvas, em comparação com os do grupo de controle (ver Tabela 5). No entanto, não houve evidência, no grupo de enlutados, de uma piora nos sintomas crônicos (Parkes e Brown, 1972).

Tabela 3. *Pesquisa de Harvard: homens e mulheres enlutados com idades abaixo dos 45 anos, comparados catorze meses depois do luto, com pessoas não-enlutadas da mesma idade*

Número de características relatadas			
	Enlutados	*Não-enlutados*	
	N = 68	*N = 68*	*p*
Internado no hospital no ano anterior	12	4	<.05
Problema de sonolência no ano anterior	19	8	<.02
Acordar durante a noite no ano passado	27	8	<.001
Mudanças de apetite no ano passado	34	20	<.05
Grandes aumentos e perdas de peso no ano passado	18	7	<.05
Aumento do consumo de fumo no ano passado	19	6	<.01
Aumento do consumo de álcool no ano passado	19	2	<.001
Tomou tranqüilizante no ano passado	18	3	<.001

Número de características relatadas			
	Enlutados	Não-en-lutados	
	$N = 68$	$N = 68$	p
Procurou ajuda para problemas emocionais no ano passado	23	5	<.001
Questionou se as coisas valem a pena	34	18	<.01
Não muito feliz (múltipla escolha)	13	4	<.05
Preocupado com a solidão (múltipla escolha)	44	17	<.001
Desejo de mudar muitas coisas na vida (múltipla escolha)	15	5	<.05
Deprimido ou muito infeliz nas últimas semanas	33	20	<.05
Inquietação no ano passado	33	15	<.01
Memória falha no ano passado	20	6	<.01
Dificuldade em tomar decisões no ano passado	36	22	<.05
Vida constantemente tensa	25	12	<.05
Julgamento não muito bom	28	14	<.02
Sentimento de inadequação, mesmo entre amigos	23	10	<.01
É mais seguro não se apaixonar	13	2	<.02

7. Dos 94 pacientes que foram internados nos Hospitais Bethlem Royal e Maudsley em 1949-51 com uma doença mental detectada nos seis meses após a morte de um parente, cônjuge, irmão ou filho, trinta haviam perdido um dos cônjuges. Os cálculos retirados das tabelas de mortalidade mostram que a possibilidade de resultado ao acaso era de somente cinco cônjuges enlutados. Essa diferença é estatisticamente significativa ($x^2 = 19,2$, 1 d.f., $p < 0,001$).

Quando o diagnóstico dos pacientes enlutados foi comparado àqueles dos pacientes não-enlutados aceitos durante o mesmo triênio, um diagnóstico de distúrbio afetivo foi encontrado em 65% dos enlutados e 47% dos não-enlutados ($x^2 = 11,98$, 1 d.f., $p < 0,01$). Quando essa categoria foi posteriormente subdividida, o subgrupo "depressão reativa ou neurótica" (*CID* 314) foi encontrado em 28% dos enlutados e em somente 15% dos casos dos não-enlutados ($x^2 = 10,19$, 1 d.f., $p < 0,001$) (ver Tabela 6 e Parkes, 1964a).

Tabela 4. *Pesquisa de Harvard: pontuação de sintomas psicológicos e traços de personalidade em enlutados e não-enlutados acima do período de catorze meses*

| | *Médias* | | |
| | *Enlutados* | *Não-enlutados* | |
	N = 68	*N = 68*	*p*
Depressão	6,10	4,13	<.01
Distúrbios autônomos	1,53	0,88	<.02
Ansiedade externalizada (preocupação)	5,42	6,46	n.s.
Medo de inter-relação (timidez)	3,28	2,94	n.s.
Dependência compulsiva	4,09	4,12	n.s.
Busca de estimulação	2,79	2,85	n.s.
Irritabilidade geral	1,50	1,77	n.s.
Atitude paranóica	2,47	2,43	n.s.
Auto-estima	5,51	5,63	n.s
Autoritarismo	5,34	5,52	n.s.
Rigidez	1,77	1,66	n.s.
Emotivo	1,81	2,35	n.s.
Funcionamento psicossocial	8,28	8,86	n.s.

n.s. = não significativo

Tabela 5. *Pesquisa de Harvard: sintomas físicos agudos em pessoas enlutadas e não-enlutadas.*

| | *Média do número de sintomas* | | | |
	N	*Enlutado*	*Não-enlutado*	*p*
Homens	19	2,36	1,10	< 0,5
Mulheres	49	3,28	3,00	n.s.

8. Clayton *et al.* (1972) descrevem a definição operacional do "sintoma do complexo depressivo": "...estado de ânimo diminuído, caracterizado por sentir-se deprimido, triste, desesperado, desencorajado, melancólico... mais cinco dos oito sintomas que se seguem para depressão definida e quatro dos oito sintomas para depressão provável:

Tabela 6. *Pesquisa de prontuários: diagnósticos de pacientes psiquiátricos internados, enlutados e não-enlutados.*

CID[a]		Pacientes enlutados		Pacientes não-enlutados	
		N 94	% 100	N 3151	% 100
300	Esquizofrenia	8	8	481	15
301	Psicose maníaco-depressiva	19	20	551	18
302	Melancolia involutiva	4	4	191	6
304 e 306	Psicose senil e arteriosclerose	3	3	73	2
305, 307, 308 e 309	Outras psicoses orgânicas	5	5	76	2
310	Reação ansiosa	12	13	233	7
311	Histeria	8	8	166	5
313	Neurose obsessivo-compulpulsiva	0	0	99	3
314	Depressão reativa	26*	28	481*	15
312 e 315-18	Fobias e outras neuroses	2	2	135	4
320-1	Outros distúrbios de personalidade	3	3	215	7
322-3	Drogados (incluindo alcoolistas)	3	3	74	2
	Outros diagnósticos	1	1	376	12
301,302, 310 314	Todos os distúrbios afetivos	61*	65	1 456*	47

[a] Códigos de classificação de diagnóstico extraídos do *Manual of Diseases* (1947)
* $p < 0.01$

1 Perda de apetite e/ou peso
2 Distúrbios do sono incluindo o excesso de sono
3 Fadiga
4 Sentir-se inquieto
5 Perda de interesse
6 Dificuldade de concentração
7 Sentimento de culpa
8 Desejo de estar morto, ou idéias suicidas

Esse conjunto deve estar presente desde a morte de seu cônjuge. Viúvas deprimidas têm, significativamente ($p < 0,05$), menor número de filhos adultos que as consideram próximas, do que as viúvas não deprimidas.

9. Na Pesquisa de Londres, as 22 viúvas jovens e de meia-idade foram avaliadas em cada uma das cinco entrevistas quanto a um número de medidas psicológicas. As avaliações basearam-se na informação dada pela viúva, combinada com minha própria observação direta durante a entrevista, e cada característica foi avaliada em uma escala de cinco pontos, como "muito acentuada", "acentuada", "moderada", "suave" ou "ausente". O significado dos termos normalmente está evidente em si mesmo, mas não particularmente: "entorpecimento" = reporta o sentimento de "dormência" ou "nebulosidade"; "dificuldade em aceitar a realidade da perda" = dificuldade em acreditar totalmente na realidade da morte do marido; declarações do tipo "Eu ainda não acredito que é verdade"; "inquietação" = hiperatividade observável; "tensão" = aumento observável da tensão muscular.

As médias anuais (a média de cada valor durante o ano todo) estavam inter-relacionadas, e o significado de cada correlação foi testado. Isso revelou uma série de conjuntos de variáveis. A Tabela 7 mostra os coeficientes de correlação de cada variável com cada outra variável (somente essas variáveis que se inter-relacionam estão incluídas), e poderá ser visto que os conjuntos principais de variáveis são:

1 Preocupação com pensamentos sobre o falecido
 Memória visual clara dele
 Sensação contínua da presença dele
 Chora muito
 Ilusões com o falecido (avaliado somente na primeira entrevista)
2 Irritabilidade e raiva
 Inquietação
 Tensão
 Afastamento social (avaliado somente na primeira entrevista)

Tabela 7. *Pesquisa de Londres: correlações (r) entre as médias anuais das medidas psicológicas entre as 22 viúvas londrinas*

	Preocupação com pensamentos sobre o falecido	Memória visual clara	Sensação de sua presença	Chora muito	Ilusões com o falecido	Irritabilidade e raiva	Inquietação	Tensão	Isolamento social	Torpor	Dificuldade em aceitar
Memória visual clara dele	0,73++										
Sensação de sua presença contínua	0,58†	0,56†									
Chora muito	0,54†	0,38	0,42*								
Ilusões com o falecido	-0,13	0,38	0,52*	0,34							
Irritabilidade e raiva	-0,05	-0,18	0,02	0,41	0,04						
Inquietação	0,18	-0,04	0,08	0,32	0,03	0,65++					
Tensão	0,15	0,18	0,10	0,43*	0.09	0,58=	0,83++				
Isolamento social	0,05	0,17	-0,13	0,20	-0,19	0,44*	0,10	0,12			
Torpor	-0,11	0,32	-0,14	-0,06	-0,15	-0,14	-0,03	-0,12	0,35		
Dificuldade em aceitar	0,24	0,21	0,08	0,29	0,22	0,42*	0,42*	0,43*	0,36	-0,09	
Evitação de lembranças	0,44*	0,46*	0,29	0,07	0,24	-0,16	0,14	0,23	ᐧ0,21	0,29	0,40

* Avaliação somente na primeira entrevista   * $p < 0,05$ † $p < 0,01$ ‡ $p < 0.001$ (usando teste t)

Esses resultados indicam, portanto, que existem dois tipos principais de variáveis que andam juntas e criam dois modos de reação ao luto. As implicações são: (a) essas variáveis têm seus sentidos relacionados uns aos outros; e (b) os indivíduos que mostram características de qualquer um dos conjuntos estão igualmente propícios a mostrar todas as características daquele conjunto.

Diante disso, o modo de resposta representado pelas características na primeira lista é ser passiva e orientada para o marido falecido. Preocupação com pensamentos de reencontro alterna-se com a dor da saudade e com o choro. Pode-se caracterizar essa reação de ansiedade pela volta ao passado (ver Capítulo 4). O segundo modo de resposta é mais ativo e mais orientado para si mesmo. Aqui, o sobrevivente, em vez de chamar para que a pessoa morta volte, encara o mundo com muita raiva, como potencialmente hostil. Esse tipo de resposta está descrito no Capítulo 6.

Apesar do que foi dito, deveria ser lembrado que componentes dos dois modos de reação foram encontrados na maioria das pessoas enlutadas; os estilos passivos e ativos representam tendências, mais do que os tipos discretos de resposta. Deve-se notar, além disso, que reações defensivas como "entorpecimento", "dificuldade em aceitar a realidade da perda", e "evitação de lembranças" não estão significativamente correlacionadas e, por esta razão, este estudo não oferece suporte para a noção de um fator geral de "defesa".

10. A Figura 3 está baseada nas sucessivas entrevistas da Pesquisa de Londres. Verificou-se que enquanto existe um declínio natural, durante o ano, no número de viúvas que choraram durante a entrevista e no número que reportou ou mostrou preocupação com os pensamentos sobre o cônjuge falecido, houve um aumento no número daquelas que disseram ter imagens claras de seus cônjuges falecidos (Parkes, 1970).

11. A Pesquisa de Bethlem foi realizada com 22 pacientes (dezoito internos e três externos) trazidos pela equipe dos Hospitais Bethlem Royal e Maudsley, para serem atendidos e entrevistados por mim no período de 1958 a 1960. Todos eles tinham desenvolvido uma doença mental por volta de seis meses após a morte de um cônjuge, filho, pais ou irmãos. Outros dois pacientes enlutados foram excluídos porque não queriam participar ou estavam muito doentes para perceber suas reações como um luto.

Na entrevista, o paciente era encorajado a falar livremente sobre a pessoa morta e o luto, e eram feitas perguntas, quando necessário, para complementar a informação dada. A presença ou ausência de algumas características em comum durante o pesar foram avaliadas por meio das médias obtidas.

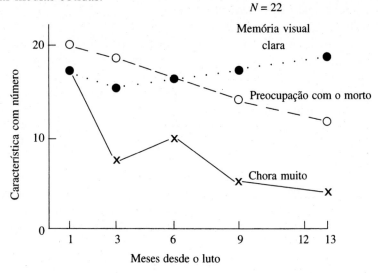

Figura 3. Viúvas com menos de 65 anos mostrando ou relatando preocupação com o falecido, uma clara memória visual dele e choro freqüente, nos primeiros treze meses de luto.

A título de comparação, a Tabela 8 mostra a incidência dessas características como a encontrada em alguns estudos com viúvas "normais" (aleatórias) e em catorze pacientes da Pesquisa de Bethlem. (Esses catorze pacientes eram mulheres com menos de sessenta anos de idade. Os sete pacientes restantes — três homens e três mulheres com menos de sessenta anos, e um homem acima dos sessenta anos — não estavam incluídos na amostra por causa da dificuldade de combiná-los comparativamente). A descoberta que mais chama a atenção é a de que idéias de culpa e reprovação foram relatadas por 79% da população psiquiátrica, mas somente por 0-18% das viúvas "aleatórias". Apesar de a amostra psiquiátrica ser pequena, a incidência de culpa ou auto-reprovação nesse grupo foi mais significativa do que a relatada por Marris ($x^2 = 13,7$, 1 d.f., $p < 0,001$). Os pacientes com distúrbios também mostraram uma grande tendência ao isolamento social (Parkes, 1965).

12. As entrevistas gravadas durante a Pesquisa de Harvard foram avaliadas por dois juízes independentes, que fizeram avaliações quantitativas dos índices de adequação psicológica e social. Somente as avaliações que foram codificadas de forma confiável foram usadas na análise dos dados.

Tabela 8. *Incidência de algumas características do pesar em cinco estudos com mulheres enlutadas jovens e de meia-idade*

Características do pesar	Hobson (1964) Viúvas do Reino Unido escolhidas aleatoriamente idade < 60 N = 40	Yamamoto et. al. (1969) Viúvas japonesas, a partir de acidente automobilístico idade < 55 N = 20	Marris (1958) Viúvas do Reino Unido escolhidas aleatoriamente idade < 65 N = 72	Parkes (1970) (Pesquisa de Londres)[a] Viúvas do Reino Unido escolhidas aleatoriamente, idade < 65 N = 22	Parkes (1965) (Pesquisa de Bethlem) Pacientes psiquiátricos enlutados (mulheres) idade < 60 N = 14
Depressão/ ansiedade	-	85	100	85	100
Apatia	73	55	61	-	50
Insônia	88	70	79	45	71
Sensação da presença do falecido	80	90	50	55	50
Tentativa de evitar lembranças	30	55	18	-	36
Dificuldade em aceitar o fato da perda	50	60	23	59	79
Idéias de culpa ou auto-reprovação	-	0	11	18	79
Culpar os outros	35	60	15	45	43
Afastamento social	48	-	38	36	64

[a] Os dados apresentados aqui pela Pesquisa de Londres estão relacionados com a presença dessas características um ano após o luto; eles se diferenciam, conseqüentemente, dos dados apresentados no Capítulo 3, que se referem ao primeiro mês de luto.

A medida resultante foi uma combinação de resultados de adequação psicológica, social e física, catorze meses após o luto. Cada variável mostrada na Tabela 9 está correlacionada pelo nível estipulado com o resultado. As principais conclusões a serem delineadas deste estudo são as de que pesar intenso, raiva, auto-reprovação expressos logo após o luto, especificamente, se não diminuírem em intensidade dentro de seis semanas, predizem um resultado ruim um ano mais tarde; e que pobreza, classe social baixa, morte repentina ou inesperada, e outras crises de vida, especialmente se associadas às dificuldades de relação do casal, também predizem um resultado ruim.

Em geral, esses dados confirmam os de outras pesquisas, feitas nos Estados Unidos e na Grã-Bretanha.

Tabela 9. *Pesquisa de Harvard: variáveis que predizem um resultado ruim entre 68 viúvas e viúvos americanos jovens*

	r	p
VARIÁVEIS DEMOGRÁFICAS E OUTROS ANTECEDENTES		
Baixa renda semanal	0,44	< 0,01
Classe social baixa	0,28	< 0,05
Número de irmãs	0,26	< 0,05
Não tendo o câncer como causa de morte	0,27	< 0,05
Curta duração da doença terminal	0,29	< 0,05
Sem oportunidade de discutir a morte com o cônjuge	0,25	< 0,05
Crises da vida afetando a pessoa estudada:		
Gravidez	0,25	< 0,05
Divórcio	0,27	< 0,05
Infidelidade	0,44	< 0,01
Perda de emprego		
	0,25	< 0,05
FATORES PSICOLÓGICOS AVALIADOS TRÊS SEMANAS APÓS A PERDA		
Ansiedade generalizada	0,38	< 0,01
Saudades do falecido	0,32	< 0,01
Pessoa estudada sente-se isolada, ninguém a entende ou se importa com ela	0,32	< 0,01
Pessoa que responde acharia agradável a própria morte	0,32	< 0,01
Pessoa que responde concorda com os seguintes sentimentos:		
"Sinto-me vazio"	0,30	< 0,01
"Gasto muito tempo pensando nele(a)"	0,30	< 0,05
"O que eu farei agora?"	0,30	< 0,05
"Tenho medo de ter um colapso nervoso"	0,28	< 0,05
"Isso não é real"	0,25	< 0,05
"Ainda ajo como na época em que ele(a) estava vivo(a)"	0,25	< 0,05

	r	p
"Não me importaria se eu morresse amanhã"	0,29	< 0,05
"Não consigo me concentrar para fazer as coisas"	0,30	< 0,05
Valor de distúrbios	0,40	< 0,01
Tudo que afeta negativamente	0,45	< 0.01
FATORES PSICOLÓGICOS AVALIADOS SEIS SEMANAS APÓS A PERDA		
Ansiedade generalizada	0,51	< 0,01
Ansiedade externalizada (preocupação)	0,35	< 0,01
Hostilidade generalizada	0,27	< 0,05
Morte ainda não aceita completamente	0,33	< 0,01
Pessoa que responde acharia agradável a própria morte	0,36	< 0,01
Atitude negativa diante de um novo casamento	0,30	< 0,05
Pessoa que responde concorda com os seguintes sentimentos:		
"Não suporto ficar sozinho"	0,35	< 0,01
"Não tenho interesse por nada"	0,32	< 0,01
"No fundo eu acho que estou deprimido"	0,30	< 0,05
"Acho que nunca vou conseguir sair disso"	0,33	< 0,05
"Penso nele(a) quase o tempo todo"	0,25	< 0,05
"Sinto-me tão assustado"	0,29	< 0,05
"Tenho que brigar com o sentimento de ser inútil"	0,25	< 0,05
Pessoa que responde discorda de:		
"Eu estou começando a sentir-me de novo"	0,31	< 0,05
Maior ingestão de álcool do que antes do luto	0,26	< 0,05
Efeito negativo genérico	0,47	< 0,01

Os resultados acima foram obtidos de 49 viúvas e dezenove viúvos. Porém, foram observadas diferenças entre as respostas dos dois sexos nas primeiras entrevistas. As mulheres expressaram muito mais abertamente raiva e amargura do que os homens ($p < 0.0001$ em um mês e $p = 0,018$ três meses após o luto) e elas choraram mais durante as entrevistas (em um mês $p = 0,17$, em três meses $p = 0,03$). Por volta do terceiro mês, os homens estavam mais inclinados a dizer que a dor do pesar tinha diminuído ($p = 0,005$); eles estavam, de forma geral, menos ansiosos ($p = 0,036$); e estavam mais dispostos do que as mulheres a considerar a possibilidade de um novo casamento ($p = 0,006$).

Não houve diferença significativa entre os sexos, porém, em nenhum dos oito resultados um ano após o luto, e quando os subgrupos foram acompanhados de dois a quatro anos após o luto, as mulheres tinham voltado aos níveis de adequação equivalentes aos das mulheres casadas de mesma idade, ao passo que os homens estavam ainda significativamente pior ajustados do que os homens casados do grupo de controle. Parece, portanto, que enquanto manifestações abertas de pesar eram mais pronunciadas nas mulheres do que nos homens durante o primeiro ano de luto, foram as mulheres que primeiro se recuperaram do luto (Parkes e Weiss, 1983).

13. A Pesquisa de Harvard restringiu-se a um grupo mais jovem (viúvas e viúvos com menos de 45 anos). As pessoas entrevistadas foram subdivididas em dois grupos: as que tiveram somente um curto espaço de tempo para se preparar para a morte (menos de duas semanas de aviso associado a uma condição terminal de incapacidade do cônjuge de menos do que três dias) e as que tiveram um tempo maior (uma condição terminal de incapacidade de mais de três dias, qualquer que tivesse sido o período de aviso).

Durante o primeiro mês de luto, a pouca preparação para a morte foi significativamente relacionada a uma reação imediata de descrença, sentimentos de ansiedade, auto-reprovação e depressão, como foi revelado pelo fato de que 46% daqueles que tiveram pouco tempo para se preparar (comparados com 15% que tinham tido algum tempo) disseram que não se importavam em estar vivos ou mortos, ou de expressar algum desejo positivo em relação à morte.

Um ano mais tarde, os 23 que tinham tido menos chance de se preparar para o luto continuaram sendo mais pessimistas sobre o futuro, mais inclinados ao choro, e mais ansiosos e deprimidos do que os 45 que tinham tido tempo maior para se preparar. Somente três (13%) do grupo que tinha tido pouca chance de se preparar foram classificados como tendo conseguido um bom resultado, comparados com 26 (59%) do grupo que tinha tido tempo de se preparar ($p < 0,001$) (Parkes, 1972).

14. Foi pedido às viúvas da Pesquisa de Londres que classificassem a freqüência de discussões com seus maridos em uma escala de quatro pontos ("normalmente", "freqüentemente", "ocasionalmente", "nunca"). Metade admitiu que discutia, e a pontuação de discussão que resultou desta escala foi significativamente relacionada a três das médias anuais:

tensão observada na entrevista	: $rr = 0,54$, $p < 0,02$
idéias de culpa e auto-reprovação	: $rr = 0,51$, $p < 0,05$
número de sintomas físicos apresentados em uma lista	: $rr = 0,60$, $p < 0,01$

e também a:

poucas ilusões sobre a pessoa morta
durante o primeiro mês   : $rr = 0,48, p < 0,05$
isolamento social, um ano após a perda : $rr = 0,59, p < 0,01$

A avaliação de isolamento social difere da de afastamento social (incluídos nas Tabelas 7 e 8) à medida que não existiu uma tentativa de discriminar o agente — a própria viúva ou outras pessoas — que trouxe isso à tona. Da mesma forma, nenhuma tentativa foi feita para estabelecer quem foi o culpado pelas discussões.

15. Uma pontuação baseada no número de estressores importantes que as viúvas londrinas relataram ter sofrido durante os dois anos anteriores à perda foi correlacionada com a média anual de pontuação e resultado de avaliação como na sessão 9. Duas correlações significativas foram obtidas:

idéias de culpa e auto-reprovação   : $rr = 0,42, p < 0,05$
resultado geral   : $rr = 0,46, p < 0,05$

Isso poderia sugerir que aqueles que relatam um grande número de estressores ficam piores após o luto do que aqueles que não o sofrem. No entanto, como não temos meios para verificar a confiabilidade da informação dada retrospectivamente, uma conexão casual entre estresse e um resultado ruim não foi provada nestes casos.

16. Pesquisas anteriores haviam mostrado que pacientes que me foram encaminhados para tratamento de problemas psiquiátricos após o luto sofreram também tipos traumáticos de perdas (mortes múltiplas ou repentinas) ou eram pessoas vulneráveis quanto à falta de confiança em si mesmas e/ou nas outras pessoas. Com a intenção de saber mais a respeito do grupo vulnerável, desenvolvi um questionário que, por vários anos, foi mandado para todos os pacientes encaminhados para minha clínica psiquiátrica, no Royal London Hospital. Pedi que eles o preenchessem e o trouxessem consigo para a consulta. Desta maneira, esperava obter a informação que deveria ser desvinculada de qualquer preconceito que eu pudesse ter. Sessenta pacientes enlutados completaram o questionário uma segunda vez, muitos meses depois do fim do tratamento. Isso me possibilitou avaliar a con-

fiabilidade das questões sobre o passado e efetivar um acompanhamento com relação a qualquer mudança que poderia ter ocorrido com seus problemas e sintomas atuais.

O questionário era composto de 31 questões sobre cada um dos pais (62 ao todo), sete sobre situações e circunstâncias ocorridas durante a infância do paciente, 28 a respeito da visão do paciente sobre si mesmo quando criança, 22 sobre eventos e circunstâncias na vida adulta, seis sobre perdas recentes e suas reações, e dezenove sobre problemas e sintomas atuais.

Juntando essas respostas às 62 a respeito dos pais, foi possível obter uma medida de influências negativas nos pais que tendem a afetar a criança. Quando confrontadas com as respostas das 28 questões sobre a vulnerabilidade da infância, emergiu uma associação clara, o que não foi nenhuma surpresa. Tendo em mente o fato de que somente alguns desses pacientes tinham sofrido a morte de um dos pais, o que veio como maior surpresa foi a associação entre influências dos pais e a intensidade do distúrbio emocional, especificamente a ansiedade, o pânico e a depressão, relatadas na época. Ver Figura 4.

Olhando mais de perto o grupo de pacientes que tinha sofrido a separação de seus pais durante a infância, ficou claro que eles haviam sido crianças tristes, tímidas, inseguras e intolerantes à separação ao longo de toda a infância. O resultado sobre o número e a duração das

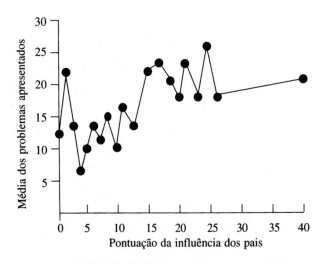

Figura 4. Influências negativas dos pais e número de problemas/sintomas depois do luto na vida adulta.

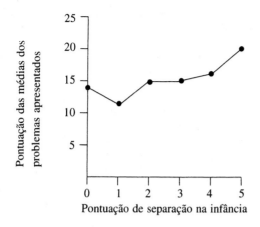

Figura 5. Separação dos pais na infância e número de problemas/sintomas após um luto na vida adulta.

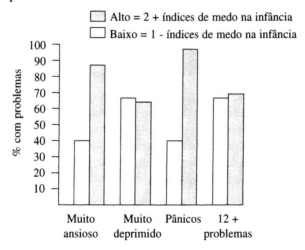

Figura 6. Medos infantis e tipos de sintomas/problemas surgidos após um luto na vida adulta.

separações predizia a contagem dos problemas que tinham na época, como pode ser visto na Figura 5.

Focalizando as influências dos pais, que podem causar medo nas crianças (pais ansiosos, rejeição ou superproteção, conflitos e abuso de álcool), estas foram associadas a relatos pessoais de medo na infância que, por sua vez, estas foram associadas a sintomas comuns de grande ansiedade e tendência ao pânico, como mostra a Figura 6.

Essas influências não prediziam a depressão, mas um outro agrupamento que o fazia foram questões consideradas capazes de indicar a influência dos pais, que iriam evocar sentimentos de desamparo na crianças (p. ex., a morte de um dos pais antes de o paciente ter dezessete anos de idade, mãe inconsistente ou responsiva, pais repetidamente rejeitadores ou que zombam da criança). A maioria deles com um ou mais indicadores de desamparo falaram que hoje são "muito deprimidos" (ver Tabela 10).

Os resultados confirmam a teoria de desamparo e depressão adquiridos, como proposto por Seligman (1975). Mais detalhes sobre essas pesquisas foram publicados em Parkes, 1991a e 1995a.

Tabela 10. *Indicadores de desamparo e depressão*

	Muito deprimido	Não deprimido
	n	*n*
Um ou mais preditores de desamparo	15	8
Nenhum	10	21

X^2 com correção de Yates = 5,8. 1 d.f., $p < 0,05$

17. A Figura 7 mostra mudanças na expressão de distúrbios emocionais genéricos (ansiedade/depressão) durante os três primeiros meses de luto em 22 viúvas londrinas. (Note que três dessas viúvas — *a, b* e *c* — não estavam incluídas na análise final da pesquisa, cujos dados foram relatados e discutidos em outra parte deste livro, porque elas se mudaram e não pude obter todas as entrevistas necessárias para completar a pesquisa.)

A intensidade do distúrbio emocional foi avaliada em uma escala de cinco pontos durante as entrevistas no fim do primeiro e do terceiro mês de luto. As estimativas retrospectivas, então, foram feitas sobre a quantidade de aborrecimentos em geral, semana após semana, durante o primeiro mês e depois mensalmente, baseadas na própria avaliação das viúvas quanto às mudanças de sentimentos.

As perturbações emocionais durante a primeira semana de luto tiveram correlação de -0.8 com perturbações emocionais três meses mais tarde ($p < 0,01$) (Parkes, 1970).

Resultados semelhantes foram obtidos em uma pesquisa feita por Levy *et al.* (1994), que acharam que, embora não houvesse um declínio geral das médias de sofrimento durante os primeiros dezoito meses do luto, 22 % da amostra de viúvas ou viúvos de pacientes que morreram

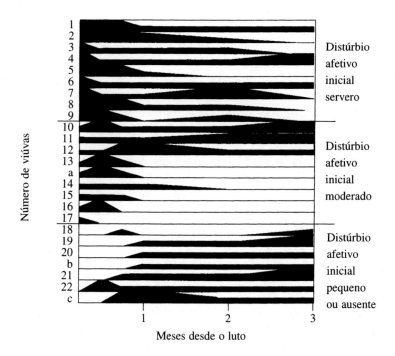

Figura 7. Severidade do distúrbio emocional em 25 viúvas, durante os primeiros três meses do luto.

de câncer na região de Baltimore experienciaram baixos níveis iniciais de angústia, seguidos de um *aumento* durante os dezoito meses. Isso se aplica tanto ao estresse subjetivo (como medido por Impact of Events Intrusion Scale) como à depressão (como medida pelo Center for Epidemiological Studies Depression Scale — CES-D).

18. Cameron e Parkes (1983) compararam as reações ao luto dos parentes de pacientes com câncer que faleceram em duas alas diferentes do mesmo hospital, em Montreal. Uma ala, a Unidade de Cuidados Paliativos (UCP), ofereceu cuidados como os de um *hospice* para os pacientes e suas famílias na própria ala e em domicílio; uma ou duas visitas e um número semelhante de telefonemas foram feitos após o luto. O grupo foi formado por parentes de pacientes que morreram em outras alas do Royal Victoria Hospital. Eles foram comparados conforme a relação que mantinham com a pessoa morta, o sexo, e até o fato de viverem sozinhos ou acompanhados.

De cada grupo, 22 pessoas foram entrevistadas pelo telefone um ano e duas semanas após o luto, usando uma série de questões padronizadas. O grupo UCP relatou uma média de 4,5 sintomas, e o grupo de comparação, catorze sintomas cada ($p < 0,002$). A Tabela 11 mostra a ocorrência de dezoito sintomas e características do pesar nos dois grupos de parentes. Poderá ser observado que a grande diferença entre os dois grupos permanece na alta incidência de irritabilidade, raiva e hostilidade em relação aos outros, relatado pelo grupo de comparação. Este grupo também consumiu maior quantidade de tranqüilizantes e sofreu mais distúrbios de sono do que o grupo UCP. Metade do grupo de comparação (e nenhum dos do grupo UCP) relatou lembranças de angústia sobre a dificuldade de aliviar a dor da pessoa que morreu como sendo a pior situação para lidar. A grande maioria havia recebido poucos avisos de que a morte era iminente, e deixou a impressão de que a comunicação entre os parentes e a equipe não era boa.

Tabela 11. *Incidência de dezoito sintomas e características do pesar em vinte parentes de pacientes internados na Unidade de Cuidados Paliativos (UCP) e vinte pacientes do grupo controle.*

	UCP	Controle
1. Sintomas de estresse		
Não recuperou o apetite	1	5
Dorme pior desde o luto	13*	19*
Usa pílulas para dormir desde o luto	4	10
Usa tranqüilizantes desde o luto	1**	9**
O estado de saúde piorou com o luto e ainda não melhorou	8	15
2. Reações psicológicas de estresse		
É hiperativo	2	5
Está impossibilitado de cuidar das responsabilidades diárias	0	3
Experiências de ataques de pânico	0	1
Desejo de morte e idéia de suicídio	2	4
Mantém-se afastado socialmente	3	7
Chora muito	8	11
3. Características persistentes do pesar		
Fixação e procura	5	10
Sensação da presença da pessoa morta	5	9
Irritabilidade e raiva	1*	17*

	UCP	Controle
É hostil em relação aos outros	0**	10**
Culpa	2	7
Sente-se incomodado com as lembranças	1	4
Acredita que desenvolveu os mesmos sintomas da pessoa morta	0	2

*$p < 0,05$ ** $p < 0,01$

De forma geral, esse estudo propicia uma ampla confirmação sobre o valor do cuidado oferecido nos *hospices* e dá também uma prova de que a adequação da diminuição da dor para o paciente e a comunicação e suporte para a família explicam essa confirmação.

19. Raphael (1977) comparou um grupo de viúvas de "baixo risco" com grupos de viúvas de "alto risco" que tinham sido indicadas aleatoriamente para grupos de intervenção e grupos de controle. Seus métodos de avaliação de risco foram similares aos meus, mas com um acréscimo de medidas de crises de vida que aconteciam ao mesmo tempo, e avaliações sobre o grau em que a família e os amigos foram per-

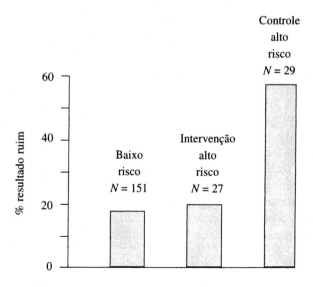

Figura 8. Proporção em cada grupo com maus resultados (Raphael, 1977).

cebidos como pessoas que não davam suporte. O trabalho de aconselhamento foi feito por Raphael, uma psiquiatra experiente, com considerável conhecimento sobre luto. De início ela procurou encorajar a expressão do pesar para ajudar a pessoa questionada a rever aspectos da relação perdida, e para lidar com qualquer problema específico que tivesse sido especial para cada uma delas. Isso acontecia na casa do cliente e era limitado aos três primeiros meses de luto. O resultado foi calculado por meio de listas de sintomas enviadas pelo correio, treze meses após a morte. Noventa e um deles foram devolvidos.

O resultado total dos três grupos está ilustrado na Figura 8. Eles são muito semelhantes aos que eu obtive e existe uma diferença significativa entre os grupos que receberam ajuda e os que não receberam ($p < 0,02$). O subgrupo que mais se beneficiou do atendimento foram as viúvas e viúvos que tinham percebido suas famílias e amigos como não solidários ($p < 0,001$).

20. Viúvas e viúvos de 164 pacientes que morreram no St. Christopher's Hospice foram divididos em três grupos:

a. um grupo de baixo risco, com 85 pessoas;
b. um grupo de intervenção de alto risco, com 28 pessoas;
c. um grupo de controle de alto risco, com 29 pessoas.

(Existiam, também, 22 pacientes que, segundo a equipe considerou, tinham necessidade urgente de atendimento, e não foram incluídos.)

O grupo de intervenção foi visitado em suas casas por terapeutas voluntários, sob minha supervisão. A ajuda variava caso a caso, mas raramente envolvia mais do que três a quatro visitas. Essas visitas, embora fossem poucas em número, em geral eram bastante demoradas, e duravam cerca de uma a duas horas.

Ao grupo de controle não foi oferecida ajuda e, na verdade, nenhum deles pediu ajuda no *hospice.*

Ao longo de vinte meses após o luto, os três grupos foram acompanhados por um pesquisador, que administrava uma versão reduzida do *Health Questionnaire,* que já havia sido utilizado na Pesquisa de Luto de Harvard.

A Figura 9 mostra o resultado geral dos três grupos. Ela mostra, primeiro, que o questionário realmente antecipou o resultado, já que o grupo de controle de alto risco teve um resultado pior do que o grupo de baixo risco ($p < 0,02$); segundo, que a intervenção foi bem-sucedida, pois o grupo de intervenção teve um resultado melhor do que o do grupo de controle ($p < 0,03$). Na verdade, parece que o atendimento teve o efeito de desenvolver o ajustamento do grupo de alto risco ao mesmo nível do grupo de baixo risco. Convém salientar que nenhuma diferença foi observada entre os grupos que recebiam apoio e os que não recebiam durante os primeiros meses de projeto, quando nossos terapeutas eram ainda muito inexperientes. Os dados acima referem-se aos resultados obtidos por meio dos terapeutas experientes (Parkes, 1981).

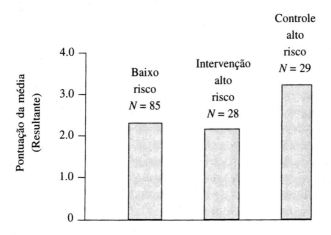

Figura 9. Pontuação média dos resultados de cada grupo (Parkes, 1981)

LISTA DE FIGURAS

1 Taxa de mortalidade de viúvas com mais de 54 anos, como porcentagem da taxa de homens casados de mesma idade. 246
2 Consumo de sedativos, antes e depois do luto, por 44 viúvas divididas em dois grupos etários. 249
3 Viúvas com menos de 65 anos mostrando ou relatando preocupação com o falecido, nos primeiros treze meses do luto. 258
4 Influências negativas dos pais e número de problemas/sintomas depois do luto na vida adulta. 264
5 Separação dos pais na infância e número de problemas/sintomas após um luto na vida adulta. 265
6 Medos infantis e tipos de sintomas/problemas surgidos após um luto na vida adulta. 265
7 Severidade do distúrbio emocional em 25 viúvas durante os primeiros três meses do luto. 267
8 Proporção em cada grupo com maus resultados. 269
9 Pontuação média dos resultados de cada grupo. 271

TABELAS

1 Prognóstico de câncer cervical feito pelo psiquiatra e resultado da biópsia em 51 mulheres submetidas a exames a partir de resultados laboratoriais com suspeita. 247

2 Pesquisa de Londres: intercorrelação de avaliações de saúde e raiva em 22 viúvas londrinas. 248

3 Pesquisa de Harvard: homens e mulheres enlutados com idade abaixo dos 45 anos, comparados catorze meses depois do luto, com pessoas não-enlutadas da mesma idade. 251

4 Pesquisa de Harvard: sintomas psicológicos e traços de personalidade em pontuação de enlutados e não-enlutados, acima do período de catorze meses. 253

5 Pesquisa de Harvard: sintomas físicos agudos em pessoas enlutadas e não-enlutadas. 253

6 Pesquisa de prontuários: diagnósticos de pacientes psiquiátricos internados, enlutados e não-enlutados. 254

7 Pesquisa de Londres: correlações (r) entre as médias anuais das medidas psicológicas entre as 22 viúvas londrinas. 256

8 Incidência de algumas características do pesar em cinco estudos com mulheres enlutadas jovens e de meia-idade. 259

9 Pesquisa de Harvard: variáveis que predizem um resultado ruim entre 68 jovens viúvas e viúvos americanos. 260

10 Indicadores de desamparo e depressão. 266

11 Incidência de dezoito sintomas e características do pesar em vinte parentes de pacientes internados na Unidade de Cuidados Paliativos (UCP) e vinte pacientes do grupo controle. 268

REFERÊNCIAS BIBLIOGRÁFICAS

ABLON, J. (1973) "Reactions of Samoan Burns Patients and Families to Severe Burns". *Social Science and Medicine*, 7: pp. 167-78.

ABRAHAM, K. (1924) "A Short Study of the Development of the Libido". In: ABRAHAM, *Selected papers on psychoanalysis*. Londres, Hogarth, 1927, nova edição em 1949; Nova York, Basic Books, 1953.

ADAMOWSKI, K., DICKINSON, G., WIETZMAN, B., ROESSLER, C., E CARTER-SNELL, C. (1993) "Sudden Unexpected Death in the Emergency Department: Caring for the Survivors". In: *Canadian Medical Association Journal*, 149(10): 1445-51.

AINSWORTH, M. D. E WITTIG, B. A. (1969) "Attachment and Exploratory Behaviour of One-year-olds in a Strange Situation". In: B. Foss (ed.) *Determinants of Infant Behaviour*, v. 4. Londres, Methuen.

ALDRICH, C. K. E MENDKOFF, E. (1963) "Relocation of the Aged and Disabled: A Mortality Study". In: *Journal of the American Geriatrics Society*, 11: 185.

ANDERSON, C. (1949) "Aspects of Pathological Grief and Mourning". In: *International Journal of Psycho-Analysis*, 30: p. 48.

AUSTIN, D. E LENNINGS, C. J. (1993) "Grief and Religious Belief. Does Belief Moderate Depression?" In: *Death Studies*, 17: pp. 487-96.

BARNES, D. (1988). "Previous Losses: Forgotten but not Resolved". In: MORGAN J. (ed.) *Bereavement: Helping the Survivors*. Ontario: King's College.

BARRY, H. JR., JARRY, H. III, E LINDEMANN, E. (1965) "Dependency in Adult Patients Following Early Maternal Bereavement". In: *Journal of Nervous and Mental Disease*, 140(3): p. 196.

BARTROP, R., LUCKHURST, E., LAZARUS, L., KILOH, L. G., E PERRY, R. (1977) "Depressed Lymphocyte Function after Bereavement". In: *Lancet*, 1: pp. 834-6.

BASS, D. M. E BOWMAN, K. (1990) "The Transition from Caring to Bereavement: the Relationship of Care-related Strain e Adjustment to Death". In: *Gerontologist*, 30(1): pp. 35-42.

BECK, F. (1966) *The diary of a widow: rebuilding a family after the funeral*. Boston: Beacon.

BECKWITH, B. E; BECKWITH, S. K.; GRAY, T. L., MICSKO, M. M., HOLM, J. E., PLUMMER, V. H.; E FLAA, S. L. (1990) "Identification of Spouses at High Risk during Bereavement: A Preliminary Assessment of Parkes e Weiss" "Risk Index". In: *Hospice Journal*, 6(3): pp. 35-46.

BERGERON, J. P. E HANDLEY, P. R. (1992) "Bibliography on AIDS-related Bereavement and Grief". In: *Death Studies*, 16(3): pp. 247-67.

BIRNBAUM, A. (1994) "Haven, Hugs e Bugs: An Innovative Multiple-family Weekend Intervention for Bereaved Children Adolescents e Adults". Trabalho apresentado no IV Congresso Internacional sobre Luto na Sociedade Contemporânea, Estocolmo, 12-1 6 junho. Resumo publicado pela Associação Sueca de Saúde Mental.

BIRTCHNELL, J. (1975a) "The Personality Characteristics of Early-Bereaved Psychiatric Patients". In: *Social Psychiatry*, 10: pp. 97-103.

—— (1975b) "Psychiatric Breakdown Following Recent Parent Death". In: *British Journal of Medical Psychology*, 48: pp. 379-90.

BLACK, D. E URBANOWICZ, M. A. (1987) "Family Intervention with Bereaved Children". In: STEVENSON J. E. (ed.) *Recent Research in Developmental Psychology*. Oxford: Pergamon.

BOHANNON, J. R. (1991) "Religiosity Related to Grief Levels of Bereaved Mothers and Fathers". In: *Omega* 23(2): p. 153

BOJANOVSKY, J. (1980) "Wann droht der Selbstmord bei Verwitweten?" In: *Schweitzer Archiv. Neurologische neurochirurgie und psychiatrie*, 127: pp. 99-103.

BONNANO, G.A. (1994) "The Consequences of Emotional Avoidance and Emotional Inhibition during Bereavement". Trabalho apresentado no IV. Congresso Internacional sobre Luto na Sociedade Contemporânea, Estocolmo, 12-16 de junho.

BORNSTEIN, P. E., CLAYTON, P. J., HALIKAS, J. A., MAURICE, W. L., E ROBINS, E. (1973) "The depression of widowhood at three months". In: *British Journal of Psychiatry*, 122: pp. 561-6.

BOWLBY, J. (1951) Maternal care and mental health. Monografia n° 2, para a Organização Mundial da Saúde.

——. (1953) Child care and the growth of love. Londres: Pelican.

——. (1961) "Processes of Mourning". In: *International Journal of Psycho-Analysis*, 44: p. 317.

——. (1963) "Pathological Mourning and Childhood Mourning". In: *Journal of the American Psychoanalytical Association*, 11: p. 500.

——. (1969) Attachment and loss. v. 1, *Attachment*. Londres, Hogarth; Nova York, Basic Books. Publicado no Brasil, sob o título: Apego, na trilogia *Apego e perda*, São Paulo, Martins Fontes, 1984.

——. Attachment. v. 2, Separation: anxiety e anger (1973) Londres, Hogarth; Nova York, Basic Books. Publicado no Brasil sob o título: 'Separação; angústia e raiva', na trilogia *Apego e perda*, São Paulo, Martins Fontes 1984.

BOWLBY, J. Attachment and loss. v. 3, *Loss: sadness e depression* (1980). Londres, Hogarth; Nova York, Basic Books. Publicado no Brasil sob o título "Perda; tristeza e depressão" Morgan na trilogia *Apego e perda*. São Paulo, Martins Fontes, 1985.

BOWLBY, J . E PARKES, C . M . (1970) "Separation and Loss within the Family". In: *The Child in his Family*, (ed.) ANTHONY, E. J. Nova York: Wiley.

BOWLING, A. (1988) "Who dies after Widow(er)hood? A Discriminant Analysis". In: *Omega*, 19: p. 135.

BOWMAN, L. (1959) The american funeral. Washington DC: Public Affairs Press.

BRABANT, S., FORSYTH, C. J. E MELANCON, C. (1992) "Grieving Men: Thoughts, Feelings e Behaviour following the Death of Wives". In: *Hospital Journal*, 8(4): pp. 33-47.

BREUER, J. E FREUD, S. (1893) "On the Psychical Mechanisms of Hysterical Phenomena: A Preliminary Communication". In: FREUD, S. *The complete Psychological Works ph Sigmund Freud*, v. 2. Londres, Hogarth.

BRIGHT, R. (1986). "Grieving: A Handbook for Those who Care". St Louis, Mo: MMB Music Inc.

BROWN, G. W. E HARRIS, T. (1978) *Social origins of depression: a study of psychiatric disorder in women*. Londres, Tavistock.

BROWNSTEIN, M. (1992) "Contacting the Family after a Suicide". In: *Canadian Journal of Psychiatry*, 37(3): pp. 208-12.

BUNCH, J. (1972) "Recent Bereavement in Relation to Suicide". In: *Journal of Psychosomatic Research*, 37(3): pp. 208-12.

BUNCH, J., BARRACLOUGH, B., NELSON, B., E SAINSBURY, P. (1971) "Suicide Following the Death of Parents". In: *Social Psychiatry* 6: pp. 193-9.

BURGOINE, E. (1988) "A Cross-cultural Comparison of Bereavement among Widows in New Providence, Bahamas and London, England".Trabalho apresentado no Congresso International sobre Luto na Sociedade Contemporânea, Londres, 12-15 de julho.

CAIN, A. C. (1966) "The Legacy of Suicide: Observations on the Pathogenic Impact of Suicide upon Marital Partners". In: *Psychiatry,* 29: pp. 26-8.

CALABRESE, J.R., KLING, A., E GOLD, P. W. (1987) "Alterations in Immuno-competence during Stress, Bereavement and Depression: Focus on Neuro-endocrine Regulation" In: *American Journal of Psychiatry* 144: pp. 1123-34.

CAMERON, J. E PARKES, C. M. (1983) "Terminal Care: Evaluation of Effects on Surviving Family of Care Before and After Bereavement". In: *Postgraduate Medical Journal*, 59: pp. 73-8.

CANON, W. B. (1929) *Bodily changes in pain, hunger, fear and rage*. 2ª ed., Londres e Nova York: Appleton.

CAPLAN, G. (1961) *An approach to community mental health*. Londres, Tavistock.

——. (1964) *Principles of preventive psychiatry*. Nova York, Basic Books, Londres, Tavistock

CATLIN, G. (1993) "The Role of Culture in Grief". In": *Journal of Social Psychology*, 133: pp. 173-89.

CERNEY, M. S. (1985) "Imagery and Grief Work". In: *Psychotherapy and the grieving patient* (ed.) STERN E. M. Nova York e Londres, Harrington Park.

CHAMBERS, W. N., E REISER, M. J. (1953) "Emotional Stress in the Precipitation of Congestive Cardiac Failure". In:*Psychosomatic Medicine*, 15: pp. 38-50.

CLAYTON, P. J. (1980) "Bereavement and Its Management". In PAYKEL E.S. *et al.. Handbook of affective disorders*. Edimburgo, Churchill.

CLAYTON, P., DESMARAIS, L., E WINOKUR, G. (1968) "A Study of Normal Bereavement". In: *American Journal of Psychiatry*, 125; p. 168.

CLAYTON, P. J., HALIKAS, J. A., E MAURICE, W. L. (1972) "The Depression of Widowhood". In: *British Journal of Psychiatry*, 120; pp. 71-8.

CLAYTON, P. J., HERJANIC, M., MURPHY, G. E., E WOODRUFF, R. A. (1974). "Mourning and Depression: Their Similarities and Differences". In: *Canadian Psychiatric Association Journal*, 79; pp. 309-12.

CLEGG, F. (1988) "Grief and Loss in Elderly People in a Psychiatric Setting". In: *Grief and Mourning in Contemporary Society;* v.1, *Psychodynamics* (ed.) CHIGIER E. Londres e Tel Aviv, Freund.

CLEIREN, M. P. H. D. (1992) *Bereavement and adaptation: a comparative study of the aftermath of death.* Washington, Filadélfia e Londres; Hemisphere.

COCHRANE, A. L. (1936). "A Little Widow is a Dangerous Thing". In: *International Journal of Psycho-Analysis*, 17; p. 494.

COOLEY, C. H. (1909) *Social organisation.* Nova York, Scribner.

COOPER, C. L. E FARRAGHER, E. B. (1993) "Psychosocial Stress and Breast Cancer: The Inter-relationship between Stress Events, Coping Strategies and Personality". In: *Psychological Medicine*, 23(3): pp. 653-62.

COTTINGTON, E. M., MATTHEW, K. A., TALBOTT, E., E KULLER, L. H. (1980). "Environmental Events Preceding Sudden Death in Women". In: *Psychosomatic Medicine*, 42: pp. 567-74.

DALGARD, O., BJORK, S., E TAMBS, K. (1994) "Social Supports, Negative Life Events and Mental Health". In: *British Journal of Psychiatry*; 166: p. 29.

DARWIN, C. (1872) *The expression of the emotions in man and animals.* Londres, Murray.

DEMBO, T., LADIEU-LEVITON, G., E WRIGHT, B. A. (1952). "Acceptance of Loss — Amputation". In: J. F. Garret (ed.) In: *Psychological aspects of physical disabilities.* Washington DC; US Government Printing Office.

DILLENBERGER, K. (1992) *Violent bereavement: widows in northern ireland.* Aldershot, Brookfield, Hong Kong, Cingapura e Sydney; Avebury.

DOKA, K . (ed.) (1989) *Disenfranchised grief.* Lexington, Mass., Lexington Books.

DUKE, D. M. (1980) "A Study of the Effects of Bereavement in a Sample of Those Bereaved in the Area Covered by Horton Parish, South Shields". Dissertação de mestrado, não publicada.

DURAN, A., TURNER, C. W. E LUND, D. A. (1989) "Social Support, Perceived Stress and Depression following the Death of a Spouse in Later Life". In: LUND D. A. (ed.) *Older bereaved spouses: research with practical applications.* Nova York, Hemisphere, pp. 69-78.

ENGEL, G. (1971) "Sudden e Rapid Death During Psychological Stress". In: *Annals of Internal Medicine*, 74, pp. 771-82.

ERIKSON, E. H. (1950) *Childhood and society.* Nova York, Norton; Londres: Imago, 1951; edição revista. Nova York: Norton, 1963. (Publicado no Brasil sob o título *Infância e sociedade.* Rio de Janeiro, Zahar, 1971).

FAGIN, L., E LITTLE, M. (1984) *The forsaken families*. Harmondsworthy, Penguin Books.

FASCHINGBAUER, T.R. (1981) *Texas revised inventory of grief manual*. Houston, Texas, Honeycomb.

FASCHINGBAUER, T. R., DE VAUL., R. A. e ZISOOK., S. (1977) "Development of the Texas Inventory of Grief ". In: *American Journal of Psychiatry*, 134, pp. 696-8.

FASCHINGBAUER, T. R., ZISOOK, S., e DEVAUL, R. D. (1987) "The Texas Revised Inventory of Grief". In: S. Zisook (ed.) In: *Biopsychosocial Aspects of Bereavement*. Washington, DC., pp. 111-25.

FENICHEL, O. (1948) In: *Psychoanalytic theory of the* neuroses. Nova York. Norton.

FISHER, S. H. (1960) "Psychiatric Considerations of Hand Disability". In: *Archives of Physical Medicine e Rehabilitation*, 41: p. 62.

FRANKEL, S. e SMITH, D. (1982) "Conjugal Bereavement Among the Huli People of Papua, New Guinea". In: *British Journal of Psychiatry* 1411,: pp. 302-5.

FREUD, S. (1894) "The Neuro-Psychoses of Defence". *Standard Edition*, v. 3 (Publicado no Brasil sob o título *As neuropsicoses de defesa*. Edição standard *Obras psicológicas completas* v. 3, Rio de Janeiro, Imago, 1976.

———. (1917) "Mourning and Melancholia", *Standard Edition*, v. 14 (Publicado no Brasil sob o título "Luto e Melancolia", edição standard *Obras psicológicas completas* v. 3, Rio de Janeiro, Imago. 1976.)

———. (1923) "The Ego and the Id". *Standard Edition*, v. 19 (Publicado no Brasil sob o título "O Ego e o Id", edição standard) *Obras psicológicas Completas*, v. 19. Rio de Janeiro, Imago, 1976.)

———. (1933) "New Introductory Lectures on Psycho-analysis". *Standard Edition*, v. 22 (Publicado no Brasil sob o título "Novas Conferências Introdutórias sobre Psicanálise", edição Standard) *Obras psicológicas completas*, v. 23. Rio de Janeiro, Imago, 1976.

FRIED, M. (1962) "Grieving for a Lost Home". In: DUHL L. J. (ed.) *The environment of the metropolis*. Nova York: Basic Books.

FROST, N. R., e CLAYTON, P. J. (1977) "Bereavement e Psychiatric Hospitalisation". In: *Archives of General Psychiatry* 34, pp. 1172 5.

FULTON, R., e GOTTESMAN, D. J, (1980) "Anticipatory Grief: A Psychosocial Concept Reconsidered". In: *British Journal of Psychiatry*, 137, pp. 45-54.

GASS, K. A. (1989) "Appraisal, Coping and Resources: Markers Associated with the Health of Aged Widows and Widowers". In: LUND D. A. (ed.), *Older bereaved spouses: research with practical applications*. Londres e Nova York, Hemisphere.

GAUTHIER, J. (1979) "Graduated Self-Exposure in the Management of Grief". In: *Behavioural Analysis and Modification*, 3, pp. 202-8.

GAUTHIER, J. e MARSHALL, W. I. (1977). "Grief: A Cognitive-Behavioural Analysis". In: *Cognitive Therapy and Research*, 1, pp. 39-44.

GERBER, I., RUSALEM, R., e HANNON, N. (1975). "Anticipatory Grief and Aged Widows and Widowers". In: *Journal of Gerontology*, 30, pp. 225 9.

GIOVINCO, G., e MONAHAN, J. (1994) "Logotherapy and Bereavement: A Comparison of the Grief Response of Survivors of Individuals who Died of AIDS and Individuals who Died of Other Causes". Trabalho apresentado no IV Congresso Internacional sobre Luto na Sociedade Contemporânea, Estocolmo, 12 e de 16 de junho. Resumo publicado pela Associação Sueca de Saúde Mental.

GLICK, I., PARKES, C. M. e WEISS, R.S. (1974) *The first year of bereavement*. Nova York, Londres, Sydney e Toronto, Wiley Interscience.

GOLAN, N. (1975) "Wife to Widow to Woman". In: *Social Work*, 20, pp. 369-74.

GOODALL, J. VAN L. (1971). *In the shadow of man*. Nova York, Houghton-Mifflin.

GORER, G. (1965) *Death, grief and mourning in contemporary britain*. Londres, Cresset.

GRINBERG, L. (1964) "Two Kinds of Guilt: Their Relationship with Normal/Pathological Aspects of Mourning". In: *International Journal of Phycho-Analysis*, 45, p. 366.

HADFIELD, J. H. (1954). *Dreams and nightmares*. Harmondsworth, Penguin Books.

HAMLIN, M., e HAMMERSLEY, D. (1988) "Benzodiazepines following bereavement". Trabalho apresentado no Congresso International sobre Luto na Sociedade Contemporânea, Londres, 12-15 de julho e citado em Jacobs (1993).

HAMNER, M. B. (1994) "Endogenous Opioid Peptides in Grief and Traumatic Stress: Review and Hypothesis". Trabalho apresentado no IV Congresso Internacional sobre Luto na Sociedade Contemporânea, Estocolmo, 12 e 16 junho. Resumo publicado pela Associação Sueca de Saúde Mental.

HARARI, E. (1981). "Pathological Grief in Doctors' Wives". In: *British Medical Journal*, 3 de jan., 282, pp. 33-4.

HARLOW, S. D., GOLDBERG, E. L., e COMSTOCK, G. W. (1991) "A Longitudinal Study of Risk Factors for Depressive Symptomatology in Elderly Widowed and Married Women". In: *American Journal of Epidemiology*, 134 (3), pp. 526-38.

HE, M. (1991). "A Prospective Controlled Study of Psychosomatic and Immunologic Change in Recently Bereaved People". In: *Chung-Hua-Shen-Ching-Ching-Shen-Ao-Tsa-Chih*, 24(2). pp. 90-3.

HEINICKE, C. e WESTHEIMER, I. (1966) *Brief separations*. Nova York, International Universities Press; Londres, Longmans.

HELSING, K. J., COMSTO, G. K, e SZKLO, M. (1982) "Causes of Death in a Widowed Population" In: *American Journal of Epidemiology*, 116, pp. 524-32.

HELSING, K. J., SZKLO, M., e COMSTO, G. K. (1981). "Factors Associated with Mortality after Bereavement". In: *American Journal of Public Health*, 71, pp. 802-9.

HINTON, J. (1967) *Dying*. Harmondsworth, Penguin Books.

HOBSON, C. J. (1964) "Widows of Blackton". In: *New Society*, 24 de set., p. 13.

HOPMEYER, E., e WERK, A. (1994). "A Comparative Study of Bereavement Groups". In: *Death Studies*, 18, pp. 243-56.

HOROWITZ, M. J. (1976) *Stress response symptoms*. Nova York, Jason Aronson.

HOROWITZ, M. J.; BONNANO, G. K., e HOLEN, A. (1993) "Pathological Grief: Diagnosis and Explanation". In: *Psychosomatic Medicine*, 55, pp. 260-73.

HOROWITZ, M. J.; WILNER, N.; e ALVAREZ, W. (1979) "Impact of Event Scale: a Measure of Subjective Stress". In: *Psychosomatic Medicine*, 41, pp. 209-18.

HOROWITZ, M, J.; WILNER, N.; MARMAR, C.; e KRUPNICK, J. (1980) "Pathological Grief and the Activation of Latent Self Images". In: *American Journal of Psychiatry*, 137, pp. 1157-62.

HOUGHTON, P., e HOUGHTON, D. (1977) *Unfocused grief: responses to childlessness*. Birmingham, The Birmingham Setlement.

IDE. B. A.; TOBIAS, C., KAY, M.; e GUERNSEY-DE-ZAPIEN, J. (1992) "Pre-Bereavement Factors Related to Adjustment among Older Anglo-and Mexican-American Widows. Special Issue; Hispanic Age e Mental Health". *Clinical Gerontologist*, 1 1 (3), pp. 75-91.

ILLICH, I. (1977) *Medical nemesis*. Harmondsworth, Penguin Books.

IRWIN, M.R. e WEINER, H. (1987) "Depressive Symptoms e Immune Function during Bereavement". In: ZISOOK (ed.) *Biopsychosocial Aspects of Bereavement*. Washington DC, American Psychiatric Press.

JACOBS, S. (1993) *Pathologic grief: maladaptation to loss*. Washington DC e Londres, American Psychiatric Press.

JACOBS, S. C.; HANSEN, F. F.; BERKMAN, L., et al. (1989) "Depressions of Bereavement". In: *Comprehensive Psychiatry*, 30, pp. 218-24.

JACOBSEN, G. e RYDER, R. (1969). "Parental Loss and Some Characteristics of the Early Marriage Relationship". In: *American Journal of Orthopsychiatry*, 39, pp. 779-87.

JAMES, W. (1892) *Psychology*. Nova York, Holt.

JANIS, I. L. (1958) *Psychological stress: psychoanalytic and behavioural studies of surgical patients*. Londres, Chapman & Hall.

JONES, D. R. (1979) "The Grief Therapy Project: The Effects of Group Therapy with Bereaved Surviving Spouses on Successful Coping with Grief". Tese de doutoramento, não publicada, University of Southern California.

JONES, D. R. e GOLDHLATT, P. O. (1987) "Cause of Death in Widow(ers) and Spouses". In: *Journal of Biosocial Science*, 19, pp. 107-21.

JONES, E. (1953) *Sigmund Freud: life and work*, vs. 1 e 2 (1955) Londres, Hogarth; Nova York, Basic Books.

KALISH, R.A., e REYNOLDS, D. K. (1973) "Phenomenological Reality and Post-Death Contact". In: *Journal for the Scientific Study of Religion*, 12, pp. 209-21.

KAMINER, H. e LAVIE, P. (1991) "Dream Repression in Adjusted Holocaust Survivors". In: *Journal of Nervous e Mental Disease*, 179, pp. 664-9.

KAPRIO, J.; KOSHKENVUO, M.; e RITA, M. (1987) "Mortality after Bereavement: A Prospective Study of 95, 647 Widowed Persons". In: *American Journal of Public Health*, 77, pp. 283-7.

KAY, D.W.; ROTH, M.; e HOPKINS, B. (1955) "Aetiological Factors in the Causation of Affective Disorders in Old Age". In: *Journal of Mental Science*, 101, p. 302.

KEDDIE, K. M. G. (1977) "Pathological Mourning After the Death of a Domestic Pet". In: *British Journal of Psychiatry*, 131, pp. 21-5.

KEMMENY, M. E.; WEINER, H., TAYLOR, S. E., SCHNEIDER, S., et al. (1994) Repeated Bereavement, Depressed Mood and Immune Parameters in HIV Positive Seropositive e Seronegative Gay Men". In: *Health Psychology*, 13(1), pp. 14-24.

KESSLER, H. H. (1951) "Psychological Preparation of Amputee". In: *Industrial Medicines,* 20, p. 107.

KITSON, G. C. (1982) "Attachment to the Spouse in Divorce: A Scale and its Application". In: *Journal of Marriage and the Family*, maio, pp. 379-93.

KLEIN, M. (1940) "Mourning and its Relationship to Manic-depressive States". In: *International Journal of Psycho-Analysis*, 21, p. 125.

KLERMAN, G. L. e IZEN, J. (1977) "The Effects of Bereavement and Grief on Physical Health and General Well-being". In: *Advances in Psychosomatic Medicine*, 9, pp. 63-104.

KOWALSKI, K. (1991) "No Happy Ending: Pregnancy Loss and Bereavement". In: *Clinical Issues in Perinatal Women's Health Nursing*, 2(3), pp. 368-80.

KREITMAN, N. (1964) "The Patient's Spouse". In: *British Journal of Psychiatry*, 110: 159.

————. (1968) "Married Couples Admitted to Mental Hospitals". In: *British Journal of Psychiatry*, 114, p. 699.

KRUPP, G. R. (1963) "Notes on Identification as a Defence against Anxiety in Coping with Loss". In: *International Journal of Psycho-Analysis*, 46, p. 303.

KUHN, R. (1958) "The Attempted Murder of a Prostitute". ROLLO MAY (ed.) *Existence*. Nova York, Basic Books.

KVAL, V. A. (1951) "Psychiatric Observations under Severe Chronic Stress". In: *American Journal of Psychiatry*, 108:185.

LEVY, L.H. (1992) "Anticipatory Grief: It's Measurement and Proposed Reconceptualization". In: *The Hospice Journal*, 7(4), pp. 1-28.

LEVY, L. H.; MARTINOWSKI, K. S. e DERBY, J. S. (1994) "Differences in Patterns of Adaptation in Conjugal Bereavement: Their Sources and Potential Significance". In: *Omega*, 29, pp. 71-87.

LEWIS, C. S. (1961) *A grief observed*. Londres: Faber (primeira publicação em nome de N. W. Clerk).

LIEBERMAN, M. A., e YALLOM, I. (1992) "Brief Group Psychotherapy for the Spousally Bereaved: A Controlled Study". In: *International Journal of Group Psychotherapy*; 42(1), pp. 117-32.

LIEBERMAN, S. (1978) "Nineteen Cases of Morbid Grief". In: *British Journal of Psychiatry*, 132, pp. 159-63.

LIFTON, R. J. (1961) *Thought reform and the psychology of totalism: a study of "Brainwashing" in China*. Nova York, Norton.

LINDEMANN, E. (1944) "The Symptomatology and Management of Acute Grief". In: *American Journal of Psychiatry*, 101, p. 141.

————. (1945) "Psychiatric Factors in the Treatment of Ulcerative Colitis". In: *Archives of Neurology and Psychiatry*, 53, p. 322.

————. (1960) "Psychosocial Factors as Stress Agents" In: TANNER J. M. (ed.) *Stress and Psychiatric Disorders*. Oxford, Blackwell.

LONGFORD, E. (1964) *Victoria R. I.* Londres, Weidenfeld e Nicolson.

LOPATA, H, Z. (1979) *Women as widows*. Nova York, Elsevier.

LORENZ, K. (1937) "Uber die Bildung des Instinktbegriffs". In: *Naturwissenschaften*, 25.

————. (1954) *Man meets dog*. Londres, Methuen.

————. (1963) *On aggression*. Londres, McEwan.

LOVELL, D. M.; HEMMINGS, G.; e HILL, A. B. (1993) "Bereavement Reactions of Female Scots and Swazis; a Preliminary Comparison". In: *British Journal of Medical Psychology* 66(3), pp. 259-74.

LOWELL, J. R. (1819-91) "After the Burial". In WHITAKER A. (ed.) *All in the end is harvest: an anthology for those who grieve* (1984) Londres, Darton, Longman e Todd.

LUND, D. A., CASERTA, M. S., e DIMOND, M. F. (1989) "Impact of Spousal Bereavement on the Subjective Well-being of Older Adults". In LUND D. A. (ed.), *Older Bereaved Spouses: Research with Practical Applications*. Londres e Nova York, Hemisphere.

LUND, D. A.; DIMOND, M. F.; CASERTA, M. S.; JOHNSON, M, S.; POULTON, R. J. e CONNELLY, J. R. (1985) "Identifying Elderly with Coping Difficulties after Two Years of Bereavement". In: *Omega*, 16, pp. 213-24.

LUNDIN, T. (1984a) "Morbidity Following Sudden and Unexpected Bereavement". In: *British Journal of Psychiatry*, 144, pp. 84-8.

―――. (1984b) "Long-term Outcome of Bereavement". In: *British Journal of Psychiatry*, 145, pp. 424-8.

LYNN, F. J. e RACY, J. (1969) "The Resolution of Pathological Grief after Electro-convulsive Therapy". In: *Journal of Nervous and Mental Disease*, 148, pp. 165-9.

MADDISON, D. C. (1968) "The Relevance of Conjugal Bereavement for Preventive Psychiatry". In: *British Journal of Medical Psychology*, 41, p. 223.

MADDISON, D. C., e VIOLA, A. (1968) "The Health of Widows in the Year following Bereavement". In: *Journal of Psychosomatic Research,* 12, p. 297.

MADDISON, D. C., VIOLA, A., e WALKER, W. (1969). "Further Studies in Conjugal Berea-vement". In: *Australian and New Zealand Journal of Psychiatry*, 3, p. 63.

MADDISON, D. C., e WALKER, W. L. (1967) "Factors Affecting the Outcome of Conju-gal Bereavement". In: *British Journal of Psychiatry*, 113, pp. 1057.

MAIN, M. (1991) "Metacognitive Knowledge, Metacognitive Monitoring and Singular (Coherent) vs. Multiple (Incoherent) Model of Attachment: Findings e Directions for Future Research". In: PARKES, C. M., STEVENSON-HINDE, J., e P. MARRIS (eds.) *Attachment across the life cycle*. Londres e Nova York, Routledge.

MAKER, E. L. (1982) "Anomic Aspects of Recovery from Cancer". In: *Social Science and Medicine*, 16, pp. 907.

MANN, J. R. (1987) "Psychosocial Aspects of Leukaemia and other Cancers during Childhood". In: AARONSON. N. K. e BECKMAN J. (eds.) *The quality of life of cancer patients*, 135-9. Nova York, Ravens Press.

MARRIS, P. (1958) *Widows and their families*. Londres, Routledge Kegan Paul.

MAWSON, D.; MARKS, I. M.; RAMM, L., e STERN, L. S. (1981) "Guided Mourning for Morbid Grief: A Controlled Study". In: *British Journal of Psychiatry*, 138, pp. 185-93.

MCCRAE, R. R., e COSTA, P. T. JR. (1993) "Psychological Resilience among Widowed Men and Women: A 10-year Follow-up of a National Sample". Capítulo 13 de STROEBE M., STROEBE W., e HANSSON R. O. (eds.) In: *Handbook of bereavement*. Cambridge, Cambridge University Press.

MCMAHON, B., e PUGH, T. F. (1965) "Suicide in the Widowed". In: *American Journal of Epidemiology*, 81, pp. 23-31.

MELLSTROM, D.; NILSSON, A.; ODEN, A.; RUNDGREN, A.; e SVANBORG, A. (1982) "Mortality among the Widowed in Sweden". In: *Scandinavian Journal of Social Medicine*, 10, pp. 33-41.

MEYER-HOLZAPFEL, M. (1940) "Triebbedingte Ruhezustande als Ziel von Appetenzhandlungen". In: *Naturwissenschaften*, 28, p. 273.

MILLER, D. F. (1961) *Program for widows*. Panfletos de Liguari. Redemptarist Fathers, Liguari, Missouri.

MITFORD, J. (1963) *The American way of death*. Londres, Hutchinson.

MOSS, M. S., e MOSS, S. Z. (1995). "Death and Bereavement". Capítulo 20 de BLIESZNER R. e BEDFORD V. H. (eds.) *Handbook of aging and the family*. Westport, Conn. e Londres, Greenwood.

MUNOZ, L. (1980) "Exile as Bereavement. Socio-psychological Manifestations of Chilean Exiles in Britain". In: *British Journal of Medical Psychology* 53, pp. 227-32.

MURPHY, G. (1958) *Human potentialities*. Nova York, Basic Books.

NEIDIG, J, R., e DALGAS, P. P. (1991) "Parental Grieving and Perceptions Regarding Health Care Professionals' Interventions". In: *Issues of Comprehensive Pediatric Nursing*, 14(3), pp. 179-91.

NUSS, W. S., e ZUBENKO, G. S. (1992) "Correlates of Persistent Depressive Symptoms in Widows". In: *American Journal of Psychiatry*, 149(3), pp. 346-51.

OSTERWEIS, M.; SOLOMON, F.; e GREEN, M. (eds.) (1984) *Bereavement: reactions, consequences and care*. Washington, D.C., National Academy Press.

PARKES, C. M. (1964a) "Recent Bereavement as a Cause of Mental Illness". In: *British Journal of Psychiatry*, 110, p. 198.

———. (1964b) "The Effects of Bereavement on Physical e Mental Health: a Study of the Case Records of Widows". In: *British Medical Journal* (2), p. 274.

———. (1965) "Bereavement and Mental Illness": parte I, "A Clinical Study of the Grief of Bereaved Psychiatric Patients"; parte 2, "A Classification of Bereavement Reactions". In: *British Journal of Medical Psychology*, 38, p. 1.

———. (1970) "The First Year of Bereavement: A Longitudinal Study of the Reaction of London Widows to the Death of their Husbands". In: *Psychiatry*, 33, pp. 444.

———. (1972a) "Accuracy of Predictions of Survival in Later Stages of Cancer". In: *British Medical Journal*, abril, pp. 29-31.

———. (1972b) "Components of the Reaction to Loss of a Limb, Spouse or Home". In: *Journal of Psychosomatic Research*, 16, pp. 343-9.

———. (1973) "Factors Determining the Persistence of Phantom Pain in the Amputee". In: *Journal of Psychosomatic Research*, 16, pp. 343-9.

PARKES, C. M. (1976) "The Psychological Reaction to Loss of a Limb: The First Year after Amputation". Capítulo 24, In: *Modern perspectives in the Psychiatric Aspects of Surgery* (ed. J. G. Howells). Nova York, Brunner Mazel.

———. (1981) "Evaluation of a Bereavement Service". In: *Journal of Preventive Psychiatry*, v. 1, pp. 179-88.

———. (1991a) "Attachment, Bonding and Psychiatric Problems after Bereavement in Adult Life". Capítulo 14. In: PARKES C. M., STEVENSON- HINDE, e P. MARRIS (eds.) *Attachment across the life cycle*. Londres e Nova York, Routledge.

———. (1991b) "Planning for the Aftermath". In: *Journal of Royal Society of Medicine,* 84, pp. 22-5.

————. (1993a) "Psychiatric Problems following Bereavement by Murder or Manslaughter". In: *British Journal of Psychiatry*, 162, pp. 49-54.

————. (1993b) "Bereavement as a Psycho-social Transition: Processes of Adaptation to Change". Capítulo 6 In: STROEBE, M. S., STROEBE, W, e HANSSON, R. O. (eds.) *Handbook of Bereavement*. Cambridge, Nova York e Victoria, Cambridge University Press.

————. (1995a) "Attachment and Bereavement". Segunda palestra em memória de John Bowlby. In: LUNDIN T. (ed.) *Grief and Bereavement: proceedings from the fourth international conference on grief and bereavement in contemporary society.* Estocolmo, 1994. Estocolmo, Swedish National Association for Mental Health.

————. (1995b) "Psychiatric Problems following the Death of a Parent in Adult Life". In: *Bereavement Care* 14(3), pp. 26-8.

————. (1996a) "Psychiatric Problems following the Death of a Child". In: *Bereavement Care*, 14(3), pp. 26-8.

PARKES, C. M (1996b) *Loss in medicine: helping patients and their families to cope with loss.* Aguardando publicação, como uma série e um livro do *British Medical Journal*.

PARKES, C. M., e BROWN, R. (1972) "Health After Bereavement: A Controlled Study of Young Boston Widows and Widowers". In: *Psychosomatic Medicine*, 34.

PARKES, C. M. e WEISS, R. S. (1983) *Recovery from bereavement.* Nova York, Basic Books.

PARKES, C. M.; BENJAMI N, B.; e FITZGERALD, R. G. (1969) "Broken Heart: A Statistical Study of Increased Mortality Among Widowers". In: *British Medical Journal*, março, pp. 740-3.

PARKES, C. M.; LAUNGANI, P.; e YOUNG, W. (1996) *Cross-cultural aspects of death and bereavement.* Londres, Routledge.

PASTERNAK, R. E.; REYNOLDS, C. F.; HOUCK, P. R.; e SCHLERNIZAUER, M. (1994a) "Sleep in Bereavement-related Depression during and after Pharmacotherapy with Nortriptyline". In: *Journal of Geriatric Psychiatry and Neurology*, 7(2), pp. 69-73.

PASTERNAK, R. E.; REYNOLDS, C. F.; MILLER, M. D., FRANK, E. *et al* . (1994b) "The Symptom Profile and Two-year Course of Subsyndromal Depression in Spousally Bereaved Elders". In: *American Journal of Geriatric Psychiatry*, 2(3), pp. 210-19.

PENNEBAKER, J.; KIECOLT-GLASER, J. K.; e GLASER, R. (1988) "Disclosure of Traumas and Immune Function: Health Implications for Psychotherapy". In: *Journal of Consulting and Clinical Psychology*, 56, pp. 239-45.

PEPPERS, L. G., e KNAPP, R. J. (1980) *Motherhood and mourning.* Nova York, Praeger.

PERKINS, W. H., e HARRIS, I. H. (1990) "Familial Bereavement and Health in Adult Life Course Perspective". In: *Journal of Marriage and the Family* 52, pp. 233-41.

PETTIINGALE, K. W.; HUSSEIN, M.; e TEE, D. E. H. (1994) "Changes in Immune Status Following Bereavement". In: *Stress Medicine*, 10(3); pp. 145-50.

PONZETTI, J. J. e JOHNSON, M. A. (1991) "The Forgotten Grievers: Grandparents' Reactions to the Death of Grandchildren". In: *Death Studies*, 15(2); pp. 157-67.

PRICE, J. (1967) "The Dominance Hierarchy and the Evolution of Mental Illness". In: *Lancet* (2), p. 243.

PRUDO, R.; BROWN, G. W.; HARRIS, T.; e DOWLE, J. (1981) "Psychiatric Disorder in a Rural and Urban Population: Sensitivity to Loss". In: *Psychological Medicine*, 11, pp. 601-16.

PYNOOS, R. S.; NADER, K.; FREDERICK, C.; GONDA, L.; e STUBER, M. (1987a) "Grief Reactions in School-age Children following a Sniper attack at School". In: *Israel Journal of Psychiatry and Related Sciences*, 24, pp. 53-63.

PYNOOS, R. S.; FREDERICK, C.; NADER, K.; ARROYO, W., *et al* . (1987b) "Life Threat and Post-Traumatic Reactions in School-Age Children". In: *Archives of General Psychiatry*, 44, pp. 1057-63.

RAMSEY, R. W. (1979) "Bereavement: A Behavioural Treatment for Pathological Grief. In: SIODEN P. O., BATES S., e DORKENS III W. S. (eds.) *Trends in behaviour therapy.* Nova York, Academic Press.

RANSFORD, H. F., e SMITH, M. L. (1991) "Grief Resolution in Hospice and Hospital Wards". In: *Social Science and Medicine,* 32(3), pp. 295-304.

RAPHAEL, B. (1977) "Preventive Intervention with the Recently Bereaved". In: *Archives of General Psychiatry*, 34, pp. 1450-4.

———. (1984) *The anatomy of bereavement: a handbook for the caring professions.* Londres, Hutchinson.

———. (1986) *When disaster strikes.* Nova York, Basic Books.

REES, W. D. (1971) "The Hallucinations of Widowhood". In: *British Medical Journal*, 2 out., 4, pp. 37-41.

REES, W. D., e LUTKINS, S. R., (1967) "Mortality of Bereavement". In: *British Medical Journal*, (4), 13.

RELF, M. (1994) "The Effectiveness of Volunteer Bereavement Support: Reflections from the Sobell House Bereavement Study". Trabalho apresentado no IV Congresso Internacional sobre Luto na Sociedade Contemporânea, Estocolmo, 12-16 de junho. Resumo publicado pela Associação Sueca de Saúde Mental.

RICHARDS, J. G.,e MCCALLUM, J. (1979) "Bereavement in the Elderly". In: *New Zealand Medical Journal*, 89, pp. 210-14.

ROBERTSON, J., (1953) "Some Responses of Young Children to Loss of Maternal Care". In: *Nursing Times*, 49, p. 382.

ROBERTSON, J., e BOWLBY, J. (1952) "Responses of Young Children to Separation from their Mothers". In: *The International Children's Centre*, Paris, II, pp. 131-40.

ROCHLIN, G. (1965) *Griefs and discontents: the forces of change.* Boston, Little, Brown.

ROGERS, C. R. (1961) *On becoming a person.* Boston, Houghton Mifflin.

ROSENBLATT, P. C.; WALSH, R. P.; e JACKSON, D. A. (1976) *Grief and Mourning in Cross-cultural Perspective.* Nova York, HRAF Press.

ROSENBLATT, P. C.; SPOENTGEN, P.; KARIS, T. A.; DAHL, C.; KAISER, T.; e ELDE, C. (1991) "Difficulties in Supporting the Bereaved". In: *Omega*, 23(2), pp. 119-28.

ROSENBLOOM, C. A. (1993) "The Effects of Bereavement on Eating Behaviours and Nutrient Intake in Elderly Widowed Persons". In: *Journal of Gerontology*, 48(4), pp. 223-9.

ROSKIN, M. (1984) "A Look at Bereaved Parents". In: *Bereavement Care*, 3, pp. 26-8.
RUBIN, S. S. (1992) "Adult Child Loss and the Two-track Model of Bereavement". In: *Omega*, 24, pp. 183-202.
RUSH, B. (1835) *Medical inquiries and observations upon the diseases of the mind*. Filadélfia: Grigg and Elliott.
RYNEARSON, E. K. (1978) "Humans and Pets and Attachment". *British Journal of Psychiatry*, 133, pp. 550-5.
SABLE, P. (1991) "Attachment, Loss of Spouse and Grief in Elderly Adults". In: *Omega*, 23, pp. 129-42.
SANDERS, C. M.; MAUGER, P. A.; e STRONG, P. A. (1991) *A manual for the grief experience inventory*. Palo Alto, Calif., Consulting Psychologists Press.
SANDLER, I. N.; WEST, S. G.; BACA, L.; PILLOW, D. R.; GERSTEN, J. C.; R O GOSCH, F. *et al.* (1992) "Linking Empirically Based Theory and Evaluation: The Family Bereavement Programme". In: *American Journal of Community Psychology*, 20(4), pp. 491-521.
SANUA, V. D. (1974) "Psychological Effects of the Yom Kippur War". In: *New York State Psychologist*, agosto.
SAVAGE, G. (1993) "The Use of Hypnosis in the Treatment of Complicated Bereavement". In: *Contemporary Hypnosis*, 10(2), pp. 99-104.
SCHLEIFER, S. J.; KELLER, S, E.; KAMERINO, M.; THORNTON, J.C.; e STEIN, M. (1983) "Suppression of Lymphocyte Stimulation Following Bereavement". In: *Lancet*, 1, pp. 834-6.
SCHLEIFER, S. J.; KELLER, S, E.; MEYERSON, A. T.; RASKIN, M. D.; DAVIS, K. L.; e STEIN, M. (1984) "Lymphocyte Function in Major Depressive Disorder". In: *General Psychiatry*, 42, pp. 129-33.
SCHMALE, A.H.J., e IKER, H. P. (1966) "The Affect of Hopelessness and the Development of Cancer: I, Identification of Uterine Cervical Cancer in Women with Atypical Cytology". In: *Psychosomatic Medicine*, 28, p. 714.
SCHNEIDER, S. G.; TAYLOR, S. R.; KEMMENY, M. E.; e HAMMEN, C. (1991) "AIDS Related Factors Predictive of Suicidal Ideation of Low and High Intent among Gay and Bisexual Men". *Suicide and Life-Threatening Behaviour*, 21, pp. 313-28.
SCHUT, H.; DE KEIJSER, J. e VAN DEN BOUT, J. (1991) "A Controlled Efficacy Study into Short-term Individual Counselling: Client Variables". Trabalho apresentado no III Congresso Internacional sobre Luto na Sociedade Contemporânea, em Sydney, Austrália, de 30 de junho a 4 de julho.
————. (1994). "Short-term Inpatient Therapy in Groups". Trabalho apresentado no IV Congresso Internacional sobre Luto na Sociedade Contemporânea, em Estocolmo, Suécia, 12 de junho.
SEGAL, N. L., e BOUCHARD, T. J. (1993) "Grief Intensity following the Loss of a Twin and Other Relatives:Test of Kinship Hypothesis". In: *Human Biology*, 65(1), pp. 87-105.
SELIGMAN, M. E. P. (1975) *Helplessness*. São Francisco, Calif., Freeman.
SELYE, H., e HORAVA, A. (1950 e ss.). *Annual Reports on Stress*. Montreal, Acta, Inc.

SHANFIELD, S. B. (1979) "Social and Emotional Determinants of the Death Process". In: *Journal of Nervous Mental Disease*, 172(9), pp. 533-8.

SHANFIELD, S. B., e SWAIN, B. J. (1984a) "Death of Adult Children in Traffic Accidents". In: *Journal of Nervous Mental Disease*, 172(9), pp. 533-8.

SHANFIELD, S. B.; BENJAMIN, G. A. H.; e SWAIN, B. J. (1984b) "Parents' Reactions to the Death of an Adult Child from Cancer". In: *American Journal of Psychiatry*, 141(9), pp. 1092-4.

SHANFIELD, S. B.; SWAIN, B. J.; E BENJAMIN, G. A. H. (1985) "Parents' Responses to the Death of Adult Children from Accidents and cancer: A Comparison".

SHAPIRO, F. (1989) 'Eye Movement Desensitization: a New Treatment for Post-Traumatic Stress Disorder". In: *Journal of Behaviour Therapy and Experimental Psychiatry*, 20, pp. 211-17.

SIEGAL, R. L., e HOEFFER, D. D. (1981) "Bereavement Counselling for Gay Individuals". In: *American Journal of Psychotherapy*, 35, p. 4.

SILVERMAN, E.; RANGE, L.; e OVERHOLSER, J. (1994). "Bereavement from Suicide as Compared to other forms of Bereavement". In: *Omega*, 30(1), pp. 41-52.

SILVERMAN, P. (1967) "Services for the Widowed: First Steps in a Programme of Preventive Intervention". In: *Community Mental Health Journals*, 3, p. 37.

SIMON, R. (1982) "Bereavement Art". In: *American Journal of Art Therapy*, 20, pp. 135-43.

SMITH, E. W. L. (1985) "A Gestalt Therapist's Perspective on Grief". In: *Psychotherapy and the Grieving Patient* (ed. E. M. Stern) Nova York e Londres, Harrington Park.

SMITH, K. R. (1990) *Risk of mortality following widowhood: sex differences between sudden and expected bereavement*. Trabalho apresentado no Encontro Anual (1990) da Sociedade de Pesquisa Epidemiológica, Birmingham, Al.

SMITH, P. C.; RANGE, L. M.; e ULMER, A. (1992) "Belief in an After Life as a Buffer in Suicide and other Bereavements". In: *Omega*, 24(3), p. 217.

SOLOMON, R. M. (1994) "Eye Movement Desensitisation e Reprocessing and the Treatment of Grief". Trabalho apresentado no IV Congresso Internacional sobre Luto na Sociedade Contemporânea, em Estocolmo, Suécia, 12-16 de junho.

SPRATT, M. L., e DENNET, D. R. (1991) "Immune Variables, Depression, and Plasma Cortisol over Time in Suddenly Bereaved Patients". In: *Journal of Neuropsychiatry and Clinical Neuroscience*, 3, pp. 299-306.

STEIN, Z., e SUSSER, M. W. (1969) "Widowhood and Mental Illness". In: *British Journal of Preventive e Social Medicine*, 23, p. 106.

STENGEL, E. (1939) "Studies on the Psychopathology of Compulsive Wandering". In: *British Journal of Medical Psychology*, I 18, p. 250.

———. (1943) "Further Studies on Pathological Wandering". In: *Journal of Mental Science*, 89, p. 224.

STERN, K.; WILLIAM S, G. M.; e PRADOS, M. (1951) "Grief Reactions in Later Life". In: *American Journal of Psychiatry*, 108, p. 289.

STROEBE, M. S.; SCHUT, H.; e VAN DEN BOUT, J. (1994) "The Dual Process Model of Bereavement". Trabalho apresentado no IV Congresso Internacional sobre Luto na Sociedade Contemporânea, em Estocolmo, Suécia, 12-16 de junho.

STROEBE, M. S.; STROEBE, W.; e HANSSON, R. O. (eds) (1993) *Handbook of bereavement.* Cambridge, Nova York e Victoria, Cambridge University Press.

STROEBE, W., e STROEBE, M, S. (1987) *Bereavement and health: The Psychological and physical consequences of partner loss.* Cambridge, Nova York e Sydney, Cambridge University Press.

STROEBE, W.; STROEBE, M.; e DOMITTNER, G. (1988) "Individual e Situational Differences in Recovery from Bereavement: A Risk Group Identified". In: *Journal of Social Issues*, 44, pp. 143-58.

STRUHSAKER, T. T. (1967) "Auditory Communication among Vervet Monkeys". In: ALTMANN S. A. (ed.) *Social Communication among Primates.* Chicago, University of Chicago Press.

SWIGAR, M. E.; BOWERS, M. B.; e FLECK, S. (1976) "Grieving and Unplanned Pregnancy". In: *Psychiatry*, 39, pp. 72-9.

THEUT, S. K.; JORDAN, L.; ROSS, L. A.; e DEUTSCH, S. I. (1991) "Caregiver's Anticipatory Grief in Dementia". In: *International Journal of Ageing and Human Development*, 33(2), pp. 113-18.

THOMAS, V., e STRIEGEL, P. (1995) "Stress and Grief of a Perinatal Loss. Integrating Qualitative e Quantitative Methods". In: *Omega*, 30(4), pp. 299-311.

TINBERGEN, N. (1951) *The study of instinct.* Londres, Oxford University Press.

TUDIVER, F.; HILDITCH, J.; e PERMAUL, J. A. (1991) "A Comparison of Psychosocial Characteristics of New Widowers e Married Men". In: *Family Medicine*, 23(7), pp. 501-5.

TUDIVER, F.; HILDITCH, J.; PERMAUL, J. A.; e MCKENDREE, D. J. (1992) "Does Mutual Help Facilitate Newly Bereaved Widowers? Report of a Randomized Control Trial". In: *Evaluation and the Health Professions*, 15(2), pp. 147-62.

TYHURST, J. S. (1957) "The Role of Transition States-Including Disasters-in Mental Illness". Simpósio de Psiquiatria Preventiva e Social, Walter Reid Army Institute of Res., Washington, DC.

VACHON, M. L. S.; SHELDON, A. R.; LANCEE, W. J.; LYALL, W. A. L.; ROGERS, J.; e FREEMAN, S, J. J. (1980) "A Controlled Study of Self-help Intervention for Widows". In: *American Journal of Psychiatry*, 137, pp. 1380-4.

―――. (1982) "Correlates of Enduring Distress Patterns Following Bereavement: Social Network, Life Situation, and Personality". In: *Psychological Medicine*, 12, pp. 783-8.

VAN DEN BOUT, J. (1994) "Cognitive Therapy and Rational-Emotive Therapy of Grief-related Problems". Trabalho apresentado no IV Congresso Internacional sobre Luto na Sociedade Contemporânea, em Estocolmo, Suécia, 12-16 de junho.

VAN DER HART, O. (ed.) (1988) *Coping with Loss: the therapeutic value of leave-taking rituals.* Nova York, Irvington.

VAN ROOIJEN, L. (1978) "Widows' Bereavement: Stress and Depression After One-and-a-half Years". Trabalho apresentado no Advanced Study Institute on Environmental Stress, Cambridge. Não publicado.

VEBER, L. L. DE (1977) "Families, Children and Death: Lessons we have Learned". In: *University of Western Ontario Journal*, dezembro.

VOLLMAN, R. R.; GANZERT, A.; RICHI.R, L.; e WILLIAMS, W. V. (1971) "The Reactions of Family Systems to Sudden and Unexpected Death". In: *Omega*, 2, pp. 101-6.

WALLER, W. (1951) *The family: a dynamic interpretation.* Nova York, Dryden.

WAUGH, E. (1948) *The loved one: an american tragedy.* Londres, Chapman and Hall; Nova York, Grosset (1949).

WEINBERG, N. (1994) "Self-blame, other Blame and Desire for Revenge: Factors in Recovery from Bereavement". In: *Death Studies*, 18(6), pp. 583-93.

WEISMAN, A. D. (1972) *On dying and denying: a Psychiatric study of terminallity.* Nova York, Behavioral Publications.

WESTERMEYER, J. (1973) "Grenade Amok in Laos: A Psychological Perspective". In: *International Journal of Social Psychiatry*, 19(3), p. 251.

WIENER, A.; GERBER, I.; BATTIN, D.; e ARKIN, A. M. (1975) "The Process and Phenomenology of Bereavement". In: SCHOENBERG, B., BERGER, I., WIENER, A., KUTSCHER, A. H., PERETZ, D, e CARRA, C. In: *Bereavement: its psychosocial aspects.* Nova York, Columbia University Press.

WITTKOWER, E. (1947) "Rehabilitation of the Limbless: Joint Surgical and Psychological Study". In: *Occupational Medicine*, 3, p. 20.

WORTMAN, C. B., e SILVER, R. C. (1989). "The Myths of Coping with Loss". In: *Journal of Consulting and Clinical Psychology*, 57(3), pp. 349-57.

WRETMARK, G. (1959) "A Study in Grief Reaction". In: *Acta Psychiatrica et Neurologica Scandinavica Supplement*, 136, p. 292.

YAMAMOTO, T.; OKONOGI, K.; IWASAKI, T.; e YOSHIMURA, S. (1969) "Mourning in Japan". In: *American Journal of Psychiatry*, 125, p. 74.

YERKES, R. M. (1943) *Chimpanzees: a laboratory colony.* New Haven, Conn.: Yale University Press; Londres, Oxford University Press.

YOUNG, M.; BENJAMIN, B.; e WALLIS, C. (1963) "Mortality of Widowers". In: *Lancet*, (2), p. 454.

ZISOOK, S. (ed.) (1987) *Biopsychosocial aspects of bereavement.* Washington, DC: American Psychiatric Press.

ZISOOK, S.; DE VAUL R. A.; e CLICK, M. A. (1982) "Measuring Symptoms of Grief and Bereavement". In: *American Journal of Psychiatry*, 139, pp. 1590-3.

ORGANIZAÇÕES ESPECIALIZADAS EM APOIO E TRABALHO COM O LUTO

Laboratório de Estudos e Intervenção sobre o Luto — LELu, da PUC/SP.
Rua Monte Alegre, 981, Perdizes, São Paulo, SP.
Coordenação Maria Helena O. Franco Bromberg.
Atende pessoas enlutadas de todas as idades; não há restrição econômica

Quatro Estações — Instituto de Psicologia.
Alameda Lorena, 678, casa 5, Jardim Paulista,
São Paulo, SP, CEP: 01424-000.
Atende pessoas enlutadas de todas as idades e oferece treinamento para profissionais que trabalham com perdas.

Serviço de Atendimento Psicológico da PUC/RS. Av. Ipiranga, 6681, prédio 17, Porto Alegre, RS. Contatos com Janice Vitola e Nely Klix Freitas.
Atende a comunidade em geral e pacientes enlutados.

Grupo de Apoio Pós-Óbito Infantil, Hospital Araujo Jorge, Goiânia, GO.
Coordenação: Patrícia Marinho Gramacho.
Oferece apoio emocional aos pais e familiares de crian;cas e adolescentes que vieram a falecer na Pediatria do Hospital ou fora dali.

Grupo Pós-Óbito, Hospital Araujo Jorge, Goiânia, GO
Coordenação: Telma Noleto Rosa e Edirrah Gorett B. Soares.
Oferece apoio psicológico a familiares e profissionais do Grupo de Apoio Paliativo ao Paciente Oncológico — GAPPO.

COLIN MURRAY PARKES

Psiquiatra consultor do St. Christopher's Hospice e do St. Joseph's Hospice, em Londres, Inglaterra. Foi membro da equipe de pesquisa do Conselho de Pesquisa Médica da Unidade de Psiquiatria Social do Hospital Mandsley, em Londres, e membro da equipe do Instituto Tavistock de Relações Humanas, onde ocupou posição de destaque entre os pesquisadores da Escola de Psiquiatria Familiar e Saúde Mental Comunitária. De 1965 a 1969 foi diretor de projetos no Laboratório de Psiquiatria Comunitária da Faculdade de Medicina de Harvard, em Boston; foi psiquiatra consultor honorário na Clínica Tavistock e professor sênior de psiquiatria da Escola de Medicina do Hospital Real de Londres.

Entre seus livros destacam-se *Recovery from Bereavement* (em co-autoria com Robert Weiss), publicado em 1983, e *Counselling in Terminal Care and Bereavement* (em co-autoria com Marilyn Relf e Ann Couldrick), publicado em 1996. Editou, com Joan Stevenson-Hinde e Peter Marris, *Attachmente across the Life Cycle*, em 1991 e foi o organizador, com Andrew Markus, de *Coping with Loss*, publicado em 1998, obra que abrange uma vasta gama de perdas.

Recebeu o título da Ordem do Império Britânico (OBE) por serviços prestados às pessoas enlutadas.

NOVAS BUSCAS EM PSICOTERAPIA
VOLUMES PUBLICADOS

1. *Tornar-se presente — Experimentos de crescimento em Gestalt-terapia —* John O. Stevens.
2. *Gestalt-terapia explicada —* Frederick S. Perls.
3. *Isto é Gestalt —* John O. Stevens (org.).
4. *O corpo em terapia — a abordagem bioenergética —* Alexander Lowen.
5. *Consciência pelo movimento —* Moshe Feldenkrais.
6. *Não apresse o rio (Ele corre sozinho) —* Barry Stevens.
7. *Escarafunchando Fritz — dentro e fora da lata de lixo —* Frederick S. Perls.
8. *Caso Nora — consciência corporal como fator terapêutico —* Moshe Feldenkrais.
9. *Na noite passada eu sonhei... —* Medard Boss.
10. *Expansão e recolhimento — a essência do t'ai chi —* Al Chung-liang Huang.
11. *O corpo traído —* Alexander Lowen.
12. *Descobrindo crianças — a abordagem gestáltica com crianças e adolescentes —* Violet Oaklander.
13. *O labirinto humano — causas do bloqueio da energia sexual —* Elsworth F. Baker.
14. *O psicodrama — aplicações da técnica psicodramática —* Dalmiro M. Bustos e colaboradores.
15. *Bioenergética —* Alexander Lowen.
16. *Os sonhos e o desenvolvimento da personalidade —* Ernest Lawrence Rossi.
17. *Sapos em príncipes — programação neurolingüística —* Richard Bandler e John Grinder.
18. *As psicoterapias hoje — algumas abordagens —* Ieda Porchat (org.)
19. *O corpo em depressão — as bases biológicas da fé e da realidade —* Alexander Lowen.
20. *Fundamentos do psicodrama —* J. L. Moreno.
21. *Atravessando — passagens em psicoterapia —* Richard Bandler e John Grinder.
22. *Gestalt e grupos — uma perspectiva sistêmica —* Therese A. Tellegen.
23. *A formação profissional do psicoterapeuta —* Elenir Rosa Golin Cardoso.
24. *Gestalt-terapia: refazendo um caminho —* Jorge Ponciano Ribeiro.
25. *Jung —* Elie J. Humbert.
26. *Ser terapeuta — depoimentos —* Ieda Porchat e Paulo Barros (orgs.)
27. *Resignificando — programação neurolingüística e a transformação do significado —* Richard Bandler e John Grinder.

28. *Ida Rolf fala sobre Rolfing e a realidade física* — Rosemary Feitis (org.)
29. *Terapia familiar breve* — Steve de Shazer.
30. *Corpo virtual — reflexões sobre a clínica psicoterápica* — Carlos R. Briganti.
31. *Terapia familiar e de casal* — Vera L. Lamanno Calil.
32. *Usando sua mente — as coisas que você não sabe que não sabe* — Richard Bandler.
33. *Wilhelm Reich e a orgonomia* — Ola Raknes.
34. *Tocar — o significado humano da pele* — Ashley Montagu.
35. *Vida e movimento* — Moshe Feldenkrais.
36. *O corpo revela — um guia para a leitura corporal* — Ron Kurtz e Hector Prestera.
37. *Corpo sofrido e mal-amado — as experiências da mulher com o próprio corpo* — Lucy Penna.
38. *Sol da Terra — o uso do barro em psicoterapia* — Álvaro de Pinheiro Gouvêa.
39. *O corpo onírico — o papel do corpo no revelar do si-mesmo* — Arnold Mindell.
40. *A terapia mais breve possível — avanços em práticas psicanalíticas* — Sophia Rozzanna Caracushansky.
41. *Trabalhando com o corpo onírico* — Arnold Mindell.
42. *Terapia de vida passada* — Livio Tulio Pincherle (org.).
43. *O caminho do rio — a ciência do processo do corpo onírico* — Arnold Mindell.
44. *Terapia não-convencional — as técnicas psiquiátricas de Milton H. Erickson* — Jay Haley.
45. *O fio das palavras — um estudo de psicoterapia existencial* — Luiz A.G. Cancello.
46. *O corpo onírico nos relacionamentos* — Arnold Mindell.
47. *Padrões de distresse — agressões emocionais e forma humana* — Stanley Keleman.
48. *Imagens do self — o processo terapêutico na caixa-de-areia* — Estelle L. Weinrib.
49. *Um e um são três — o casal se auto-revela* — Philippe Caillé
50. *Narciso, a bruxa, o terapeuta elefante e outras histórias psi* — Paulo Barros
51. *O dilema da psicologia — o olhar de um psicólogo sobre sua complicada profissão* — Lawrence LeShan
52. *Trabalho corporal intuitivo — uma abordagem Reichiana* — Loil Neidhoefer
53. *Cem anos de psicoterapia... — e o mundo está cada vez pior* — James Hillman e Michael Ventura.
54. *Saúde e plenitude: um caminho para o ser* — Roberto Crema.
55. *Arteterapia para famílias — abordagens integrativas* — Shirley Riley e Cathy A. Malchiodi.
56. *Luto — estudos sobre a perda na vida adulta* — Colin Murray Parkes.
57. *O despertar do tigre — curando o trauma* — Peter A. Levine com Ann Frederick.
58. *Dor — um estudo multidisciplinar* — Maria Margarida M. J. de Carvalho (org.).
59. *Terapia familiar em transformação* — Mony Elkaïm (org.).
60. *Luto materno e psicoterapia breve* — Neli Klix Freitas.
61. *A busca da elegância em psicoterapia — uma abordagem gestáltica com casais, famílias e sistemas íntimos* — Joseph C. Zinker.
62. *Percursos em arteterapia — arteterapia gestáltica, arte em psicoterapia, supervisão em arteterapia* — Selma Ciornai (org.)
63. *Percursos em arteterapia — ateliê terapêutico, arteterapia no trabalho comunitário, trabalho plástico e linguagem expressiva, arteterapia e história da arte* — Selma Ciornai (org.)
64. *Percursos em arteterapia — arteterapia e educação, arteterapia e saúde* — Selma Ciornai (org.)

www.gruposummus.com.br